主编／胡　铭　冀祥德

副主编／毛洪涛　陶加培

律师辩护全覆盖
与有效辩护

FULL COVERAGE OF LAWYER'S DEFENSE
AND EFFECTIVE DEFENSE

社会科学文献出版社
SOCIAL SCIENCES ACADEMIC PRESS (CHINA)

目　录

下篇　有效辩护的实践逻辑

律师辩护全覆盖与有效辩护

上篇

刑事辩护的理论观察

刑事辩护理论研究是我国刑事诉讼法治现代化建设的关键环节。本篇收录的五篇文章均是关于刑事辩护制度的理论观察，旨在深入剖析我国刑事辩护实践的现状、问题与挑战。王敏远等的《我国近年来刑事辩护制度实施报告》一文审视了近年来刑事辩护制度的新发展：从试点工作到认罪认罚制度的变革，从程序性辩护策略的崛起到《法律援助法》的推动。冀祥德的《以刑事辩护八大学说助推法治现代化实现》一文则着重审视刑事法治建设的地位，探讨了刑事辩护在法治现代化建设中的不可或缺性，以及刑事控辩关系的演变对于法治进程的影响。董林涛的《律师忠诚辩护的性质、规则与界限》则从律师职业道德的角度出发，深入探讨了忠诚义务在辩护活动中的独特地位与作用。该文强调了律师在辩护过程中的多重责任与挑战，为各位读者提供了一幅清晰的道德图景。奚玮的《刑事案件有效辩护的四种思维》一文则以律师为主体，从思维方法的角度出发，全面展现了律师如何在辩护活动中追求有效性，为当事人争取合法权益。陈会的《认罪认罚从宽制度的推进与有效辩护制度的构建》一文深入研究了认罪认罚从宽制度的确立和发展，并探讨了这一制度对于刑事辩护的深刻影响，以及律师如何在新形势下应对挑战，实现有效辩护的关键路径。

我国近年来刑事辩护制度实施报告

王敏远*   胡 铭**   陶加培***

摘 要：近年来，刑事辩护制度的新发展主要包括刑事辩护全覆盖的试点工作、认罪认罚从宽制度中刑事辩护形式的变化、程序性辩护策略的兴起、有效辩护理念的深入以及《法律援助法》对刑事辩护的推动等。当前刑事辩护制度实施中的问题可概括为六个方面，即辩护律师与值班律师的分界问题、委托辩护律师与法律援助律师的"冲突"问题、辩护律师阅卷权与调查取证权的保障问题、庭前与庭审中的供述和辩解之冲突问题、认罪认罚从宽制度中的辩护问题以及一体化办案机制与在线诉讼机制对刑事辩护的冲击问题。问题的原因在于与刑事辩护制度相关的几对矛盾关系，如刑事辩护大发展的需要与公众对刑事辩护的功能仍有疑虑之矛盾、刑事辩护的数量发展与品质提升之矛盾、弱势的辩护需要强势的职权机关为其提供保障之矛盾、有利于刑事辩护的规则未能落实且缺乏程序性法律后果保障之矛盾以及刑事辩护律师与值班律师分设之矛盾。为解决刑事辩护实践中的问题，应持续推进以审判为中心的诉讼制度改革，并在实践中坚持无罪推定原则、保障辩护权原则以及保障程序尊严原则。

关键词：刑事辩护；认罪认罚从宽；程序性辩护；法律援助法；值班律师

---

  * 浙江大学光华法学院教授，检察基础理论研究中心研究员。
  ** 浙江大学光华法学院教授，检察基础理论研究中心研究员。
 *** 浙江大学光华法学院助理研究员、博士后。

辩护制度作为刑事诉讼的重要组成部分，其发展程度不仅是刑事程序法治发展程度的显著标志，也是国家法治发达程度的重要标尺。制度的有效是以制度的实施为前提的，因而考察刑事辩护制度的实践状况具有重要意义，可以据此衡量我国刑事程序法治的现实状况。整体上看，近年来我国刑事辩护制度虽然取得了明显的进步，但是在实施过程中依然存在许多现实问题，本文将着重对这些现实问题及其原因进行剖析并提出关于如何推动刑事辩护制度实践进一步发展的若干思考。

一 刑事辩护制度的最新发展

本部分所论述之刑事辩护制度的最新发展主要是从积极的方面对刑事辩护制度近期变化进行评估。对此，笔者整理了几条发展线索作为评估的切入口。

（一）从有限到普遍——刑事辩护全覆盖的试点与发展

长期以来，我国刑事案件辩护率一直保持在 30% 左右，能够获得律师为其辩护的刑事被告人数量很有限，与发达国家 90% 多的辩护率相比，差距明显。最高人民法院、司法部于 2017 年 10 月联合出台了《关于开展刑事案件律师辩护全覆盖试点工作的办法》（以下简称《办法》）。[①]学界对此予以高度评价，认为《办法》的出台对推动刑事案件律师辩护全覆盖、促进司法公正、彰显法治作用的影响和作用不可估量。[②] 2018 年12 月，最高人民法院、司法部又发布了《关于扩大刑事案件律师辩护全覆盖试点范围的通知》（以下简称《通知》）。《通知》表示，自 2017 年10 月以来，刑事案件律师辩护全覆盖试点工作取得了良好成效。广东适

---

① 《关于开展刑事案件律师辩护全覆盖试点工作的办法》（司发通〔2017〕106 号），2017年 10 月 9 日发布。该办法第 26 条规定："本办法在北京、上海、浙江、安徽、河南、广东、四川、陕西省（直辖市）试行。试点省（直辖市）可以在全省（直辖市）或者选择部分地区开展试点工作。"
② 樊崇义：《让每一个刑事案件都有律师辩护》，《人民法治》2017 年第 11 期。

用普通程序审理的案件律师辩护率达 92.8%，北京一审案件律师辩护率达 95%。① 司法部副部长熊选国也曾在 2021 年 9 月表示，截至目前，全国共有 2300 多个县（市、区）开展了试点工作，占县级行政区域总数的 80% 以上，全国刑事案件律师辩护率达到了 66%。②

《办法》和《通知》是刑事辩护领域实现辩护数量从有限到普遍的重要措施。有学者认为推行刑事案件律师辩护全覆盖能为司法体制改革提供三个方面的重要支撑：一是优化刑事诉讼构造，这是完善以审判为中心的诉讼制度的重要支柱；二是践行以控辩协商为特点的合作式刑事诉讼，这是完善认罪认罚从宽制度的重要支柱；三是扩大法律援助的适用范围和影响力，这是完善法律援助制度的重要支柱。③ 当然，也有人对刑事案件律师辩护全覆盖试点工作中的实践问题进行了总结归纳，认为存在部分地区律师资源严重不足、基层法律援助机构人手不够矛盾突出、经费保障不充分、法律帮助走过场、信息化平台尚未实现对接等问题。④ 因此，我们既应当看到刑事案件律师辩护全覆盖工作给刑事辩护制度发展所带来的重大现实意义，推动了我国的刑事辩护从有限走向普遍，也应当认识到依然存在需要进一步解决的问题。当然，对《办法》和《通知》的内容仅局限于审判阶段，未能使刑事案件律师辩护完全实现全覆盖，我们也应有清醒的认识。

（二）从对抗到协商——认罪认罚从宽制度中的量刑协商

2018 年《刑事诉讼法》修改确立了认罪认罚从宽制度，标志着刑事诉讼控辩合作模式在我国兴起。⑤ 由于《刑事诉讼法》将控辩双方协商的

---

① 刘子阳：《刑辩律师全覆盖实现质变尚需克难》，《法治日报》2019 年 1 月 28 日，第 7 版。
② 《司法部：全国刑事案件律师辩护率达到 66%》，中国新闻网，https://www.chinanews.com.cn/gn/2021/09-24/9572591.shtml，最后访问日期：2023 年 9 月 25 日。
③ 胡铭：《刑事辩护全覆盖与值班律师制度的定位及其完善——兼论刑事辩护全覆盖融入监察体制改革》，《法治研究》2020 年第 3 期。
④ 陈凯、董红民、唐晔旎：《刑事案件律师辩护全覆盖的实践和思考——以杭州市为例》，《中国司法》2018 年第 11 期。
⑤ 虽然《刑事诉讼法》未明确规定"协商"，但之后（2019 年）颁发的相关司法解释对认罪认罚从宽制度中的控辩协商予以明确肯定。对此，后文将进一步分析。

范围界定为量刑方面，我国法律所确立的协商性司法机制基本上就是一种量刑协商模式。① 在立法过程中，对于是否使用"协商"是存在分歧意见的。在法律草案讨论时，有观点认为，我国刑事诉讼法中的认罪认罚从宽，不能出现"协商"。② 虽然《刑事诉讼法》规范表述中并未直接使用"协商"一词，但其程序内容实质上是蕴含了量刑协商的意思表示的，《刑事诉讼法》第 173 条第 2 款的规定就是最好例证。学界普遍认为，此款规定中人民检察院履行告知义务、听取被告方关于认罪认罚从宽的实质性问题的意见等，实际上就是在进行协商。③

从刑事辩护的角度看，控辩协商模式的确立增加了刑事辩护的方式，使辩护能以协商的方式扩展到量刑辩护。当然，这种协商模式有两个需要注意的方面。其一，协商要以控辩诉讼主体地位的平等为基础。如果协商中双方存在显著的强弱差异，就无法实现被追诉人认罪认罚的真实与自愿。其二，协商是以对抗为基础的协商。辩护方享有拒绝的权利，享有表达自己关于量刑的意见的权利。如果只能认可，那就无所谓"自愿"可言，不符合协商之意。当下，认罪认罚从宽案件逐渐占据了刑事案件较大比重。根据最高人民检察院 2021 年 9 月披露的数据，"2019 年 1 月至 2021 年 8 月，认罪认罚从宽制度适用率为 72.2%；量刑建议采纳率为 92.7%；一审服判率为 96.1%，高出其他刑事案件 13.7 个百分点"。④ 这意味着在刑事案件辩护方面，控辩量刑协商的形式将成为主流。而且，协商性辩护的出现也让刑事审前程序中的辩护尤其是审查起诉环节的辩护具有决定性意义。

---

① 陈瑞华：《刑事诉讼的公力合作模式——量刑协商制度在中国的兴起》，《法学论坛》2019 年第 4 期。

② 王敏远、顾永忠、孙长永：《刑事诉讼法三人谈：认罪认罚从宽制度中的刑事辩护》，《中国法律评论》2020 年第 1 期。

③ 卞建林、陶加培：《认罪认罚从宽制度中的量刑建议》，《国家检察官学院学报》2020 年第 1 期。

④ 《2019 年来"认罪认罚从宽"适用率超 70% 中国官方重申并非一律从宽》，中国新闻网，https://www.chinanews.com.cn/gn/2021/09-22/9571208.shtml，最后访问日期：2023 年 9 月 25 日。

（三）从被动防御到积极主动——以"排非"等方式开展程序性辩护

依据刑事诉讼程序性法律后果理论，对职权机关违反程序法的行为不是采用传统的让违法者承担法律责任、对违法行为予以处罚的方式，而是阻断违反程序的非法行为的程序效应，使违反程序法的行为不能产生推进程序的效果。[①] 在此理论之下，刑事辩护领域逐渐孕育出一种以针对程序性违法行为来实现辩护目的的程序性辩护。

程序性辩护所直面的是程序性违法行为，并不是对刑事指控的防御性辩护，因而它是一种积极的辩护。有实证研究者以某市为调研范围，发现在 378 件案件判决书中，明确载明由辩护律师提出的程序性辩护的案件就有 30 件，已达到 8% 左右。[②] 虽然实际效果仍然有限，但这种程序性辩护出现和发展的积极意义应当肯定。实务部门也重点关注非法证据排除制度改革。2016 年最高人民法院戴长林法官等人著《中国非法证据排除制度：原理·案例·适用》一书，还从全国各地法院选择若干典型案例，比如李某某强奸案[③]等，就非法证据排除规则适用的常见问题进行了有针对性的阐释。实践中，除了非法证据排除这样的程序性辩护，还有多种程序性辩护方式，比如回避异议、管辖异议、立案违法异议等。其中，管辖异议是比较常见的程序性辩护方式，是指对管辖上严重违反程序法从而足以对案件结果产生重大影响的情况，包括地域管辖异议、级别管辖异议、指定管辖异议和职能管辖异议等。因其刚性较强，有学者称之为"颠覆性的程序辩

[①] 王敏远：《刑事程序性法律后果新论》，《法商研究》2021 年第 3 期。
[②] 周秘：《庭审实质化改革下刑事辩护的问题与解读——以 C 市为样本的实证研究》，《四川警察学院学报》2021 年第 1 期。
[③] 法院应当结合其他证据审查被害人陈述的客观真实性，如果由此取得的被害人陈述与其他证据存在矛盾，或无法得到其他证据印证，不能确认其客观真实性的，不得将之作为定案的根据。参见《最高法戴长林：非法证据排除十大案例样本》，搜狐网，https://www.sohu.com/a/408266556120105949，最后访问日期：2023 年 9 月 25 日。

护"①，实践中以王某某涉黑案②和何某等虚开增值税发票不起诉案③表现
较为突出。新的司法解释对此也作出了一定回应，在完善相关程序和制
度的同时，也推进了刑事辩护的发展。

（四）从有效法律帮助到有效辩护——以认罪认罚从宽制度为契机

刑事诉讼法学界对无效辩护与有效辩护的研究由来已久。无效辩护
与有效辩护对应。无效辩护的基本逻辑是，因为律师未能在帮助被告人
的过程中履行好辩护职责，被告人可以在上诉程序中提出无效辩护的申
请，可以针对律师在整个诉讼过程中的不称职行为进行。如果上诉法院
认定存在无效辩护，将撤销对被告人的定罪判决。④

从价值意义上来看，无效辩护对保障刑事辩护的最低限度的品质具
有重要意义，而有效辩护则对提升刑事辩护的品质具有重要价值。刑事
辩护的普遍性，要求所有刑事案件的所有被刑事追诉之人在诉讼的所有
阶段均应有辩护律师为其辩护，因此，即便是在事实清楚、证据确实充
分的案件中，也应当保障被追诉人有获取有效辩护的权利。但是，我国
《刑事诉讼法》中并无有效辩护的明确规定。直至 2019 年 10 月 "两高三
部" 发布了《关于适用认罪认罚从宽制度的指导意见》（以下简称《指

---

① 徐昕：《论颠覆性程序辩护——以管辖异议的有效利用为例》，《安徽师范大学学报》
（人文社会科学版）2021 年第 6 期。

② 王某某涉黑案中，如果稀土高新区法院管辖此案，会出现下级法院审理上级法院民事裁
判的情况，更会出现案件上诉后中院刑庭法官审理民庭法官所作裁判的情况。参见《包
头 "王永明涉黑案" 一审宣判，家属：不再上诉》，"界面新闻" 百家号，https://baiji-
ahao. baidu. com/s?id = 1691201209046721380，最后访问日期：2023 年 12 月 25 日。

③ 何某等虚开增值税发票不起诉案中，辩护人以管辖为突破口，通过全方位辩护，使得案
件脱离潮州管辖，为实现无罪打下了坚实的基础。参见《重磅丨 "中律评杯" 2020 年
度十大无罪辩护案例揭晓！》，"律媒桥" 微信公众号，https://mp. weixin. qq. com/s?_
biz = MzAxOTg3OTcxNw = = &mid = 2247493114&idx = 1&sn = 26307a14506acd177a6c2424aa16
bd27&chksm = 9bc2e7b0acb56ea688a4b923f729d21a03da49f81e7299c100411824f8494c078b9
7a0adca0f&mpshare = 1&scene = 23&srcid = 1225RIKMlUgV2f28rnka5fgZ&sharer_ shareinfo =
d07d584601937fcb9dacc9f5ad07f7ed&sharer_ shareinfo_ first = d07d584601937fcb9dacc9f5ad
07f7ed#rd，最后访问日期：2023 年 9 月 25 日。

④ 林劲松：《美国无效辩护制度及其借鉴意义》，《华东政法学院学报》2006 年第 4 期。

导意见》），其第 10 条规定中才首次出现了"有效法律帮助"的表述，这是"有效"概念首次被写入规范文件中，具有重要意义。

学者认为，值班律师制度的建立，实现了刑事法律援助在案件范围上的全覆盖，有助于保障犯罪嫌疑人、被告人获得律师平等与及时的帮助。但律师辩护的有效性则难以得到充分保障。① 在认罪认罚从宽制度中，应强化值班律师制度的落实与完善，明确其辩护人的定位，肯定值班律师的阅卷权及量刑协商等权利，保障其履行辩护职责，使其成为认罪认罚程序积极有效的参与者而非消极的"见证人"。② "有效法律帮助"概念的确立，不仅对于规范和指导认罪认罚从宽制度实践中值班律师的职能和定位大有裨益，也在一定程度上推动了有效辩护制度在我国刑事司法领域中的发展。如何实现律师在认罪认罚从宽案件中法律帮助的有效性，以及有效之标准为何等，将成为更加现实的问题，而对这些问题的研究和回答，将极大地推动有效辩护制度的实践和发展。以认罪认罚从宽制度为切入点，实现有效法律帮助向有效辩护的迈进，将是今后刑事辩护制度研究的重要课题。

（五）从条例规章到立法规范——《法律援助法》的落地

确立刑事法律援助制度，保障被告人辩护权是刑事司法程序公正的核心内容，体现了国家在打击犯罪的同时对公民基本权利的充分尊重和人文关怀，是国家政治文明和法治水平的试金石。③ 我国法律援助事业至今已有 20 余年的发展历史，但直至 2021 年第十三届全国人大常委会第三十次会议才表决通过《法律援助法》。以往主要的规范文件是 2003 年国务院发布的《法律援助条例》以及各省、自治区、直辖市结合本地实际相继出台的法律援助条例或办法。制定《法律援助法》，不仅是全面推进

---

① 熊秋红：《审判中心视野下的律师有效辩护》《当代法学》2017 年第 6 期。
② 闵春雷：《认罪认罚案件中的有效辩护》，《当代法学》2017 年第 4 期。
③ 陈光中：《刑事法律援助制度的新发展（有感而发）》，新浪网，http://news.sina.com.cn/o/2003-08-13/0641554698s.shtml，最后访问日期：2023 年 9 月 25 日。

中国特色法律援助制度发展与完善的关键举措，更是利国利民的重大法治工程。① 《法律援助法》确立了法律援助的基本法律原则和基本制度，以制度化的方式为法律援助制度积极应对新时代社会主要矛盾、满足人民群众日益增长的法律服务需求提供了坚强的保证。《法律援助法》的颁布施行主要有以下亮点：其一，非特殊主体援助范围的扩大，将适用普通程序审判案件的被告人纳入指定辩护，是刑事法律援助向前迈出的一大步；其二，死刑复核案件纳入指定辩护范畴，结束了死刑复核这一剥夺公民生命的程序中辩护缺失的局面；其三，简化了经济困难的证明标准，同时也要求对经济困难标准实行动态调整，能够在事实层面起到扩大援助范围的效果。② 当然，也应当清晰地认识到，即便《法律援助法》落地，刑事法律援助仍存不足。有学者建议，今后应当遵循充分保障辩护权的立法指导理念，建立健全犯罪嫌疑人、被告人与被害人的二元立法结构，全面优化刑事法律援助保障措施，包括律师队伍的专业化建设、法律援助质量评估等，做好刑事法律援助立法与其他法律规范的技术衔接，建立健全具有中国特色的社会主义刑事法律援助制度。③

二 刑事辩护制度实施中的问题

为进一步推进刑事辩护的发展，刑事辩护制度实践中的问题应是关注的重点。根据刑事司法的相关基本理念，从实际案例和具体规定中，可以发现刑事辩护制度实践中面临诸多问题。本文主要从六个方面系统梳理了刑事辩护制度中存在的现实问题，以便为进一步完善该制度奠定基础。

（一）辩护律师与值班律师的分界问题

2018 年修改的《刑事诉讼法》正式确立了值班律师制度。从体系上

---

① 樊崇义：《我国法律援助立法与实践的哲理思维》，《江西社会科学》2021 年第 6 期。
② 陈光中、褚晓图：《刑事辩护法律援助制度再探讨——以〈中华人民共和国法律援助法（草案）〉为背景》，《中国政法大学学报》2021 年第 4 期。
③ 孙道萃：《中国特色刑事法律援助制度的立法完善》，《江西社会科学》2021 年第 6 期。

看，值班律师制度是为了适配刑事速裁程序和认罪认罚从宽制度而设立的，主要目的在于保障被追诉人认罪认罚从宽的自愿性、明智性，与《刑事诉讼法》第 37 条所规定的辩护人的职责存在明显差异。但在实践中，辩护律师与值班律师的分界愈发成为一个需要解决的现实问题。有学者主张，值班律师的辩护权范围不应当受到限制，应该赋予值班律师辩护的职能，当前值班律师"法律帮助人"的定位不利于认罪认罚案件中犯罪嫌疑人、被告人获得有效的法律帮助，对其进行辩护人化的改造是一个必然的趋势。[①] 也有观点认为，在实践中，值班律师的功能更呈现一种异化的趋势，即从应然的法律帮助人蜕变为诉讼权利行为合法性的"背书者"，不仅不能向辩护律师职能定位靠拢，还愈渐疏离。[②] 值班律师不需要对案件进行实质性参与，只需在一些比较重大的场合证明办案机关办案程序的合法性。据此，有学者主张应赋予值班律师"准辩护人"的身份，突出其"量刑结果协商者"及"诉讼程序监督者"而非"司法机关合作者"的功能定位，合理解决值班律师角色定位与协商功能、监督功能与"站台效应"、诉讼功能与制度激励之间的矛盾。[③] 虽然理论层面值班律师辩护人化的呼声一直较高，但官方并没有将值班律师与辩护律师混同的意思表示。2022 年 1 月 1 日起实施的《法律援助法》在第 14 条依旧明确规定值班律师应当履行的是法律帮助职责。根据数据统计，各地已开展试点值班律师提供法律帮助的案件达 48 万多件，为 66 万多人次提供法律咨询和帮助。[④] 时至今日，理论界与实务界对于值班律师是不是或者应不应该是辩护律师或辩护人仍然存在较大争议或分歧，这个问题若不能得到解决，不仅刑事辩护全覆盖的意义会受到限制，更重要的是，刑事辩护制度也将因此受到不利影响。一个值得思考的问题就是，

---

① 谭世贵、赖建平：《"刑事诉讼制度改革背景下值班律师制度的构建"研讨会综述》，《中国司法》2017 年第 6 期。

② 汪海燕：《三重悖离：认罪认罚从宽程序中值班律师制度的困境》，《法学杂志》2019 年第 12 期。

③ 姚莉：《认罪认罚程序中值班律师的角色与功能》，《法商研究》2017 年第 6 期。

④ 魏哲哲：《法律援助让法治暖民心惠民生》，《人民日报》2021 年 9 月 9 日，第 19 版。

当前多数刑事案件通过认罪认罚从宽程序处理，很多刑事速裁案件均是值班律师参与，那么这是否意味着大多数刑事案件中均无辩护律师？实际上，从本质上看，辩护律师与值班律师的分界问题，关键还是在于如何理解"法律帮助"这一概念。因为从关于值班律师职能的规范表述上看，值班律师职能已经与辩护律师职能存在高度趋同。[①]"法律帮助"的概念更像是广泛意义上的表达，无论是刑事辩护律师或值班律师，实际上其职能均蕴含了提供法律帮助的意思，将"法律帮助"这种"辩护"概念的降格形式作为值班律师职能的定性以与辩护律师区别开来的方式实有导致刑事辩护难以全覆盖之虑。

（二）委托辩护律师与法律援助律师的"冲突"问题

近年来，司法实践中"占坑式辩护"日渐受到较多关注，它主要是指在案件的诉讼过程中部分涉案当事人家属希望自行委托辩护律师未果，只能接受相关部门强行指定法律援助律师进行辩护，而指定律师却常常未能尽到法定的辩护职责，比如，在近期社会关注度比较高的劳荣枝杀人抢劫案[②]、许某敲诈勒索案[③]等案件中均出现了这种"占坑式辩护"的现象。2021 年 3 月起实施的《最高人民法院关于适用〈中华人民共和国刑事诉讼法〉的解释》（以下简称《刑诉法解释》）第 51 条规定："对法律援助机构指派律师为被告人提供辩护，被告人的监护人、近亲属又代为委托辩护人的，应当听取被告人的意见，由其确定辩护人人选。"由

[①] 根据现有法律规定，显然与刑事辩护相同，值班律师同样应具有"洗冤、权利救济和其他法律帮助"这三项基本职责。

[②] 劳荣枝杀人抢劫案中，在家属委托辩护律师无法见到犯罪嫌疑人的情形下，如何判断通报所称犯罪嫌疑人拒绝家属聘请委托辩护律师辩护，转而向政府申请法律援助是其真实意愿成为较大疑窦。参见《"劳荣枝拒绝家属为其请律师" 吴丹红：正义要以看得见方式实现》，"封面新闻"百家号，https://baijiahao.baidu.com/s?id=1652695735648872306&wfr=spider&for=pc，最后访问日期：2023 年 9 月 25 日。

[③] 许某敲诈勒索案中，由于不能会见、不能阅卷，委托辩护律师无法开展实质性辩护工作，最终选择退出辩护。《江苏女辅警舅舅发声质疑：法院拒绝家人委托辩护律师 称已指派法援律师》，凤凰网，https://i.ifeng.com/c/84i3gZWoDBD，最后访问日期：2023 年 9 月 25 日。

此可见，在指定辩护与委托辩护交织的情形下，司法解释试图通过辩护权的自主性原则，"尊重"被告人的意愿，确定辩护人的人选。但只要解释并未明确禁止不可以指定法律援助辩护挤占委托辩护，这种"尊重自主性"的策略在实际成效上就会不彰。

现代刑事辩护中，刑事追诉者的自我辩护水平仍旧较低，刑事辩护律师的需求度更高，保障被刑事指控者获得律师为其辩护的权利是辩护制度的重要内容。辩护人与被控诉人双方的关系以信任为前提，故聘请委托辩护律师应是基本形态，法律援助制度的必要性和重要性虽然毋庸置疑，但其应当作为补充，是委托辩护的"替代品"。然而，实践中时有发生的情况是，某些地方的司法机关不希望当事人自己聘请辩护律师，就"做工作"让当事人放弃委托，使当事人接受法律援助，这种做法实际上侵犯了被告人的辩护权，不符合法治精神。[1] 委托辩护律师与法律援助律师的"冲突"至少在两个方面对刑事辩护制度造成危害。其一，对辩护制度的公信力产生损害。虽然不能一概而论地判断刑事法律援助辩护律师品质低于委托辩护律师，但被追诉人及其近亲属想委托的辩护律师无法进入诉讼程序，容易使当事人产生刑事辩护"形式化"的质疑。其二，对刑事法律援助制度的损害。刑事法律援助一旦变成"强加于人"之后，其本身具有的制度价值难以彰显，甚至易被视为治罪的"帮手"，而泯失其辩护的本色。对此，《法律援助法》第27条作出规定："人民法院、人民检察院、公安机关通知法律援助机构指派律师担任辩护人时，不得限制或者损害犯罪嫌疑人、被告人委托辩护人的权利。"据此，委托律师显然优先于法律援助律师，但是实践中如何操作还没有具体规则。比如，何谓"限制"？如果出现限制情况如何救济？这些问题还有待进一步斟酌。不然的话，如同2021年《刑诉法解释》第51条所谓的尊重自主权将难以落实。综上所述，这一问题如果不能妥善处理，不论是对辩护制度还是对司法公正，均有严重影响。

---

[1] 易延友：《论刑事被追诉人自行聘请律师的优先性——以罗尔斯的正义理论为分析框架》，《政治与法律》2021年第11期。

（三）辩护律师阅卷权与调查取证权的保障问题

在现代刑事诉讼中，进行刑事辩护需要以从职权机关所掌握的案件事实与证据中了解案件的信息为基础。律师要履行职责，要提出有利于被告人的"材料和意见"，没有全面、完整的阅卷权这些是很难想象的。[①]有效刑事辩护的实现，极其依赖于对律师阅卷和调查取证权的保障。当前，随着"案卷"含义的扩充以及程序性辩护的需要，"阅卷权"的含义也在不断扩大，但问题也层出不穷。实践中律师查阅案卷材料与复制录音录像的权利和调取证据的权利，以及与调取证据相关的权利保障也面临诸多问题，下文将结合最新司法解释的规定予以说明。

2021年《刑诉法解释》第53条规定："辩护律师可以查阅、摘抄、复制案卷材料。其他辩护人经人民法院许可，也可以查阅、摘抄、复制案卷材料……辩护人查阅、摘抄、复制案卷材料的，人民法院应当提供便利……值班律师查阅案卷材料的，适用前两款规定。复制案卷材料可以采用复印、拍照、扫描、电子数据拷贝等方式。"与2012年《刑诉法解释》相比，2021年《刑诉法解释》新增了两方面内容。其一，值班律师查阅案件材料的权利。根据2021年的司法解释，值班律师查阅案卷材料适用辩护人的有关规定，鉴于值班律师的职能限于法律帮助，第53条仅规定了值班律师享有查阅案卷材料的权利，并未规定摘抄、复制事宜。这虽然是为了与值班律师法律帮助定位相适配，但在实践中无疑会影响值班律师提供法律帮助的效果。其二，在复制案卷材料的方式上有所进步。2021年《刑诉法解释》在传统的复印、拍照、扫描等方式的基础上，新增了电子数据拷贝方式。2021年《刑诉法解释》第54条规定："对作为证据材料向人民法院移送的讯问录音录像，辩护律师申请查阅的，人民法院应当准许。"本条系新增规定，明确了辩护律师查阅讯问录音录像的权利，赋予录音录像证明案件事实的证据属性，实际上是较大进步，

---

① 许兰亭：《建立证据展示制度确保律师阅卷权》，载中华全国律师协会编《中国律师2000年大会论文精选》（上卷），法律出版社，2001，第262页。

但也有两点需要注意：其一，辩护律师查阅范围限于"作为证据材料"向人民法院移送的讯问录音录像；其二，本条仅规定辩护律师申请"查阅"的情形，未对摘抄、复制作出明确规定。2021年《刑诉法解释》关于申请公权力机关调取证据的规定与2012年《刑诉法解释》相比无较大差异，只是结合2018年《刑事诉讼法》修改，增加了调查阶段和监察机关主体。在关于辩护律师向被害人及其近亲属和被害人提供的证人、有关单位、个人收集与本案有关的证据材料方面也沿用了2012年《刑诉法解释》的内容。变化比较大的主要是，本次解释在第60条删除了人民法院收集、调取证据材料时，辩护律师可以在场的规定。本次解释删除辩护律师取证的司法"协助"之后，是否会产生辩护律师申请到场，人民法院以没有法律规定驳回的情况有待实践检验。

（四）庭前与庭审中的供述和辩解之冲突问题

如何认识翻供，怎样对待翻供，既是值得学术理论界进行深入探讨的问题，又是司法实践中亟须解决的问题。对于被追诉人庭审中翻供的问题，至少有两个方面需要考量。其一，庭前书面供证能否作为庭审证据。既然被告人出庭，那么按照直接言词原则，是否只能将当庭供证作为证据，而不允许出示庭前供证？而且在以审判为中心的诉讼制度改革中，更强调庭审实质化，那么被告人庭上的供证，其证明效力是否当然优于庭前供证，甚至达到抑制书面供证在法庭出示的效果？其二，庭前供证的证据性质。如果允许庭前供证在法庭出示，其是独立的，可以作为定案的依据，还是只能作为非独立的证据不能用于定案，而只能用于质疑当庭供证可信性的所谓"弹劾性证据"，对此，目前尚无令各方都满意的有效解决方案。相关司法解释对此问题的态度也处于不确定状态。

2021年《刑诉法解释》在第96条对审查被告人供述和辩解作出了规定。从规定中至少可以解读出以下两点意思。其一，庭审中采纳庭前供证，有两种情形：一是被告人庭审中虽然翻供但不能说明原因，或者其辩解与全案证据矛盾，而且还要求庭前供证与其他证据相互印证；二是庭前供证本身存在反复，但是被告人在庭审中供认，且庭前供证与其他证据相互印证。其二，排斥庭前供证的条件是，庭前供证本身存在反复，在庭审中被告人也不供认，并且没有其他与之相印证的证据。实践中，是否采用庭前供证，除了被追诉人自身意志之外，判断庭前供证是否与其他证据相互印证也是重要的衡量标准之一。当下判断印证之方式主要是阅卷，尤其是依照讯问笔录的内容。实际上，相比于讯问笔录，讯问同步录音录像资料更具客观性，但依据 2021 年《刑诉法解释》第 74 条关于讯问过程录音录像资料的规定，并无法推定录音录像资料需要强制移送。如此，对人民法院审查核验被告人翻供内容也存在一定影响，实际上，从证据法原理来看，肯定与庭审中的翻供所不同的庭前供述和辩解，以此否定庭审翻供存在很多问题。法庭若将被告人供述与辩解作为证据链的重要内容之一，就应当贯彻庭审实质化理念，原则上应当排除庭前供述与辩解，采信庭审中以真实和自愿为基础的供述与辩解内容。

在被追诉人供述与辩解效力研究领域，另一个关注度较高的问题即重复性供述是否应当一律排除。按照《关于办理刑事案件严格排除非法证据若干问题的规定》的界定，重复性供述是指采用刑讯逼供方式使犯罪嫌疑人、被告人作出供述，之后犯罪嫌疑人、被告人受该刑讯逼供行为影响而作出的与该供述相同的供述。[①] 2021 年《刑诉法解释》第 124 条就此问题作出了说明。其规定了"一个原则"和"两个例外"。"一个原则"是原则上应当一并排除。第一个例外是调查、侦查期间，监察机关、侦查机关根据控告、举报或者自己发现等，确认或者不能排除以非法方法收集证据而更换调查、侦查人员，其他调查、侦查人员再次讯问时告知有关权利和认罪的法律后果，被告人自愿供述的；第二个例外是审查逮捕、审查起诉和审判期间，检察人员、审判人员讯问时告知诉讼权利和认罪的法律后果，被告人自愿供述的。对此，有观点认为，"原则加例外"模式是一种固定、封闭的分析体系，难以涵盖与重复供述问题

---

① 董坤：《重复性供述排除规则之规范解读》，《华东政法大学学报》2018 年第 1 期。

密切相关的考量因素。我国应改采"个案分析"模式，由法官结合个案情形，综合考虑违法行为、行为影响、取证主体、加重告知义务、律师介入等多种因素，来处理重复供述问题。[①]

（五）认罪认罚从宽制度中的辩护问题

认罪认罚从宽制度自实施以来，各种理论与实践问题层出不穷，涉及辩护问题的内容，除前已述及之外，主要还有以下几个方面需要予以关注。

关于辩护人的独立辩护地位。应当明确的是，辩护人的独立诉讼地位，不仅仅是相对于公诉人、人民法院的独立，也是相对于被追诉人的独立。《指导意见》第 15 条规定："辩护人职责……辩护律师在侦查、审查起诉和审判阶段，应当与犯罪嫌疑人、被告人就是否认罪认罚进行沟通，提供法律咨询和帮助，并就定罪量刑、诉讼程序适用等向办案机关提出意见。"这意味着，即便是在被追诉人认罪认罚的案件中，辩护律师也有独立提出罪轻辩护意见乃至无罪辩护意见的权利。2021 年《刑诉法解释》第 278 条规定，对被告人认罪的案件，在确认被告人了解起诉书指控的犯罪事实和罪名，自愿认罪且知悉认罪的法律后果后，法庭调查可以主要围绕量刑和其他有争议的问题进行。对被告人不认罪或者辩护人作无罪辩护的案件，法庭调查应当在查明定罪事实的基础上，查明有关量刑事实。在认罪认罚从宽案件的实践中，会产生两种情况。其一，辩护律师作无罪辩护，庭审中法官只会考量被告人的供述与辩解，如果被告人继续认罪认罚，辩护律师无罪辩护几乎不会有任何效果。其二，如果认罪认罚从宽案件中辩护人作无罪辩护的同时被告人也翻供，结合前述庭前供述与辩解可以被庭审采纳来看，这种翻供和无罪辩护往往也将是无效的。然而，从事实情况来看，如果辩护律师提出无罪辩护、被告人翻供，意味着认罪认罚从宽失去适用基础，人民法院应当转为普通

---

① 牟绿叶：《论重复供述排除规则》，《法学家》2019 年第 6 期。

程序审理。鉴于此，认罪认罚从宽制度下辩护人的独立辩护地位问题，应当引起高度重视。

关于控辩协商范围之界定。如前所述，控辩协商是指在刑事诉讼中，人民检察院与犯罪嫌疑人或被告人及其辩护人或值班律师之间，就犯罪嫌疑人或被告人坦白认罪，人民检察院行使裁量权、承诺放弃较轻罪名、减轻指控或向人民法院提出量刑意见等事项进行协商的制度。它是新时期对"坦白从宽"刑事政策的具体化。有学者认为，迄今为止，在定罪标准、指控罪名和指控犯罪数量方面，我国《刑事诉讼法》并没有给出控辩协商和妥协的空间，而确立了较为严格的法定主义的处理方式。但在量刑方面，检察机关与嫌疑人在平等协商的基础上，可以就量刑的种类和幅度展开协商，达成一定程度的妥协，并根据协商结果形成量刑建议。[1] 但是，其是否存在可以适用于定罪的可能呢？《指导意见》第12条关于值班律师职责第4项规定值班律师可以对人民检察院认定罪名、量刑建议提出意见。第15条关于辩护人的职责中也明确，辩护律师可以就定罪量刑、诉讼程序适用等向办案机关提出意见，这实际上为辩护律师和值班律师就定罪问题与检察机关协商提供了规范依据。甚至，是否可能发生这样的情况，对于证据确实但不充分的公诉案件，为了尽快查明案件事实真相，人民检察院行使裁量权、承诺放弃指控较轻罪名或者减轻指控，以"换取"被告人的认罪，这将是我国认罪认罚从宽制度不断纵深发展道路上需要考量的问题。

关于控辩协商阶段律师的权利保障。学者普遍认为，在认罪认罚从宽量刑协商过程中，鉴于检察机关公权力属性与被追诉人犯罪嫌疑人的身份，检察机关具有当然的主导地位，主导性体现在量刑建议的提出、具结书的签署、协商流程的掌控等方面。[2] 在这种公权力主导模式下，保障控辩协商阶段辩护律师与值班律师的权利就成为应当关注的重点，其

---

① 陈瑞华：《论量刑协商的性质和效力》，《中外法学》2020年第5期。
② 卞建林、陶加培：《认罪认罚从宽制度下检察机关的主导责任》，《人民检察》2019年第23期。

充分有效参与协商程序，不仅是有效防范被追诉人被迫认罪、核验认罪认罚自愿性的方式，也是维护被追诉人诉讼权益和实体权益的有效途径。《指导意见》主要在第 12 条和第 15 条规范了值班律师和辩护人的职责，其中涉及控辩协商内容的主要是对人民检察院认定罪名、量刑建议以及诉讼程序处理和案件处理提出意见。但是《指导意见》并未对如何保障辩护人或值班律师提出意见的权利作出规定，当然也没有提出意见被忽视之后如何救济的程序规范。这也就进一步加剧了实践中控辩协商阶段律师"见证人化"之现象。近期，福建省福州市晋安区检察院向当地司法局提出了投诉，因为在签署认罪认罚具结书时律师拒绝到场，这引起了学界的热议。[①] 该问题的存在实质上反映出当下控辩协商阶段规范相对阙如，很多程序内容仍然需要进一步出台细化规定，尤其是律师的权利保障有待进一步加强。

关于认罪认罚从宽共同犯罪案件的辩护问题。在共同犯罪案件的认罪认罚从宽制度适用的实践中，存在共同犯罪人"如实供述自己的罪行"的认定、"共犯量刑平衡"实践规则、共同犯罪人认罪与不认罪混杂等情形限制了认罪认罚从宽制度的运行等问题。[②] 司法实践中，在涉黑恶案件中这一问题较为突出，尤其是在部分被追诉人认罪认罚、部分被追诉人拒不认罪的案件中，问题更为尖锐。不仅涉及分案或合并审理模式的选择问题，委托辩护律师、法律援助律师以及值班律师辩护和法律帮助的交织问题，还涉及已经签署具结书所承载事实的证据资格问题等，这些均需要进一步厘清明确。

---

① 韩旭：《全媒首发｜韩旭教授：认罪认罚案件中律师拒绝到场是否应受处罚?》，"司法兰亭会"微信公众号，https://mp.weixin.qq.com/s?_biz=MzA4NjIxOTU4NQ==&mid=2651879288&idx=1&sn=67a78836babdaba2335b3c0cbee76515&chksm=8428d956b35f50407301af5833b0ac516f65ddeac8a217ddab895eac0f07491b651421f80c54&mpshare=1&scene=23&srcid=1225flowu9l8pZrA0IKUoXpn&sharer_shareinfo=d16a430ab07fde94675fa946a825140f&sharer_shareinfo_first=d16a430ab07fde94675fa946a825140f#rd，最后访问日期：2023 年 9 月 25 日。

② 刘仁琦：《共同犯罪案件认罪认罚从宽制度的适用问题研究——以诉讼客体单一性原理解析》，《西南民族大学学报》（人文社科版）2020 年第 5 期。

（六）一体化办案机制与在线诉讼机制对刑事辩护的冲击问题

随着社会经济发展水平不断提高，人民群众对于司法的需求也不断提升。为了解决人民群众日益增长的司法需求与发展不充分之间的矛盾，近年来，司法实践探索搭建了一体化办案平台以及构建了在线诉讼规则，这些较为创新的机制建设给传统的刑事辩护制度带来了不小的冲击，一体化办案中心一般由法院刑事速裁巡回法庭、公安执法办案中心、检察院派驻检察室及司法局律师办公室等构成，集刑事侦查、起诉、审判、法律服务等功能于一体，各部门密切配合，有序衔接，针对事实清楚、证据充分、犯罪嫌疑人认罪认罚并符合速裁条件的轻微刑事案件，实现一体化办公、一站式办理，从而发挥司法资源的整体优势，大大缩短刑事案件办理周期。比如张家港市公安局建立了刑事案件"集中办、专业办、快速办"工作机制，将刑拘直诉、速裁类、案情简单的案件纳入简案快办范围，压缩简化公检法司办案重复环节，加快轻罪案件流转，真正实现了案件繁简分流、轻重分离、快慢分道。① 虽然从实践效果上看，这种办案方式具有一定的优越性，但是这种一体化、一站式的办案方式将侦查、起诉、审判集于一体，与刑事诉讼构造是不相符合的。在这样的背景下，刑事辩护的空间被压缩，甚至几近于无。即便是现代化的机制构建，必要的诉讼构造是要保障的，不能违背刑事诉讼的基本原理。未来在一体化的办案机制建设中应当对此予以关注，不能一味追求效率，忽视基本的诉讼法理。

2021 年 6 月最高人民法院发布了《人民法院在线诉讼规则》（以下简称《规则》）。时任最高人民法院副院长李少平在会上表示，对于刑事案件适用在线诉讼，坚持审慎稳妥推进，主要适用于刑事速裁、减刑假释等案情简单、程序简便的案件，《规则》的发布具有跨时代的重要意义，其不仅仅是贯彻习近平法治思想中网络强国战略的重要表征，更是

---

① 郑明波、孔大为、赵家新：《依托执法办案管理中心，公检法司实现"一站式"办案 刑事速裁再提速》，《人民公安》2021 年第 10 期。

创新和完善我国互联网数据司法制度的有力举措。《规则》丰富了审判形式的多元性，也迎合了疫情时代对线上审理的需求，意味着今后在审判领域将产生线上与线下的二元分化。客观上看，与传统线下刑事诉讼程序相比，在线刑事诉讼程序秉持便宜、快捷、高效率的价值追求，在诉讼流程上达到快速审理的要求，但在追求快速审理的同时，如何落实刑事诉讼中关涉被追诉人的权利保障等一系列程序要求是不能回避的现实挑战，尤其是在在线诉讼程序中如何落实辩护律师和值班律师的权利，如何保障其权利等问题，还有待进一步细化。[①]

当然，除了上述六个方面的问题，实践中还有其他方面的问题需要关注，比如辩护律师庭外发表意见的界限问题、监察机关办理刑事案件中的辩护问题、刑事辩护意见难以得到法庭尊重问题、死刑复核程序中的辩护律师的有效参与问题等。限于篇幅难以全面展开分析，在此只能选择其中的部分内容予以揭示，许多重要问题仍应当是今后刑事辩护制度研究的重要内容。

三　推动刑事辩护制度实践发展的若干对策

结合当下刑事辩护制度实践中存在的问题分析其产生的原因，有助于为进一步推动刑事辩护实践发展提供思路。对策研究应当是在充分肯定刑事辩护对司法公正所具有的重要意义的基础上，仰仗刑事程序法治的理念，根据司法改革的要求，准确把握方向，正确选择解决问题的方案与方法。

（一）刑事辩护制度中问题之成因分析

分析产生刑事辩护实践中上述问题的原因是进行对策研究的基础。这些问题产生的原因不仅多重，而且作用机制复杂。因此，对原因的分析也需要从不同的方面展开。在此，笔者意图通过揭示刑事辩护制度在现实中面临的一些矛盾，从更深层次对刑事辩护制度的理论与实践问题

---

① 陶加培：《刑事案件在线诉讼程序研究——以适用认罪认罚从宽的速裁案件为切入点》，《河南社会科学》2021 年第 11 期。

的成因进行分析。

1. 刑事辩护大发展的需要与公众对刑事辩护的功能仍有疑虑之矛盾

长久以来，我国刑事诉讼辩护率较低是不争的事实，这一问题不仅折射出我国刑事程序法治建设仍需深化，也反映出我国人权保障事业仍有待加强。在未开展刑事案件律师辩护全覆盖之前，刑事辩护状况表现为被追诉人委托辩护率较低和法律援助律师参与较少，绝大部分刑事案件是在没有刑事辩护律师参与下结案的，遑论实现控辩平衡。委托辩护率低的成因主要有两方面：其一，刑事辩护执业环境不理想，辩护成功率低；其二，刑事辩护律师执业风险较大。法律援助律师参与较少的原因主要是解释规范对于申请法律援助律师存在限制，比如经济困难认定标准、特殊群体、特殊案件等。为推动刑事程序法治，不断强化对被刑事追诉之人合法权益的保障，有效制约职权机关在刑事诉讼中的违法办案权力，迫切需要提升我国刑事辩护率。在新时代，我国的刑事辩护需要大发展，这是不言而喻的。

党的十八大以来，司法部充分发挥司法行政职能作用，加快推进公共法律服务体系建设，为全面建成小康社会提供优质高效的法律服务和法治保障。然而，如前所述，司法部发布的刑事辩护律师数据所称的66%的辩护率，实际上仅是审判阶段的辩护率，而且还包含了值班律师群体参与的情况，考虑到值班律师法律帮助的定位，将值班律师辩护纳入刑事案件律师辩护范畴也存在疑问。学者的实证研究也显示，虽然近年来刑事辩护的覆盖面在持续扩大，刑事辩护的专业化水平稳步提升，被告人聘请律师的意愿也不断增强，但是刑事辩护率仍然偏低。因为尽管从总数来看，辩护律师的群体在不断扩大，但是受制于刑事案件更高的增速，刑事辩护律师的资源短缺相较于之前不仅没有改善，反而有所加剧。①

---

① 王禄生：《4张图告诉你，这五年，刑事案件辩护率是升是降?》，"智和"微信公众号，https://mp.weixin.qq.com/s/-EqPpGb-EKWdN-kszpdpPA，最后访问日期：2023年9月25日。

　　笔者认为，阻碍刑事辩护制度实践发展的重要原因还是在于人们对刑事辩护的功能仍然存有疑虑。这种疑虑反映在许多方面，为便于区分，在此以传统疑虑和新的疑虑进行划分。在传统疑虑方面，主要是社会公众对刑事辩护存在固有偏见，认为刑事辩护是与公权力机关敌对，是为坏人辩护，为犯罪者脱罪。这种固有偏见，导致社会对待刑事辩护律师的态度较为恶劣，甚至许多律师在承办刑事案件时，也会对工作性质产生认识偏离，导致刑事辩护质量打折扣。公权力机关的办案人员也会有如此心态，会认为刑事辩护律师的存在极大地阻碍了使犯罪者遭受刑罚这一目的的实现。实际上，刑事辩护律师并不是为"坏人"的"坏"辩护，而是为尚未被定罪的"人"辩护，获得律师帮助的权利应当是犯罪嫌疑人、被告人的基本人权。但是，现实情况是社会对犯罪的感知完全超过了对刑事诉讼中的人权保障的关注度。应当说，这种固有偏见在某种程度上成为制约刑事辩护大发展的原因之一。在新的疑虑方面，主要是随着协商性刑事司法的发展，尤其是认罪认罚从宽制度的落实使得刑事辩护律师的辩护空间被压缩，因为本质上刑事犯罪者已经认罪认罚，公权力机关作出从宽处罚，辩护律师的参与并不会对此产生实质影响，反而会影响刑事诉讼效率。如此看来，公众对刑事辩护的功能仍有疑虑与刑事辩护大发展的需要之间存在一定矛盾，这也是实践中刑事辩护制度产生问题的重要原因。

2. 刑事辩护的数量发展与品质提升之矛盾

　　虽然刑事辩护数量的问题并未全部解决，但刑事辩护全覆盖工作毕竟实现了审判阶段的辩护全覆盖，使刑事辩护的数量得到了极大的增长。近期浙江省金华市检察机关还在全省率先开展"审查起诉阶段律师辩护全覆盖"试点，全面保障案件当事人诉讼权利。自2021年8月开展试点以来，三个月内先后为223名犯罪嫌疑人指派法律援助律师，审查起诉阶段律师辩护率达到100%，有力促进了司法公正。① 如此看来，今后实现

---

① 钟瑞友：《深化"律师辩护全覆盖"践行为民司法》，《法治日报》2021年11月18日，第5版。

所有刑事案件全流程的律师辩护全覆盖也是值得期待的。但在刑事辩护数量攀升的同时需要特别关注的是刑事辩护的质量，从实践来看，数量攀升与质量提升一般并不是成正比的，甚至有成反比之趋势。

当前刑事辩护质量效果不彰体现在几个方面。其一，刑事辩护律师所提交的辩护意见很难得到公权力机关的尊重。在案卷笔录中心主义下，刑事庭审过于依赖侦查、调查和审查起诉阶段的案卷资料，庭审变得"空洞化"。虽然当下庭审实质化改革如火如荼，但在尊重律师辩护意见的理念贯彻上还不够彻底，有效的、高质量的律师意见得不到正确对待和合理采纳。比如，2020 年 6 月，在海口中院开庭审理的涉黑案件中，两名辩护律师因反对批量质证，要求对有异议的证据一证一质，被审判长强势"赶出"法庭。① 一证一质是刑事诉讼的基本要求，辩护律师的要求并不会影响法院独立行使审判权，但最终却被视作当庭违法"赶出"法庭。虽然该事件是法官与律师之间的冲突，但其背后是法官干预权和律师辩护权的博弈，这也反映出庭审对于律师辩护权的不尊重。其二，刑事案件无罪辩护率较低。我国刑事案件无罪辩护率低是长期存在的，影响无罪辩护率的因素也是多方面的。从客观层面上看，犯罪嫌疑人、被告人的高认罪率、指控质量、提起无罪辩护的制度条件是主要影响因素，在较高认罪率的环境下，无罪辩护的空间变得极小。尤其是当下认罪认罚从宽制度的深入发展，导致本就空间有限的无罪辩护被进一步挤压。从主观层面上看，律师基于利益考量，也会选择不作无罪辩护。部分辩护律师也会因为不愿意调查取证而错失可能的无罪辩护信息。其三，刑事辩护律师的执业水平仍有待提升。虽然当下刑事辩护律师队伍在不断扩大，专门办理刑事案件的律所也纷纷成立，但是刑事辩护律师的能力和水平还有待提升。尤其是在认罪认罚从宽案件逐渐成为主流的背景下，如何提高律师在控辩协商阶段的辩护与协商水平成为新的难点。

应当说，刑事辩护的数量发展与质量提升并不匹配的矛盾在当前阶

---

① 《审判长将律师"赶出"法庭，究竟妥不妥》，"新京报"百家号，https://baijiahao.baidu.com/s?id=1669833665747944318&wfr=spider&for=pc，最后访问日期：2023 年 9 月 25 日。

段愈发突出。为此，提升刑事辩护的质量将成为今后刑事辩护制度的重点发展方向，不论是创设无效辩护制度以对最低限度的品质予以保障的方式，还是倡导有效辩护以积极提升刑事辩护品质的方式，都是亟须贯彻实施的。

3. 弱势的辩护需要强势的职权机关为其提供保障之矛盾

虽然从整体上看，刑事辩护律师的权利内容已经有所拓展，包括但不限于会见通信、调查取证、提出意见、申请变更强制措施、阅卷、法庭调查与法庭辩论、经同意的上诉等权利，但是其诉讼主体地位大多与被追诉人绑定，而辩方在强大的国家机器面前，无疑是相对弱势的，其权利的实现有赖于法律规范的强制性规定和公权力机关的贯彻落实。

司法实践中，"新三难"与"旧三难"是困扰律师行使辩护权利的主要问题，在律师执业过程中也是较为突出的问题。"旧三难"指的是会见难、阅卷难、调查取证难。律师会见难问题是长期存在于刑事司法实践中的，即便是在法律规范和司法解释对此予以关注的情况下，也仍会产生异化。比如，刻意将普通刑事案件任意解释为需要经侦查机关许可才可会见的案件。又如近年来，职务犯罪案件和涉黑恶势力案件的会见依旧困难。在阅卷方面，《刑事诉讼法》的规范存在阶段限制，即只有审查起诉阶段才可以阅卷，况且当前《刑事诉讼法》并无证据开示的相关规定。侦查阶段的所谓辩护"黄金37天"，在实践中往往因为辩护律师未能获悉案件有关情况而难以展开。如果辩护律师能够在侦查阶段及时掌握与案件有关的事实与材料，无疑更有助于为其在诉讼的各个阶段进行辩护做好充分准备，"黄金37天"也能因此而闪光。调查取证难则体现在法律规范上保留了两个限制：一是辩护律师在向证人这一无利害关系的人调查取证时，需"经证人或者其他有关单位和个人同意"，方可"收集与案件有关的材料"；二是辩护律师在向被害人及其一方证人等有利害关系的人调查取证时，需"经人民检察院或者人民法院许可"和"经被害人或者其近亲属、被害人提供的证人同意"等。"新三难"指的是发问难、质证难、辩论难。①《刑事诉讼法》及司法解释赋予了辩护律师向被告人、证人、鉴定人发问的权利，但在实际刑事审判中效果却难以尽如人意，一方面在于律师发问水平参差不齐，另一方面则是受制于证人、鉴定人出庭率相对较低的现状。质证难体现在实践中法官只允许律师从证据"三性"，即真实性、关联性、合法性角度发表质证意见，不允许律师对证据的作用等详细论证，律师的质证基本成了走形式。辩论难则体现在法官随意打断律师辩论，律师没有充分的时间与机会进行法庭辩论。2021 年《刑诉法解释》第 285 条规定了法官有权制止律师发表与案件无关、重复、指责对方的言论。而何谓与案件无关，何谓重复意见，何谓指责对方，均由法官自由裁量，以至于实践中法官可能在法庭辩论阶段随意打断律师辩论，律师辩护意见也可能不被采纳。

如此看来，辩护律师在刑事诉讼中的权利保障依旧任重道远。在法律共同体中，刑事辩护律师相对而言处于弱势地位，其权利以及其在实践中履行职责，都有赖于职权机关的保障，尤其是司法机关的维护。对于这一点，首席大法官和首席大检察官都有明确的认识，但其尚未成为职权机关普遍的认识。对刑事辩护的戒备，是一些地方职权部门存在的现象。在诉讼程序中，控方与辩方本身就是对立的两方，尤其是在对抗式模式下，交锋更是较为激烈。在这样的背景下，要求职权机关保障辩护律师的执业权利与其职责定位之间无疑是存在抵牾的。因此实践中，各种公权力机关限制辩护人行使诉讼权利的事件频发，从本质上看，还是这种矛盾在作祟。

4. 有利于刑事辩护的规则未能落实且缺乏程序性法律后果保障之矛盾

应当说，辩护制度作为刑事程序法治不可或缺的一部分，并不是独立的，其制度成效的实现有赖于刑事诉讼其他各类机制或规则的落实，从诉讼法理和世界范围的实践来看，这些机制与规则的落实是推动刑事辩护制度逐步优化的重要条件。同时，这些对刑事辩护具有保障价值的

---

① 《安徽省律师刑事辩护"新三难"调查报告》，王亚林刑事辩护网，http://www.ahxb.cn/c/1/2014-12-16/738.html?bsh_bid=542257563，最后访问日期：2023 年 9 月 25 日。

程序规则，又往往缺乏程序性法律后果的保障，也会导致辩护权落空。具体来看，主要有以下几个方面的内容。

关于不得强迫自证其罪原则。2012 年《刑事诉讼法》修改，重申严禁刑讯逼供等非法取证方法并首次规定不得强迫任何人证实自己有罪。有学者认为，这一新增规定确立了不得强迫自证其罪原则，但在中国法律背景下重新阐释这一原则，既要与沉默权切割，也要注意进一步禁止和排除刑讯逼供以外的以其他强制方法获取的口供。① 从国际公约层面来看，通过强迫方法获取认罪供述进而证明被告人有罪，这种做法违反了无罪推定原则。不过，根据不得强迫自证其罪原则直接提炼无罪推定原则，目前在我国刑事程序框架下可能并不可行。基于以权利为基础的程序原理和务实需求，可考虑将不得强迫自证其罪原则蕴含的程序权利概括为被指控者不被强迫认罪的权利，② 即我国刑事诉讼程序中虽然规定了被追诉人享有不被强迫认罪权，但并未构建出无罪推定型刑事程序，也未规范关于侵犯被指控者不被强迫认罪权利后的程序性法律后果，因此无法从根本上解决刑讯逼供、程序偏见等强迫无辜者认罪的制度性问题。对于刑事辩护而言，缺乏程序性法律后果也将使其发挥效用的场域受到限制。

关于检察机关证据开示程序。应当明确的是，我国当前刑事诉讼规范中还并未确立证据开示规则或者程序，仅有的关于证据开示的相关表述是《指导意见》第 29 条规定人民检察院可以针对案件具体情况，探索证据开示制度。我国刑事诉讼法学界关于证据开示制度的讨论由来已久，一般认为设置证据开示制度的目的有三点：一是确认对立当事人之间的争议点，即诉讼的焦点；二是得到与案件有关且为诉讼准备所必要的证据信息；三是获取在正式审理中可能难以取得的相关信息。而达到这些具体的诉讼目的所欲实现的政策性目标，也就是设立证据开示制度的基

---

① 龙宗智：《进步及其局限——由证据制度调整的观察》，《政法论坛》2012 年第 5 期。

② 刘静坤：《如何防止无辜者被强迫认罪——兼论不被强迫认罪权的程序要素》，《政法论坛》2021 年第 3 期。

本意义之所在，是保证诉讼的公正和效率。[①] 在缺乏证据开示的诉讼程序中，辩护律师只能通过阅卷获取案件信息和证据情况，在认罪认罚从宽案件中，通过这种阅卷方式一般能够了解案件信息，即使披露检方所掌握的证据，也不至于对案件审理造成实质影响。但如果在不认罪案件中，辩护方和控诉方的对抗意识较强，彼此都采用各种博弈的手段，包括尽可能地搜集和使用有利于己方的证据，同时削弱对方的进攻和防御能力。面对强大的公权力机关，辩护方在此方面就极易落入下风，如果不存在证据开示，控方可能采取证据突袭等方式，削弱辩护方的辩护。鉴于此，检察机关证据开示程序对于刑事辩护律师而言无疑是十分重要的，尤其是会影响到不认罪的刑事案件辩护质量。

关于认罪认罚案件中的量刑协商机制。2019 年《人民检察院刑事诉讼规则》第 269 条对检察院审查认罪认罚案件的内容作出规定，要求人民检察院听取辩护人或值班律师就犯罪事实，罪名及其适用，从轻、减轻或者免除处罚等从宽建议，审理适用的程序等提出的意见，不采纳的应当向其说明理由。《指导意见》的相关规范也只是明确了辩护人或值班律师的职责以及公检法机关的职责，但对于如何实施量刑协商以及其保障性措施着墨较少。比如，关于量刑协商程序的启动，启动方式是依职权还是依申请，依申请启动的主体是被追诉人还是可以是辩护人或者值班律师，启动量刑协商的时间，在哪个诉讼阶段更合适，程序启动之后应否履行告知程序等均需要考量。又如，关于参与量刑协商的主体，检察机关和被追诉人是当然的适格主体，那么辩护人或值班律师以及被害人是否应当参与也需要探讨。再如，量刑协商的幅度和标准如何把控，主刑与附加刑需要明确，财产刑是否应当具体到数额等也需要明确。最后，关于量刑协商的程序性规定，如证据开示制度、同步录音录像制度[②]等，还需要进一

---

① 龙宗智：《刑事诉讼中的证据开示制度研究（上）》，《政法论坛》1998 年第 1 期。

② 2021 年 12 月，最高人民检察院出台《人民检察院办理认罪认罚案件听取意见同步录音录像规定》，旨在规范办理认罪认罚案件，预防强迫认罪认罚，表明了有关部门对此问题的高度重视。

步完善，并且应当对违反程序性规定的法律后果作出规范。

5. 刑事辩护律师与值班律师分设之矛盾

当下刑事诉讼中确立的刑事律师大体上形成了三种类别，即委托辩护律师、法律援助辩护律师以及值班律师。法律援助辩护律师与值班律师同属于法律援助制度之下，在职责方面，委托辩护律师与法律援助辩护律师是一致的，只是委托辩护律师由当事人自行聘请，法律援助辩护律师则是依申请或强制指派的。应当说，当前刑事律师的现状是，实现了辩护律师与值班律师的二元分化，这种分化以其法律定位为主要体现，即辩护帮助与法律帮助之区别。

如前所述，无论是《办法》还是《通知》，它们的规范目的主要是充分发挥律师在刑事案件审判中的辩护作用，实现审判阶段律师辩护全覆盖。也就是说，充分有效发挥律师的"辩护作用"是全覆盖的价值追求，并不包括律师的"法律帮助作用"。2018年《刑事诉讼法》修改之时，在值班律师的职责方面也存在反复，值班律师的职责在《刑事诉讼法修正草案一审稿》中还是提供"辩护"和"代理申诉、控告"，但在二审稿中就将其修改为提供"法律帮助"并删去"代理申诉、控告"的内容。主要原因在于，一些常委委员、地方、部门和社会公众提出，值班律师的职责与辩护人不同，主要应是为没有辩护人的犯罪嫌疑人、被告人提供法律帮助，这样定位符合认罪认罚从宽制度改革试点方案以及有关部门关于开展值班律师工作的意见要求，试点情况也表明较为可行。[①] 二审稿的规定最终反映在2018年《刑事诉讼法》第36条。2020年8月20日"两高三部"发布的《法律援助值班律师工作办法》第2条也明确规定，值班律师是为没有辩护人的犯罪嫌疑人、被告人提供法律帮助的律师，并在该办法第6条就其法律帮助的主要内容作出规范，不仅包括认罪认罚案件中的职责，还包括不认罪案件中的职责。从实践情况来看，辩护律师与值班律师的分设具有一定的成效。一方面，刑事案件委托辩护律

---

① 《刑诉法修正草案二审 调整值班律师职责》，中国人大网，http://www.npc.gov.cn/zgrdw/npc/lfzt/rlyw/2018-08/28/content_ 2059486. htm，最后访问日期：2023年9月25日。

师率仍然较低；另一方面，法律援助辩护律师的适用仍然存在一些条件限制，而值班律师的存在恰到好处地填补了大量刑事案件辩护律师的缺位，而且其所提供的法律帮助也能够切实有效地保障被追诉人的基本诉讼权利。但矛盾之处在于，值班律师制度的发展实际上阻碍了刑事案件律师辩护全覆盖工作，因为究其根本，值班律师提供的是"法律帮助"而并非"辩护"。那么，在评估刑事案件律师辩护全覆盖工作时，应当剔除值班律师参与的刑事案件。当下司法部的相关报告中并未对此进行细致划分，一旦将值班律师参与的案件拿掉，现有的数据无疑将大打折扣。当下将值班律师纳入全覆盖的评价体系不仅不符合法律规范的定位，而且还存在降低整体刑事辩护品质的可能。

总体上看，中国刑事司法制度所呈现的现状是，各项改革在尚未完成之时，就迫不及待地进入深化改革阶段。例如，认罪认罚从宽制度正在推进中，而控辩协商机制尚未构建。最显著的矛盾则是以审判为中心的诉讼制度改革尚待完成而以此为基础的一些改革却已急速推进，两者之间的矛盾，是刑事辩护制度实践中的问题渊薮，应当说，当前刑事辩护制度实践中的诸多问题与矛盾，也正是在此刑事司法环境之下产生的。

（二）推进刑事辩护制度深入发展应遵循之原则

如何解决上述刑事辩护制度中的现实问题，实现刑事辩护制度深入发展是当前阶段的重要课题。确有必要确定解决问题的基本原则，以便为解决方案的设定和论证奠定基础。在此主要探讨其中最具基础意义的三项原则，即无罪推定原则、保障辩护权原则、保障程序尊严原则。

其一，无罪推定原则。无罪推定原则是现代法治国家刑事司法中较为广泛接受的重要原则之一，也是现代刑事辩护制度的基石。刑事诉讼领域下的无罪推定原则具有几项基础性价值。第一，推进实现控辩平等格局，极具对犯罪嫌疑人、被告人的关怀思想。尤其是确认了被追诉方的诉讼主体地位，要求在没有经过法庭审判确定有罪之前，所有被追诉人均是无罪身份，极大地保障了审判前控辩平等对抗的格局。第二，保障了被追诉人行使诉讼权利的空间。在刑事司法中，国家专门机关可能会出现有罪推定、权力滥用、行政干预以及司法腐败，被追诉人因此处于一种弱势地位，刑讯逼供、非法取证、隐匿关键无罪证据等会侵犯犯罪嫌疑人、被告人权利。无罪推定原则为其提供了若干程序性保障措施，如不得强迫自证其罪、有效辩护、获得公正审判等权利，提升了被追诉人的诉讼权利保障机制。第三，促进了程序法治思维的进步。在刑事司法领域，治罪是较为核心的追求，而要求在治罪的同时又推定被追诉人无罪，看似存在一定的矛盾，但正是这种先假设再通过法定程序来证明有罪的模式，有力地彰显了程序法治思维。因此，从整体上看，无罪辩护原则奠定了现代刑事辩护制度的基础，良好的刑事辩护环境离不开无罪推定原则的贯彻落实。

其二，保障辩护权原则。辩护权作为基本人权在刑事司法领域的延伸和保障，随着刑事司法的发展而发展。辩护权本质上也是一种自我防御权利，因为在刑事诉讼中个人权利让渡给国家时，规则的一般化损害了个体的独立性，因此应当保留个体的防御权利。当然，权利主体享有的权利是以义务主体承担保障权利实现的相应义务为基础的。因此，在刑事诉讼中，司法机关保障被告人享有辩护权的义务是被告人有权获得辩护原则的核心内容。日本刑事法学者田口守一也曾认为，刑事诉讼的历史就是扩大辩护权的历史。[①] 实际上，在刑事司法过程中，需要保护的恰恰是处于弱势地位的被追诉人，以辩护权为核心的诉讼权利需要得到国家公权力的保障。近年来，我国刑事诉讼中逐步建立了侦查讯问和监察调查同步录音录像制度，健全检察机关介入侦查调查、引导取证工作机制以及完善当事人权利告知制度等，对于遏制刑讯逼供等违法行为具有重大意义。但是，从根本上看，这些措施都是从权力机关如何合理行使和配置权力角度出发的，更像是内部自省方式，确有必要从保障辩护权的角度建立外部制约机制。今后的刑事司法改革应该以保障被追诉人

---

① 〔日〕田口守一：《刑事诉讼法》（第7版），张凌、于秀峰译，法律出版社，2019，第172页。

的辩护权为导向，促进司法体制和诉讼模式的转型。同时，也需要刑事辩护律师兢兢业业、长期不懈的努力，使刑事辩护成为维护刑事司法公正的重要力量，贡献其在法律共同体中独特的价值。

其三，保障程序尊严原则。正是基于程序法的要求，刑事辩护才得以生存与发挥作用。因此，程序给予刑事辩护的保障，需要以程序具有不可侵犯的尊严为前提。在此意义上，保障刑事程序的尊严对刑事辩护来说具有基础性的意义。当然，除了司法机关的职责之外，既有法律规范也对刑事辩护律师和值班律师的职责作出了规定。但无论是公权力机关的职责还是律师的职责，在实践中却都没有得到有效的贯彻落实。从另一角度来看，也就是程序的不可违背的尊严遭到忽视，权力机关和律师可以不遵循规范程序。究其缘由，是当前我国刑事诉讼制度中还缺乏对于程序性法律后果的关注。除了使程序违法行为人因为程序性法律后果不能得利，还应使他们承担相应的程序性法律后果，只有这样才能真正实现对程序违法行为的有效预防和制约，进而实现和落实保障程序尊严的原则，助推刑事辩护制度的发展完善。

以刑事辩护八大学说助推法治现代化实现

冀祥德*

摘　要：党的十八届三中全会作出了推进法治中国建设的重大战略部署，将法治与民主、文明、和谐作为共筑中国梦的核心要素，使法治现代化成为中国式现代化的重要助推器。然而，刑事法治建设是我国法治建设"木桶之短板"，刑事辩护又是刑事法治建设之短板，要以法治现代化助推中国式现代化，刑事辩护不可或缺。对新中国成立70余年来刑事诉讼的发展历史进行考察可以发现，我国控辩关系主要经历了无序、失衡、对抗、对抗兼合作四大阶段，刑事诉讼在不同的阶段体现出不同特质，律师及其进行的刑事辩护活动受控辩关系的影响也相应呈现出不同样态，受到不同的挑战。但不论其外化为何种表现形式，刑事辩护的内核终究在于控辩关系的交互。八大学说从刑事辩护这一显性问题入手，切入控辩关系之内核，致力于刑事辩护的法治化发展，进而助推法治现代化实现。

关键词：法治现代化；控辩关系；刑事辩护；八大学说

习近平总书记在党的二十大报告中指出，要以中国式现代化全面推进中华民族伟大复兴。[①] 法治现代化是以中国式现代化为鲜明特征的中国

---

* 中国社会科学院法学研究所研究员，中国社会科学院大学法学院教授，澳门科技大学法学院教授，社会科学文献出版社党委书记、社长。

① 《习近平：高举中国特色社会主义伟大旗帜　为全面建设社会主义现代化国家而团结奋斗——在中国共产党第二十次全国代表大会上的报告》，求是网，2022年10月25日，http：//www.qstheory.cn/yaowen/2022-10/25/c_ 1129079926.htm。

之治的应有之义，① 刑事辩护更是我国法治建设"木桶之短板"。笔者研究提出，我国控辩关系共经历了四大阶段。从问题的视角看，在控辩关系无序阶段，刑事辩护缺位，被追诉人权利得不到保障；在控辩关系失衡阶段，公检法紧密捆绑、辩护律师定位与自身职能相冲突，刑事辩护有名无实；在控辩关系对抗阶段，刑事辩护困难重重，会见、阅卷、调查取证等基本权利行使受阻；在控辩关系对抗兼合作阶段，刑事诉讼效率、正义价值冲突加剧，刑事辩护遭遇新的瓶颈。站在高质量发展的新时代，要立足实际、扎根国情地看待中国式现代化与法治现代化的关系、法治现代化与刑事辩护的关系，笔者提出的刑事辩护八大学说，就是该种研究的一些尝试。

一 变与不变——控辩关系说

控辩关系是刑事诉讼主体之间的一对基本关系，不仅关乎刑事诉讼的基本构造和价值取向，而且直接决定着刑事诉讼活动公正与效率的实现。综观我国控辩关系发展历史，可以将其划分为四大阶段：新中国成立初期至 1979 年《刑事诉讼法》颁布的无序阶段，1979 年至 1996 年《刑事诉讼法》修改的失衡阶段，1996 年至 2012 年《刑事诉讼法》再修改的对抗阶段以及 2012 年至今的对抗兼合作阶段。其中，对抗阶段又分为非理性对抗和理性对抗两个阶段，对抗兼合作阶段又分为以对抗为主、合作为辅和以合作为主、对抗为辅两个阶段。②

在控辩关系无序阶段，我国没有制定统一的《刑事诉讼法》对控诉权、辩护权以及控辩关系予以规范和调整，相关规定散见于《宪法》《人民法院组织法》《人民检察院组织法》中，尤其是和辩护权有关的规定，不但数量极少，且都是原则性规定，而关于控辩关系，几乎当时所有的

---

① 冀祥德：《中国式现代化是国家治理模式的"中国之治"》，《人民司法》2022 年第 34 期。
② 冀祥德：《从控辩关系看我国刑事诉讼制度的演进发展》，《中国刑事法杂志》2022 年第 1 期。

法律中都没有涉及。可以说，在 1979 年《刑事诉讼法》出台前，诉讼形态下的控辩关系在我国基本不存在，① 刑事辩护更无用武之地。

在控辩关系失衡阶段，虽然有统一的《刑事诉讼法》对控辩关系加以规定，但控辩不分、控辩权利（力）明显失衡。在刑事诉讼中以某些政治概念代替法律概念，公检法三机关相互配合、共同对"敌"，使用"人犯"这种明显带有有罪推定色彩的称呼指代被追诉人，甚至就连辩护人也作为"国家法律工作人员"履行了过多与辩护人"天职"不一致的职能。

在控辩关系对抗阶段，1996 年《刑事诉讼法》修改吸收了无罪推定原则精神，进一步加强了被追诉人诉讼主体地位及权利保障，将以法官为主导的审问式程序变革为以控辩双方为主导的对抗式程序，但由于在改革过程中没有对大陆法系的制度和中国实际问题进行审慎研究，法律修改后出现了较为严重的"水土不服"和"器官排异"现象，控辩双方庭下不沟通、不合作，庭上不留情、硬碰硬，控辩冲突屡屡发生。

在控辩关系对抗兼合作阶段，人权的司法保障进一步明确和加强，对抗式诉讼结构不断完善，以控辩协商为内核的认罪认罚制度全面推开，这种控辩关系的变化平衡了刑事司法对公正与效率的现代价值追求。

回顾历史可以看出，控辩关系在社会、政策、人权意识乃至国际局势等诸多因素的影响下一直处于动态的变化当中，每次变化都伴随着难以避免的"阵痛"，但总体而言，我国刑事诉讼制度在控辩关系上体现为以控辩平等为追求，沿着从"法制"转向"法治"的轨道积极向前发展。

二 无序中的刑事辩护——"木桶说"

在控辩关系无序阶段，我国没有一部统一的刑事诉讼法对控诉权、辩护权以及控辩关系予以规范和调整，与辩护权有关的规定不但数量极

---

① 冀祥德、张文秀：《从对抗转向合作：中国控辩关系新发展》，《中国司法》2011 年第 12 期，第 50 页。

少，而且都是原则性规定。在此阶段，控辩关系基本处于"无法可依"的状态，也不存在诉讼形态下的控辩关系。

从法律规定看"无序"阶段的刑事辩护，1949 年《宪法》与 1954 年《人民法院组织法》虽然都规定了被告人的辩护权，但对其具体落实缺乏规定。1954 年《人民检察院组织法》和《逮捕拘留条例》对侦查、起诉、强制措施等活动的实施程序和主体进行了规范，但均未对辩护权进行规定，也仅在非常有限的范围内对被追诉人的权利进行保障（如搜查时的在场权或见证权）。从司法实践看"无序"阶段的刑事辩护，1957 年至 1966 年，我国法制建设在曲折中艰难前进，甚至在 1966 年开始的十年"文革"中，律师制度被彻底废弃，检察机关被撤销，法院名存实亡，成为各地公安机关军管会下属的"审判组"。① 刑事辩护之萌芽尚未发育便已被摧毁。在此期间，办理刑事案件采取侦查、起诉、审判"一竿子插到底"的做法，允许诱供、指名问供甚至刑讯逼供，以带有有罪推定意味的"人犯"称呼被追诉人，甚至动辄召开上万人的公审大会批斗罪犯、宣判执行。

充分反思控辩关系扭曲、无序状态对我国法治建设的不利影响后，笔者提出了刑事辩护"木桶说"，旨在阐明刑事辩护于司法正义之重要价值。笔者认为，如果把国家与社会治理比作一个木桶，在多种治理手段中，法治就是国家与社会治理木桶中最短的木板；如果把法治也比作一个木桶，在行政法治、民事法治、经济法治等多元法治中，刑事法治是法治木桶中最短的木板；如果把刑事法治也比作一个木桶，在侦查法治、检察法治、审判法治等刑事法治中，刑事辩护就是刑事法治木桶中最短的那块木板。综观之，刑事辩护可谓国家法治建设中最短的木板。

新中国成立后 30 余年控辩关系扭曲、无序的历史清晰地揭示出刑事辩护缺位会对司法正义造成的种种冲击，而从笔者提出的世界刑事诉讼四次革命划分视角来看，我国正处在"第一次革命尚未结束，第二次革

---

① 《当代中国》丛书编辑部编辑《当代中国的审判工作》，当代中国出版社，1993，第 130 页。

命还在继续，第三次革命正在进行，第四次革命已经到来"的混合交织阶段。无论是尚不充分的控辩对抗式诉讼结构，还是方兴未艾的控辩协商式诉讼模式，都迫切地需要对刑事辩护之定位加以重新认识。理论界及实务界，尤其是立法者需要明确，依法治国、建设社会主义法治国家，必须要拉长刑事辩护这一"木桶短板"的高度。辩护律师则应当清醒地认识到其自身作为法律职业共同体一分子的重要使命与价值，要在社会责任、职业追求、职业素质与伦理等方面作深刻的自我反思。

三 失衡中的刑事辩护——"车轮说"

1979 年《刑事诉讼法》颁布至 1996 年《刑事诉讼法》第一次修改可被视为我国刑事诉讼中控辩关系的"失衡"阶段。1979 年《刑事诉讼法》以专章规定了辩护权，明确了被告人及其辩护人的辩护权，对控审机关权力行使进行了规范。其后出台的《律师暂行条例》又进一步明确了律师的定位，为其进行刑事辩护提供了更细致具体的依据。刑事辩护摆脱了控辩关系"无序"阶段的无法可依状态，初步实现了有法可依的目标。

虽然随着政治、经济、文化的快速发展，自由、平等、权利等观念逐渐深入人心，以立法为中心的法制发展驶入了"快车道"，控辩关系也得到了法律的规制，但是控辩双方权利义务的界定带有明显的时代特征。一方面，控辩不分，辩护律师在当时作为"国家法律工作人员"，履行了过多的与辩护人"天职"不一致的职能。另一方面，控辩权力（利）失衡，公检法三家过度强调互相配合、共同对"敌"，使得辩方的地位低下、权利弱小，与控方强势的地位与强大的权力无法同日而语。公检法三机关同质（都属于公权力性质）同向（权力产生之始都是为了惩罚犯罪）、紧密捆绑，作为被追诉人权利守护者的辩护人则或被忽视，或行使着与其相同的"打击犯罪"职能，并没有作为刑事诉讼中独立的主体获得应有的尊重和权利保障。然而"一个高效、廉洁的政府虽然可以体恤民情，造福于百姓，却不可直接代表公民个人去与自身的权利抗衡，只有律师才可以起到这种作用"①。在此背景下，笔者提出刑事辩护"车轮说"，在对刑事辩护的功能定位和辩护律师的角色定位进行反思与重构的基础上，将公检法律比作法治之车行驶的四个车轮，形象地说明律师在我国法治建设中作为法律职业共同体重要成员不可或缺的地位与作用。

在笔者看来，以司法权与行政权分离为特征的世界刑事诉讼第一次革命，主要解决行政权与司法权合一问题；以控诉权与审判权分离为特征的世界刑事诉讼第二次革命，主要解决控审不分问题；以控辩平等为特征的世界刑事诉讼第三次革命，主要解决辩护权作为私权利对控诉权、审判权等公权力的制约问题；以控辩关系从以对抗为主转向以合作为主为特征的世界刑事诉讼第四次革命，主要解决以公正为前提的诉讼效率问题。在这样的一个理论体系下，公检法同质、同向，权力植根于国家打击犯罪的需求，辩护权则与之异质、逆向，权利来源于刑事诉讼中的人权保障需要，在人权保障理念不断增强的法治发展路径中，刑事辩护的出现是必然的。进言之，我们也应当时常反思，究竟是国家（社会）需要律师，还是个人需要律师？律师是为了个人辩护，还是为了国家（社会）辩护？站在纯粹道德的立场上看，法律是不完美的，但又是不可或缺的，而且这种不完美的法律必须借助于一大群人参与其中才能运转，律师就是这一人群当中的一分子。换言之，"检察官站在具体国家目的之立场追诉犯罪，借以维持社会秩序，辩护人保护被告之正当利益，以免无辜之人受国家处罚，或防止轻罪者受罪重之处罚"②。

四　对抗中的刑事辩护——"三难说"与"准入说"

自 1996 年《刑事诉讼法》修改，我国刑事诉讼中的控辩关系就从"失衡"转向了"对抗"。修改后的《刑事诉讼法》吸收了无罪推定原则

---

① 田文昌：《关于律师职责定位的深层思考》，载陈卫东主编《"3R"视角下的律师法制建设——中美"律师辩护职能与司法公正"研讨会论文集》，中国检察出版社，2004，第397页。
② 蔡墩铭：《刑事诉讼法论》，台湾五南图书出版公司，1993，第98页。

的精神，扩张了律师辩护权，在审判程序中构建起了对抗式的诉讼模式。但修法中借鉴西方国家诉讼制度时，没有充分考虑中国国情，过多地借鉴了英美法系的制度，而对于大陆法系的制度和中国的实际问题缺乏审慎考察研究，因此制度引进后的"水土不服"或者"器官移植"后的排异效应显著，控辩关系呈现出明显的非理性对抗特征。公安、检察机关有时采取限制、阻挠辩方会见、阅卷，不给予辩方取证便利等方式与辩方进行对抗。司法实践中，有的侦查机关会以"案件涉及国家秘密"为由拒绝律师会见，有的侦查机关则不及时安排律师会见或限定会见的次数和时间，或者对会见的谈话内容或记录进行限制。① 甚至由于控辩间激烈的冲突，1997 年《刑法》修订时专门设立了辩护人、诉讼代理人毁灭证据、伪造证据、妨害作证罪，不少刑事辩护律师被以该罪名指控追究，一大批律师退出或拒绝刑事辩护，在此背景下，笔者提出了刑事辩护"三难说"，即会见难、阅卷难、调查取证难。

（一）刑事辩护"三难说"

刑事辩护"三难说"是笔者在 1998 年中国诉讼法学研究会刑事诉讼法学专业委员会举办的《刑事诉讼法》修改实施一周年研讨会上提出的。这一观点很快得到了法律实务界和法学理论界的认同，并在很大程度上成为《律师法》修改和《刑事诉讼法》再修改的"导火索"。刑事辩护的"三难"问题长久困扰着我国的刑事辩护律师，其源于对律师在社会法治建设中地位的错误认识，本质上是控辩间非理性对抗的结果。

1996 年修改的《刑事诉讼法》以法律的形式将原本由法官主导的审问式诉讼程序改造为控辩双方共同推进的对抗式诉讼程序。同年《律师法》颁布，将律师定位从"国家法律服务工作者"改为"社会法律服务工作者"。控辩冲突骤然加剧、辩护律师身份定位两极转化使二者在诉讼程序中进入了一种"不沟通、不合作、不留情、硬碰硬"的非理性对抗

---

① 参见陈卫东主编《刑事诉讼法实施问题调研报告》，中国方正出版社，2001，第 223～227 页。

状态。正是基于此，虽然法律中已然赋予了辩护律师会见、阅卷、调查取证权，但该权利在行使中遭遇了重重阻碍，以至于会见难、阅卷难、调查取证难的刑事辩护"三难"很快成为普遍性问题。

2008年6月1日，新《律师法》实施后，不乏相关人士认为，该法第33条关于会见权的规定、第34条关于阅卷权的规定和第35条关于调查取证权的规定，破解了刑事辩护的"三难"问题。然而，司法实践中的情况却并非如此。仅就会见权而言，除去个别地方按照新《律师法》执行外，以《律师法》与《刑事诉讼法》规定不一致为由的"会见难"依然系常态。

直至今日，律师会见难、阅卷难的问题虽在一定程度上得到了解决，但调查取证难的问题仍然没有得到根治，《刑事诉讼法》第43条仍规定辩护人行使调查取证权时需经人民检察院或者人民法院许可，并经被害人或者其近亲属、被害人提供的证人同意。尤其是侦查阶段的调查取证权在相关法律和司法解释中并没有明确，律师因顾及职业风险，一般也不敢在侦查阶段以积极方式行使调查权。而且，在认罪认罚从宽制度实施后，刑事辩护律师怨声愈来愈多。有的律师甚至说，新一轮刑事辩护"寒冬"的到来，表面上看是值班律师对委托律师的冲击，实际上，是刑事辩护质量的下滑，是有权机关在以普遍辩护之名行无效辩护之实。如此种种，刑事辩护中的诸多困难均有待我们与时俱进地跟进研究。

（二）刑事辩护"准入说"

刑事辩护"准入说"，是笔者主张并研究多年的建立刑事辩护律师准入制度的研究成果统称。控辩关系对抗阶段，尤其是非理性对抗阶段的刑事辩护状况清晰地显示出控辩力量对比下刑事辩护之难，提升辩护质量、规范辩护行为是国家法治发展当务之急，而刑事辩护准入制度就是实现该目的的最好途径。笔者认为，所谓刑事辩护准入制度，是指由国家政府部门或者受委托的行业组织，出于保护被追诉人辩护权有效实现的需要，依法对刑事诉讼活动中提供刑事辩护法律服务的主体的资格进行确认、批准、监督和管理，以及建立与之配套的辩护律师收费、培训、考核、退出等机制。①

建立刑事辩护准入制度的正当性基础在于实现对被追诉人指控的有效辩护，对刑事诉讼活动中的公权力形成制约，进一步平衡诉讼资源分配，实现司法正义。正是由于被追诉人的权利尤其是辩护权得不到应有重视，被追诉人在刑事诉讼中地位低下，刑事辩护制度萎缩，对抗制诉讼模式难以实现。将刑事辩护准入引入司法制度之中能够有效制约权力，实现资源、权利的有效利用；能够帮助厘清律师角色定位，提升律师社会信任度，实现刑事辩护专业化；能够激活刑事辩护人发现实体真实和保障程序真实的角色作用。

刑事诉讼活动事关当事人人身自由乃至生命权等最基础的权利，刑事辩护因而是一项对律师综合素质要求极高的项目，如今却屡屡成为实习律师的"练兵场"，"初犯、偶犯、认罪态度良好"的辩护三段论已在司法实践中留下诸多遗憾和笑柄。是故，笔者多年来不断撰文呼吁建立刑事辩护准入制度，当下，至少当从如下方面着手构建。

其一，从死刑案件开始，分步骤、分阶段地设立刑事辩护准入门槛。刑事案件事关被告人生命、自由、财产等重要权利。死刑已被大多数国家视为一种残忍的不人道的刑罚，到目前为止，全球已经有100多个国家在法律上或司法实践中废除了死刑，中国是保留死刑的国家，虽然目前废除死刑的条件依然不成熟，但是，严格限制死刑，切实贯彻"少杀、慎杀"的政策，已成为法学界和法律界的共识。在美国，《律师刑事诉讼辩护准则》《死刑案件辩护指导纲要》《死刑案件中律师的指派与行为指南》等真正确立了有效辩护的具体准则，《死刑案件中律师的指派与行为指南》明确指出："《死刑案件辩护指导纲要》的目标旨在提出一个死刑案件辩护的全国标准，以保证给所有面临可能被任何司法机构判处或执行死刑的人提供高质量的法律代理。"刑事辩护质量参差不齐是我国刑事

① 冀祥德等：《建立中国刑事辩护准入制度理论与实证研究》，中国社会科学出版社，2010，第7页。

辩护所面临的现实问题，死刑、无期等重罪案件中辩护质量利益关涉最为巨大，同时这些案件的数目相比于其他案件较少，故而是我国推动刑事辩护准入制度较好的切入点。

其二，设置刑事辩护资格考试制度。一般来说，设置进入门槛的行业都需要通过考试的形式考察申请人员对专业知识和技能的掌握程度，比如会计从业资格实行考试制度，凡高中以上学历、申请会计从业资格证的人员均可报名考试，考试合格者可获得会计从业资格证。就建立中国辩护律师准入制度而言，严格的专门考试不仅可以从客观上提高辩护律师的专业知识水平，而且有助于增强辩护律师的职业责任感和精英意识。对于社会来说，基于严格的专业考试而选拔出来的人更容易取得大众的信任和尊重，这对于提高辩护律师的社会地位和荣誉感都将十分有益。从考试的形式上看，宜将考试分为笔试和面试两个环节。笔试主要考核申请者专业知识的掌握程度，面试的目的主要是进一步确认申请者专业知识水平，考察其语言表达、临场反应等辩护技能，同时弥补国家法律职业资格考试制度法律运用技能、法律思维能力等考察之不足。

其三，严格刑事辩护律师实习要求。刑事诉讼过程中的证据展示、询问证人、法庭辩论，最能考验和体现一个律师的机智与灵敏、毅力与耐心、口才与风度，因此，刑事案件对律师的综合素质有更高的要求。以英美为代表的普通法系国家，将判例法作为重要的法律渊源，因此其法学教育中一向实行判例式教学法，将法律作为一种技能（而非一门科学）传授给学生，以培养学生分析案例、解决案例、毕业后能够顺利考取律师资格从而就业谋生为目的；以法德为代表的欧洲大陆国家，以成文法为唯一的法律渊源（我国也是如此），法学教育中以系统传授法律知识为主而不将重点放在对学生实际能力的培养上，为弥补这一缺陷，大陆法系国家的律师资格考试中便在笔试之外增加口试，内容一般包括起草法律文件和口头答辩，以考查考生的实际能力。我国也应当吸收这一有益经验，规定通过刑事辩护律师资格考试或者考核者，必须进行一定期限的实习。

其四，提高刑事辩护律师收费标准，善用利益驱动机制。在一个正常而合理发展的社会中，高付出总是与高收入联系在一起的，高额的报酬不仅反映一个人对社会作出了较大的贡献，同时也是支撑其社会地位的一个重要因素。刑事辩护准入制度对辩护律师提出了更高的考试、实习等要求，势必会大幅度增加其为从业投入的学习成本，要吸引更多法学专业学生进入刑事领域不能仅靠其兴趣，还必须有现实的经济鼓励，使其在刑事辩护中真真切切地获得利益。

其五，给予刑事辩护服务政策上的倡导和倾斜。政府在宣传倡导与律师管理政策上应向刑事辩护律师倾斜，鼓励建立专门的刑事律师事务所，鼓励规模较大的律师事务所对律师进行专业分工，明确规定刑事辩护律师的数量比例，在荣誉、职称等方面有意识地向刑事辩护律师进行一定的倾斜。特别是应尽快完善立法、协调司法，为刑事辩护律师营造良好的执业环境。

其六，设立相应监督、惩戒、退出机制。除了严把"入口"关，刑事辩护律师在执业过程中还应受到更严格的监督，可以通过建立刑事辩护律师数据库等方式对律师的辩护行为进行量化，允许被追诉人在更加公开透明的平台上对刑事辩护律师进行评价，将被追诉人纳入监督主体范围。同时，一个良性发展的职业必然是一个有进有出的开放型系统。在对刑事辩护设置了一个严格的入口之后，尚需相应地设置一个合理的出口，以形成进出有序的科学运转机制。刑事辩护的退出机制包括自愿性退出机制和强制性退出机制两种，强制性退出机制还可作为对刑事辩护律师严重不负责任的惩戒措施之一。

五 对抗兼合作中的刑事辩护——刑事辩护制度改革"三步走说"

随着经济、社会、科技的高速发展，进入刑事司法视野的社会矛盾越来越多、越来越复杂，司法效率的压力自发地催生了控辩间的合作，控辩关系从非理性对抗走向理性对抗，进一步走向合作。2018 年《刑事诉讼法》修改正式确立了认罪认罚从宽制度，我国控辩合作进入了新时代。但正如上文所言，我国的刑事诉讼正处在"第一次革命尚未结束，第二次革命还在继续，第三次革命正在进行，第四次革命已经到来"的阶段，控辩间尚未真正实现平等对抗，而没有实质性对抗保障的"协作"极易变质为司法屈从。在控辩关系走向合作的未来，刑事辩护之价值不仅不会被消解，反而应当得到更多重视，刑事辩护之有效性保障需被不断重申。为此，笔者提出了刑事辩护制度改革"三步走说"。

刑事辩护制度改革"三步走说"简而言之就是从"普遍辩护"走向"准入辩护"进而走向"有效辩护"。普遍辩护是刑事辩护的基础性要求，在实现普遍辩护的基础上对刑事辩护制度实行专业化改造，实施"准入辩护"，然后通过"准入辩护"制度路径，实现"有效辩护"的目标。

"普遍辩护"指辩护的广度，"有效辩护"指辩护的深度，二者都源于正当程序理念，是刑事辩护应当追求的价值。有学者认为，刑事辩护准入机制的建立虽然能提升刑事辩护有效性，但必然会危及普遍辩护。这种说法是不成立的，因为它假定了目前我国辩护率低是因为从事刑事辩护案件的律师人数不足，只有基于这一假定，建立刑事律师辩护准入制度才会出现辩护供不应求的情况。但准确地说，我国目前的刑事辩护陷入了怪圈：一方面，律师数量极其庞大，另一方面，能够提供有效刑事辩护的律师数量却不多；一方面，刑事辩护的需求强劲，另一方面，律师出庭辩护率却一直不高。[①] 可见，至少在目前，我国刑事辩护律师的数量与刑事辩护率没有任何函数关系。既然如此，刑事辩护准入制度的建立，虽然提高了刑事辩护的门槛，但未必会因此降低律师辩护比例。

"准入辩护"之具体内容在刑事辩护"准入说"中已有翔实的介绍，故在此不再赘述。

[①] 据统计，2005 年全国刑事案件律师辩护率仅为 30%，而北京更低，不足 10%，平均一个律师一年承办的刑事案件不到一件。参见黄秀丽《刑事案件律师辩护率不足一成》，《北京日报》2005 年 8 月 29 日，第 7 版；钱学敏《律师参与刑辩不过两成》，《检察日报》2009 年 6 月 8 日，第 7 版。

"有效辩护"是在"准入辩护"基础上提出的。就刑事辩护准入制度与有效辩护的关系而言,一方面,刑事辩护准入制度是有效辩护实现的前提和保障;另一方面,有效辩护是刑事辩护准入制度追求的目标。"有效辩护"的概念虽在我国法律规定中难觅踪影,但在一些法治国家的司法制度之中,在国际条约、国际准则之中却早已确立,包含以下三重含义:一是被追诉人作为刑事诉讼当事人在诉讼过程中应当享有充分的辩护权;二是应当允许被追诉人聘请合格的、能够有效履行辩护义务的辩护人为其辩护(包括审前阶段的辩护和审判阶段的辩护,甚至还应当包括执行阶段提供的法律援助);三是国家应当保障被追诉人自行充分行使辩护权,设立法律援助制度,确保其获得律师的帮助。"无效辩护"是与"有效辩护"相对的概念,其意义在于为无法达到"有效辩护"的案件的被追诉人提供一定程序上的救济和保障。

在刑事辩护全覆盖政策和值班律师等相关制度的配合下,我国目前刑事诉讼"普遍辩护"这一价值已基本实现,但仍然存在刑事辩护质量低的问题,只有通过"三步走"策略,在建立中国刑事辩护准入制度的同时,确立有效辩护原则和无效辩护制度,方能进一步完善我国刑事法治,建成中国特色社会主义法治现代化。

六 "简者更简,繁者更繁"——由"控辩平等说"走向"控辩协商说"

2018年10月,《刑事诉讼法》第三次修改,认罪认罚从宽制度、速裁程序被载入《刑事诉讼法》,我国刑事诉讼法律制度向笔者倡导多年的"简者更简,繁者更繁"的改革方向迈出了实质性一步。2019年,最高人民法院、最高人民检察院、公安部、国家安全部、司法部《关于适用认罪认罚从宽制度的指导意见》的颁布,回应了认罪认罚从宽制度全面实施以来理论界和实务界出现的若干争议问题,为准确及时惩罚犯罪、强化人权司法保障、推动案件繁简分流、节约司法资源奠定制度基础。不论是从世界刑事诉讼四次革命的发展历程,还是从我国控辩关系的发展趋势来看，控辩合作都是刑事诉讼法治化、现代化发展的正确方向，而控辩协商作为控辩合作实现之主要途径，其意义自不待言。

（一）控辩平等说

"控辩平等说"所强调的控辩平等彰显了现代刑事诉讼法中国家追诉权与公民权利的良性互动关系，遏制了国家权力的膨胀，将刑事诉讼纳入了法治的轨道。

控辩平等以权力制衡理论为存在的哲学思想基础——从权力的性质来看，权力需要制约；从权力与权利的关系来看，权力需要用权利进行制衡。控诉与辩护之间的对立是权利与权力的对立，唯通过辩护权对控诉权加以制衡，方能实现刑事诉讼活动中的控辩平等。

控辩平等以程序主体性理论为法律文化基础——对立统一规律告诉我们，对抗应当存在于平等主体之间，不平等的力量主体之间是谈不上对抗的。从该种意义上讲，当辩方被作为诉讼主体，并且被视为与控方地位平等时，控辩之间才产生对抗，控辩平等才真正有意义。

控辩平等以个人本位、实体公正和程序正义为价值基础。个人本位主义是相对于国家本位主义而言的，个人本位主义的法治理念体现为"法律必须平等地对待政府和公民，在法律规范体系内，个人与国家在法律地位上是相同的"，它于刑事诉讼中则进一步体现为被追诉人权利保障，就个人本位的追求而言，控辩平等原则成为应有之义。

实体公正表现为罪、责、刑相适应和保护被告人的人身权、财产权两个方面。就犯罪案件事实与控辩双方的关系而言，被追诉人是查明案件事实的关键。因为只有他最清楚自己究竟是否实施了犯罪或者如何实施了犯罪。控辩双方平等搜集证据、平等举证、质证对抗，会使证据的获取更加全面，证据的判断更加细致，更利于裁判者去伪存真，发现事实真相。就被追诉人权利保护而言，控辩平等原则要求尊重被追诉人的主体地位，对控辩双方平等武装、平等保护。在保障被追诉人的合法权利不受侵犯的前提下，查明被告人应否承担或者应当承担何种法律责任。

程序正义追求一种"看得见的外化的过程价值",刑事诉讼作为解决社会纠纷冲突的一种理性方式,自产生始其价值目标就是正义,其内在要求就是努力缩小控辩双方地位和力量悬殊的影响从而实现正义。

笔者在研究过程中发现,学界对于控辩平等的解读并不深刻,且多数研究者将控辩平等的内涵仅仅界定于平等武装与平等对抗,但事实上,控辩平等可以解读出平等武装、平等保护、平等对抗、平等合作等多重本体意蕴。控辩平等从内在的权力(利)配置原则上要求平等武装和平等保护,其中,平等武装所追求的是一种实质的平等,平等保护所追求的是一种形式的平等;控辩平等从外在的权力(利)行使目的上规范,应当包含平等对抗和平等合作,其中平等对抗是手段和现象,平等合作是目标和本质。平等武装、平等保护、平等对抗和平等合作是控辩平等的应有之义。平等武装、平等保护、平等对抗与平等合作相互配合,以消解国家和个人的纠纷为总目标,以控制犯罪和保障人权为基本目的,以实体正义和程序正义为根本要求,以被追诉人受到公正审判为核心,以赋予被追诉人沉默权、辩护权、知情权、上诉权等防御性权利为手段,以确立不得强迫自证其罪原则、无罪推定原则、程序法定原则、禁止双重危险原则、非法证据排除原则为保障,推动控辩双方在平等的对抗与合作中和谐发展。

(二)控辩协商说

"控辩协商说"亦即"控辩合作说",控辩协商是控辩合作的实现方式,是在控辩平等的基础上发展形成的,它通过强化控方与辩方间的沟通交流,使双方在一定限度内秉持自愿、协商、参与、合法的原则,就刑事诉讼的程序、实体、证据等问题达成一致意见,以达到实现诉讼正义的同时提升诉讼效率、节约司法资源之目的。

控辩协商理念在世界各国广泛存在,并具有不同的表现形式,在美国通常被称为"plea bargaining",也即"辩诉交易";在德国被称作"刑事协商";在意大利《刑事诉讼法典》中被规定为"依当事人要求适用刑罚的程序"；在俄罗斯《刑事诉讼法典》中则被规定为"在刑事被告人同意对他提出的指控时法院判决的特别程序"。我国近年来大力推行的认罪认罚从宽制度也以控辩协商为基本理念。

控辩协商是在我国构建和谐社会语境与建立高效刑事司法制度的过程中，控辩关系发展的一种新型的、理性的、当然的模式。构建控辩协商制度要遵循以下原则：其一，尊重国情原则，充分认识"百年未有之大变局"所带来的复杂国情以及五千年文化传承塑造的民族气质和思想文化；其二，公正与效率并重原则，一方面不能只注重与被追诉人协商而减弱甚至放弃行使惩罚的权力，另一方面也不能违背被追诉人的意愿，强迫性地达成协议；其三，意思自治原则，在协商程序的全过程中尊重各程序主体的自由选择；其四，循序渐进原则，考虑到民众的传统思想和道德法律素质以及现有的制度环境和物质基础，要顺利地建立控辩协商制度并使其和谐地融入司法体制中，更应当从长远考虑，切忌急功近利。但是在控辩对抗到协商关系转化的过程中，协商的前提是否真正具备，如何确保控辩双方在平等地位下进行真诚、自愿且于双方有利的协商是我们要面对的重要问题。以认罪认罚从宽制度的应用为例，大量案件是在缺乏辩护律师参与的情况下匆匆进行的，只是在签署认罪认罚具结书时由值班律师进行"见证"式的帮助。法律是一门专业性极强的学科，即便是科班出身的法科学生成为律师进行辩护尚需通过国家法律职业资格考试并实习两年取得律师执业证书，没有受过专业培训的一般公民仅由自身参与协商，很难说是对其权利有明知、对其决定有自愿，更勿论其正处于被侦控部门采取强制措施的不利状况之下。对抗向协商的转变必须以控辩平等为前提，只有以"能够进行平等对抗"为保障，控辩双方才可能相互有所顾忌，才可能本着为自己争取更大利益的目的进行协商，正所谓"没有协商就没有正义"。

七　结语

社会复杂化使得我国刑事司法面临的资源压力愈发巨大，人权理念的发展则对刑事诉讼中的人权保障提出了更高的要求。在"简者更简"改革理念的指导下,案件的处理过程更多地展现出对于效率价值的考量,程序简化、节奏加快;而在"繁者更繁"的制度完善下,诉讼双方投入更多时间、金钱成本,以愈发严格的程序保障通过对抗让裁判结果实现公正。可以说,"简者更简,繁者更繁"是我国刑事法治现代化发展的必然路径。

然而综观我国刑事辩护之发展历程可以发现,不论哪一阶段刑事辩护之困境和难题,都源于其所处的控辩关系,控辩关系的不科学、不合理在实践中引发了种种刑事辩护难题,最终转化为一桩桩冤错案件。笔者试图站在世界刑事诉讼四次革命和中国刑事诉讼三次转型划分的广阔研究视阈,以警察、律师、检察官、法学教育者、法学研究者 40 余年的司法亲历,提出立足刑事诉讼惩罚犯罪与保护人权的二元价值取向,改刑事诉讼基本关系的"公检法三机关"为"公检法律四主体"(刑事辩护"车轮说");从刑事辩护对于建成法治国家的不可或缺性,提出并论证刑事辩护"木桶说";从中国特色社会主义法治事业的高质量发展要求,提出刑事辩护"准入说";从加强被追诉人权利保障,让每一个人都能感受到司法的公平正义角度,提出"控辩平等说";从尽力消解犯罪纠纷矛盾、构建和谐社会、厚植执政党执政基础、节约司法资源、提高诉讼效率需要出发,提出并论证"控辩协商说";从中国现实国情和世界刑事诉讼发展基本规律出发,提出我国刑事辩护制度从普遍辩护,到准入辩护,再到有效辩护的"三步走说",期待能对我国法治现代化建设有所裨益。

律师忠诚辩护的性质、规则与界限

董林涛*

摘　要：忠诚义务产生并依附于律师与被告人的委托关系，却与普通受托人的善管注意义务迥然有别。作为首要职业伦理规范，忠诚义务指引着律师的辩护活动，也调整着辩护关系。为彰显对被告人的忠诚，律师既需要进行最佳辩护，还要注意避免损害发生；既需要进行充分的说明报告，还要注意保持对被告人自主决定的理性尊重；既需要坚守事实真相的执业底线，还要注意维持相对于被告人的适度独立。从根本上讲，忠诚义务带有排他性、单方性的显著特征，但绝不排斥对优位价值的追求与兼顾。此项义务的有效实现主要仰赖于律师职业素养和辩护技能的不断提高，却也离不开法律观念和辩护制度的创新与突破。

关键词：最佳辩护；善管注意；意志尊重；真相解明；身份独立

一　问题的提出

辩护权是刑事被告人针对控方指控展开防御以维护自身合法权益的核心手段。正因如此，辩护制度一直是刑事诉讼制度改革的重点领域，并受益于改革而不断发展完善。客观而言，我国刑事辩护制度已经完成了由简单承认被告人有权获得辩护向正式确立被告人获得律师帮助权的演变，正在朝着保障被告人获得律师有效辩护的方向探索前进。与此同时，辩护律师的职业定位也经历了由"国家法律工作者"到"为社会提

---

* 中国政法大学法学院副教授。

供法律服务的执业人员",再到"为当事人提供法律服务的执业人员"的修正调整过程。"为当事人提供法律服务"的职业定位,标志着以被告人为中心的辩护关系在规范层面正式确立。① 由此,忠诚义务成为辩护律师(以下简称"律师")的"首要职业伦理规范",② 调整并塑造着律师与被告人的关系。

然而,规范设定并不等于实景描述。在刑事辩护实践中出现的一些乱象,无不昭示着律师忠诚义务履行的薄弱甚至阙如。例如,有的律师在接受委托或指定成为辩护人之后,不充分履行会见、阅卷、调查取证等法定职责,也不认真进行辩护准备工作,在法庭中"辩护走形式、走过场",最终导致辩护质量不高甚至无效辩护。③ 又如,有的律师置有效辩护职责、被告人合法权益保护目标于不顾,在法庭中上演"表演性辩护",或者不发表有针对性、有说服力的辩护意见,纯粹配合公安司法机关"走程序",或者出于斤斤计较、法外施压等目的,采取不妥当、不合法的言行甚至与法庭"死磕"。④ 再如,有的律师深受"独立辩护人理论"的影响,在未经协商、未获同意的状况下,发表与被告人意志、意见相互冲突的辩护意见,造成辩护效果的严重内耗。在一些极端个案中甚至出现过律师临阵"倒戈"、充当"第二公诉人"的现象。⑤ 如此辩护不仅侵犯被告人获得律师有效辩护的诉讼权利,损害被告人合法权益,更有违律师的身份定位与职业使命要求,使律师职业的正当性遭受质疑。

上述实践乱象的存在呼唤律师职业伦理的调整与完善。自 2007 年

---

① 参见董林涛《论被追诉人辩护自主性》,《行政与法》2020 年第 10 期,第 123 页。

② 陈瑞华:《论辩护律师的忠诚义务》,《吉林大学社会科学学报》2016 年第 3 期,第 20 页。

③ 参见熊秋红《审判中心视野下的律师有效辩护》,《当代法学》2017 年第 6 期,第 23 页。

④ 参见李奋飞《论"表演性辩护"——中国律师法庭辩护功能的异化及其矫正》,《政法论坛》2015 年第 2 期,第 78 页。

⑤ 参见李奋飞《论辩护律师忠诚义务的三个限度》,《华东政法大学学报》2020 年第 3 期,第 23 页。

《律师法》修订以来，中华全国律师协会先后颁布并修订《律师执业行为规范修正案》《律师办理刑事案件规范》等规范性文件，律师执业行为规则体系建设由此取得了较大进步。《律师执业行为规范》有关"律师应当诚实守信、勤勉尽责，依据事实和法律，维护当事人合法权益"的规定，为律师忠诚义务提供了规范依据。《律师办理刑事案件规范》有关"律师在辩护活动中，应当在法律和事实的基础上尊重当事人意见"的规定，进一步明确了忠诚义务的核心要求。然而，上述条文的规定较为抽象，尚无法为律师切实履行忠诚义务提供明确指引。现有律师职业伦理规则无论是在规范内部结构还是价值取向上还存在明显的矛盾与冲突，这无疑增加了理论分析的难度和争议出现的频次，而理论发展的滞后又使忠诚义务缺乏力量支撑，无法有效解决实践问题。

鉴于此，本文拟以律师忠诚义务为研究对象，以辩护关系为讨论场域，结合《律师法》等规范性文件的相关规定，对忠诚义务的法律性质、基本内涵、外部限度展开全面细致的分析。对于"如何理解并实现忠诚义务"[①] 这一核心问题，本文的观点为，唯有坚持将合理尊重被告人意志、积极维护被告人利益当作刑事辩护的核心原则与根本目标，方能契合律师"为当事人提供法律服务"的职业定位，化解辩护双方冲突和律师执业风险，进而建构科学合理的辩护关系。

二　性质缕析：忠诚义务与善管注意

律师应当为被告人的最佳利益而诚实守信、勤勉尽责地提供辩护，是为忠诚义务。忠诚义务产生于律师与被告人签订委托代理协议之时，并持续存在直至协议解除为止。无论是委托辩护还是指定辩护，律师与被告人之间均实质性地存在民法意义上的委托合同关系，即双方约定（同意）由律师处理被告人事务并由被告人承担代理行为所产生法律后果的民事代理关系。根据《民法典》第922条之规定，受托人应当承担

---

① 刘译矾：《辩护律师忠诚义务的三种模式》，《当代法学》2021 年第 3 期，第 113 页。

"善管注意义务"，即"一丝不苟地按照委托人的指示，在委托人授权的范围内认真维护委托人的合法权益，想方设法完成委托事务"。① 问题在于：律师忠诚义务是否等同于普通受托人的善管注意义务呢？

忠诚义务脱胎并依附于辩护关系，辩护关系构造特征决定了忠诚义务的基本属性。在本文看来，辩护关系具有如下特征。其一，被告人因受刑事追诉而面临亟待解决的法律问题，律师扮演的恰是问题解决者的角色，辩护关系的建立和维持带有显著的目的性。其二，律师是精通法律事务的专业人士，而被告人通常对法律并不了解或者一知半解，律师选择的辩护方案对被告人而言具有一定程度的权威性。被告人诚然可以通过辩护人的说明了解相关情况，却往往难以判断该说明的真实性、准确性与正当性。其三，被告人了解事实，律师通晓法律，双方之间进行充分有效的沟通至关重要。律师的专业意见和法律技巧不仅能使被告人提出的模糊事实关系更加清晰完整，还能使被告人的目标变得更加灵活多样。其四，正是因为诉讼能力不对等，被告人在大多数场合下只能给予律师以全面信任，律师则必须真诚地回应被告人的信赖与期待。故而，辩护关系本质上是一种强调律师不能辜负被告人信赖，时刻考虑对方利益并为此采取行动、提出意见的"信任关系"（fiduciaryrelation）。② 以"信任关系"为根基的忠诚义务，虽然同样强调作为受托人的律师应当忠实地履行代理合同所确立的义务条款，忠实于当事人的利益，尽力维护当事人的合法权益，但迥然有别于善管注意义务。

第一，忠诚义务与善管注意义务的产生基础不同。善管注意义务产生于平等主体之间的契约关系，而忠诚义务产生于契约主体之间的信任关系。契约原理的规制对象是地位对等的私人关系，以平等性为基调。信任原理主要调整身份、地位或者能力存在差距的委托人与受托人之间

① 法律出版社法规中心编《中华人民共和国民法典注释本》，法律出版社，2020，第510页。
② 参见〔日〕日本弁護士連合会調查室編著《条解弁護士法》（第5版），日本弘文堂，2019，第12页。

的关系，属于衡平规则的一种。现代语境中的信任原理"兼容身份关系与契约关系而日渐成为调整专家责任的原则"。① 毕竟随着专业分工越来越精细，专业知识差距抑或壁垒足以导致对等且合理的契约关系无法成立。一方面，面对完全陌生的专业问题，人们需要获得该领域专业人员的帮助，委托其代为进行判断与处分以追求自身利益的最大化。作为对价，委托人则需要支付高额的经济报酬。另一方面，为了防止权力滥用与渎职行为，专业人员被课以忠诚义务，即为了委托人或受益人而非自己的利益忠诚行事并作出合理判断和决定。就辩护关系而言，律师虽然与被告人签订了委托代理协议，但二者在法律知识储备、诉讼技巧掌握等关键事项上通常存在较大差距。为了更好地维护被告人（弱势一方）的合法权益，辩护关系的维系与调整应当主要适用信任原理而非契约原理。②

第二，忠诚义务与善管注意义务的内容要求不同。在委托关系中，受托人对委托人负有善管注意义务，在处理委托事务时应当遵循谨慎人士处理相同事务时所应遵守的一般标准。为此，受托人应当保持合理注意、秉持谨慎态度并合理使用专业技能。③ 在辩护关系中，律师的善管注意义务以"平均、合理的律师专门知识、技能为基准"，④ 是最低限度的服务质量要求。此项义务包含三项具体要求：避免与委托人发生利益冲突，诚实尽责履行职务以及对委托事项进行充分说明、恰当建议。当然，说明建议义务来源于专业人士的特殊地位，不受当事人之间合意情况（有无）的影响。忠诚义务是律师在日常履职过程中所面临的基本问题，意在明确律师在为委托人利益履行职务的过程中所应秉持的理想工作态度。作为专业人士的律师不仅要履行善良管理人的注意义务，遵从委托

---

① 〔日〕高中正彦、石田京子编《新時代の弁護士倫理》，日本有斐閣，2020，第 28 页。
② 参见〔日〕高中正彦、石田京子编《新時代の弁護士倫理》，日本有斐閣，2020，第 29 页。
③ 参见高凌云《被误读的信托——信托法原论》（第二版），复旦大学出版社，2021，第 104 页。
④ 参见〔日〕加藤新太郎《弁護士役割論》（新版），日本弘文堂，2000，第 349 页。

宗旨处理委托事务，还要诚心诚意履行辩护职责，承担比一般受托人要求更高的道义责任。律师回避规则、渎职行为禁止规则等规定，无一不在担保律师的忠诚性。在某种意义上，忠诚义务也可以理解成对普通善管注意义务的加重。①

第三，忠诚义务与善管注意义务的运行逻辑不同。理论基础或者义务来源的不同，导致二者在运行逻辑上存在明显差异。一方面，义务属性不同。善管注意义务的理论依据为契约原理，强调契约双方之间互负一定程度的注意义务。忠实义务的理论依据为信任法则，宗旨在于维持被告人对律师的信赖关系。与善管注意义务的双向性不同，忠诚义务旨在强调作为法律专业人员的律师对作为法律素人的委托人负有的竭尽全力履行职责的义务，因而具有单方性。另一方面，追责原则不同。善管注意义务适用过失责任原则，只要受托方能够证明自己尽到了法定或者约定的注意义务即可免除责任。而忠诚义务是律师"专为委托人利益而行动的义务，是否违反得从外观进行判断，而且原则上不能免责"。②

欲探明忠诚义务的法律性质，除了把握忠诚义务与善管注意义务的区别外，还需要厘清善管注意义务的规制边界，即能否对所有类型的辩护过错行为发挥应有的规制作用。如果答案是肯定的，那么忠诚义务将变成纯粹意义上的伦理义务；如果答案是否定的，那么忠诚义务才会获得独立存在的价值与空间。

善管注意义务的规制边界或者忠诚义务的法律性质可以结合三个具体情形进行分析：情形一，律师在收到不利于被告人的一审判决文书后采取的维护被告人上诉权的行为，是否只能用忠诚义务加以说明；情形二，律师认为罪轻辩护与无罪辩护均有空间，无罪辩护更有利于被告人但难度也更大甚至目标无法实现，因而以业务繁忙、没有时间为理由选择仅以控方卷宗为依据的罪轻辩护，是否违反了善管注意义务；情形三，

① 〔日〕日本弁護士連合会調査室編著《条解弁護士法》（第5版），日本弘文堂，2019，第12页。
② 〔日〕高中正彦、石田京子編《新時代の弁護士倫理》，日本有斐閣，2020，第30页。

具有卓越的专业水平与辩护技能的律师敷衍了事，向被告人提供仅达到平均水平的辩护以致造成被告人利益损害，是否可以违反善管注意义务为由追究律师的责任。

情形一所列的辩护行为或者诸如此类的行为，通常会被认为是律师忠诚义务的基本要求。不过，将上述行为理解为律师履行善管注意义务的表现亦无问题。毕竟，善管注意义务同样要求律师采取适当措施保护被告人的合法利益。这意味着，对于律师的上述行为，无须祭出忠诚义务的大旗，适用善管注意义务即可进行合理充分的说明。

情形二隐含的真正问题是，当职务执行中遇到复数选择时，律师的自由裁量范围究竟有多大。在真实场景中，律师也许很难准确衡量每一种可能选择的利弊大小，但其始终肩负全心全意履行职责以维护被告人权益的责任。这也为律师设置了清晰的行为底线。情形二意在列举律师滥用裁量权以致违背忠诚义务的行为表现。然而，运用善管注意义务对此类行为进行评价也未尝不可。从善管注意义务角度考虑，律师的上述行为违背了三项子义务：一是最大限度维护委托人正当利益的义务；二是提出适当建议、证明主张的义务；三是说明、报告义务。既然该问题可以在善管注意义务的涵摄范围内得到解决，自然也就无法对忠诚义务的性质内涵起到明确作用。

一般认为，善管注意义务以律师的平均业务能力为参考基准。按照这种逻辑推演，在情形三设定的场景中，除被告人对律师的卓越能力有清晰认识和明确期待之外，只要被告人与律师未针对辩护质量达成特别合意，即使遭受到权益损害，被告人也不能以此为由要求律师承担责任。也许会有观点认为，被告人只需要与律师就辩护质量达成特别合意，即可以避免上述情况的发生。这当然不失为一种策略，却忽略了问题的本质：只要没有特别合意，律师是不是就可以敷衍了事，不充分发挥自己的辩护能力呢？从维护与被告人的信赖关系角度考虑，律师显然不能因为缺乏合意而敷衍了事，反而应当尽其所能为被告人提供辩护。在评判律师是否尽责时，应当根据不同情况采取不同标准：在律师能力水平偏低甚至不足的情况下，以律师群体平均辩护水平为评判标准；在律师能力水平较高或者出众的情况下，以该律师的实际能力为评判标准。只有如此，才能更好地维护被告人的合法权益及其对律师的信任。至此，忠诚义务获得了独立于善管注意义务的空间与价值。①

探讨律师忠诚义务法律性质的目的在于，明晰规制辩护关系的基本规范，并为探讨律师在现代刑事司法中的使命职责构筑基础。在本文看来，忠诚义务根植于辩护关系构造，旨在维持律师与被告人之间的信任关系。此项义务的基本内涵有二：一是律师应当为了被告人的最佳利益而诚心诚意地履行职责；二是在律师具有超出平均水平的辩护能力的场合，应当将该名律师的实际能力作为判断是否忠诚的标准，以避免善管注意义务的平均主义倾向可能引发的消极后果。当然，忠诚义务并不局限于辩护关系而覆盖全部辩护活动。

三 规则指引：律师何以彰显忠诚

辩护关系建立和存续的终极目标是被告人获得律师的有效辩护。此项目标的实现，不仅需要律师勤勉尽责这一主观条件，还需要适当的伦理规范提供客观规制。考虑到被告人的权利主体地位及在辩护关系中的弱势地位，伦理规范应当承认并保障被告人的辩护自主性与自我决定权。② 在辩护关系中强调被告人的辩护自主性，意在降低律师专业性、辩护裁量性以及由此形成的权威性对被告人主体地位的侵蚀，避免被告人沦为被动等待和消极承受律师辩护效果的辩护"客体"。不过，对被告人自主决定权的尊重，必须建立在被告人形成恰当决定的基础上。被告人只有获得充分的信息才可能作出恰当决定，也正是因为决策信息匮乏才委托律师。在此状态下，掌握更多信息源的律师有责任根据被告人的需要及时提供必要且充分的信息。

---

① 参见〔日〕加藤新太郎《弁護士役割論》（新版），日本弘文堂，2000，第 358~360 页。
② 参见董林涛《论被追诉人辩护自主性》，《行政与法》2020 年第 10 期，第 116、117 页。

忠诚义务不仅关乎如何维护被告人利益的问题，也涉及辩护权限的分配问题。在如何维护被告人利益方面，忠诚义务有两个层面的内容：一是"最佳辩护"义务，[①] 意味着律师要"尽最大努力确保被告人的防御权得到充分、有效地行使"；[②] 二是损害避免义务，意味着律师不得损害被告人利益，亦不得使其陷入更为不利的境地，即使是出于维护被告人权益的考虑。在辩护权限分配问题上，忠诚义务也有两个层面的内容：一是说明报告义务，即律师应向被告人报告影响案件走向的必要事项，并在与被告人协商的基础上处理案件；二是意志尊重义务，即律师应采取适当方法确认被告人的辩护观点和诉讼主张并给予适度尊重。

（一）最佳辩护义务

最佳辩护义务是忠诚义务的具体化，要求律师为了被告人利益而进行最佳辩护活动。此处的被告人利益，并非简单化的被告人希望或者谋求的利益，而是指作为专业人士的律师所确定的被告人利益。如此界定在凸显律师专业性的同时也容易滋生"强制、压迫、威权等弊害"。[③] 为避免此等弊害发生，律师不仅需要具备进行利益判断的知识和经验，还需要就具体判断向被告人进行解释说明并取得被告人的认同。当然，这建立在律师与被告人之间信赖关系的基础上。此处的最佳辩护，并非律师自我感觉最佳，而是指辩护行为和辩护效果对被告人而言最佳或者最有效，以刑事辩护的平均水准或者优秀律师的实际能力为评判标准。

最佳辩护义务的具体要求有五。其一，快速、及时地处理委托事务与法律问题。在因必要的事前准备而不得不延迟辩护的场合，律师应当及时向被告人说明，以避免事后产生争议。其二，围绕自行辩护权利及行使方式、具体策略向被告人作合理的说明与建议，并对不当、违法限制被告人辩护权利和合法权益的行为采取必要的对抗措施。其三，充分

---

① 〔日〕後藤昭、高野隆、岡慎一：《弁護士の役割》，日本第一法规，2013，第17页。
② 〔日〕飯村佳夫等：《弁護士倫理》（第2版），日本慈学社，2014，第120页。
③ 〔日〕日本法律家協会编《法曹倫理》，日本商事法务，2015，第128页。

行使会见、阅卷、调查取证等辩护权利，确保被告人获得必要的会见机会，并积极行使刑事强制措施的解除变更申请权，最大限度维护被告人的人身自由权利。其四，对于同一案件的多名存在利害冲突的（潜在）委托人，在接受委托时或者之前向各委托人解释造成辞任或者其他不利后果的可能性。其五，将说服有权决定主体与裁判者接受己方辩护观点视作辩护的归宿，在沟通过程中尽可能完整地展示用以支撑辩护观点的事实、证据和法律意见，以强化说服效果。

需要说明的是，即使律师最终未能说服上述主体接受辩护观点，也未必构成对忠诚义务的违反。倘若律师从始至终尽职尽责，只是辩护空间逼仄或者其他客观原因导致辩护观点未被采纳，并不影响对其忠诚性的评价；倘若律师未做充分辩护准备、出现重大辩护失误，导致辩护观点未被采纳并使被告人承担不利后果，则构成对忠诚义务的严重背离。

（二）损害避免义务

损害避免义务要求律师不得实施给或者可能给被告人利益造成损害的行为，不论该利益是否与委托事项相关。律师承担此项义务的根据有三。一是单方性。无论在何种辩护关系模式下，律师介入诉讼程序的目的均是维护被告人的利益。这一法定职责决定了律师理应承担这种"最低限度的忠诚义务"。① 二是廉洁性。为获得社会公众的信赖、完成维护基本人权和实现社会正义的使命，律师不仅要具备专业知识和诉讼技能，更需要保持清正廉洁、珍惜职业声誉。② 为此，律师除了收取适当合理的律师费用外，应尽量避免与被告人产生经济利益联系，更不得意图谋取或者损害被告人利益。三是品格保持义务。无论职务内外，律师均需要保持高尚品格，不得实施产生不良社会影响、有损行业声誉和职业形象

---

① 陈瑞华：《论辩护律师的忠诚义务》，《吉林大学社会科学学报》2016 年第 3 期，第 7 页。

② 参见〔日〕日本法律家协会编《法曹倫理》，日本商事法务，2015，第 11 页。

的行为。①

在职业伦理规范层面，损害避免义务要求律师应当做到以下五点。其一，对在履行职务过程中知悉的被告人不愿意泄露的有关情况和信息予以保密。不过，在被告人同意公开、律师进行自我防御、维护公共利益三种情况下，律师不再受保密义务约束。② 其二，恪守辩护职责，不得未经被告人同意发表不利意见甚至变成"第二公诉人"对被告人进行指控，也不得与其他当事人串通损害被告人利益。其三，不得接受与本人或近亲属存在利益冲突的被告人委托，也不得利用提供辩护服务的便利谋取涉案财物或者被告人的其他财物。其四，在被告人委托代管财物的场合，尽到善管注意义务而不得侵占、侵吞，并在辩护关系终止时及时清算返还。其五，努力维持与被告人的信任关系并尽力避免产生纠纷。产生纠纷时，律师要争取借助律师协会内部调解机制解决，避免对律师社会声誉和被告人秘密造成不当损害。归根结底，以上行为规则旨在确保律师成为真正值得被告人信赖之人，而不仅仅是盈利业务的提供者。

（三）说明报告义务

在辩护关系中，被告人清楚事实真相但需要向律师寻求合理有效的辩护方案，律师熟悉法律规定但需要向被告人了解案件事实、价值偏好和风险承受能力，因而辩护双方的沟通交流是必须且必要的。从职业伦理角度考虑，律师与被告人的沟通交流主要通过履行说明报告义务予以实现。对于律师而言，说明报告义务的必要性和价值意义有三。一是体现对被告人辩护主权和自我决定权的尊重。代理人这一诉讼角色决定了律师应当遵照被告人指示和决定开展辩护活动。二是为被告人针对辩护目标、重要问题及具体策略作出明智决定创造条件。律师围绕事实、证据、法律提供足够的信息，是被告人作出明智决定的前提和保障。这也

---

① 参见中华全国律师协会《律师执业行为规范（试行）》第8条、第15条。
② 参见董林涛《论辩护律师的角色定位与伦理义务——兼谈四种"伦理困境"的破解对策》，《广东行政学院学报》2021年第2期，第56页。

是说明报告义务的核心功能所在。三是对律师诉讼行为进行适当规制的现实需要。律师职业的专业性、职责履行的裁量性以及由此形成的律师的权威性，容易产生被告人被排斥甚至被"边缘化"的风险。说明报告义务通过维持辩护关系的动态平衡，能够有效降低甚至规避上述风险，确立并维持被告人辩护自主性。

说明报告义务贯穿辩护关系的始终，对律师提出了多层次、多方面的要求。其一，在接受委托时，律师需要根据被告人等提供的事实和证据提出分析预测意见，并对诉讼权利、案件流程、辩护手段和律师费用等事项作出恰当说明。对于无辩护空间或者不可能实现被告人预期目标的案件，律师应当据实相告，不得出于接案目的予以隐瞒。其二，在接受委托后，律师在采取适当方法确认被告人预期目标的基础上，选择现实可行的辩护方案并连同其他备选方案的利弊一并向被告人解释说明。其三，在辩护过程中，即使事前获得了被告人的概括同意，在是否认罪、无罪辩护或者罪轻辩护等关键问题上，律师仍然需要向被告人进行解释说明并对其最终决定进行确认；对已经出现或者可能出现的不可克服的困难、风险，律师应当及时通知被告人。当出现拒绝辩护法定事由或者失去信赖关系且难以恢复时，律师应当对此情况进行说明并及时采取辞任或其他合理措施。其四，在诉讼阶段转换以及委托关系终结时，律师应当向被告人说明案件处理状况和结果并提出必要的法律建议。

（四）意志尊重义务

从代理人角色和辩护职责角度考虑，律师需要遵从被告人的辩护观点和诉讼主张开展辩护活动，是为意志尊重义务。然而，从被告人角度考虑，该义务并不具有绝对性而需要结合具体情况进行分析：如果对被告人言听计从确能实现维护其合法利益的效果，律师自然应当如此行事，无须赘言；但是，在不能实现这一效果或者被告人要求实施诸如提交虚假证据等不当行为的场合，律师又该作何选择呢？实际上，这里隐含的真正问题是：在与被告人围绕辩护事项产生意见分歧时，律师应当尊重的被告人意志究竟是什么？律师又该如何尊重被告人的意志？基于对独立辩护人理论及实践的反思，[①] 对于被告人的观点、要求、主张，律师既不能置之不理也不能言听计从，更需要处理好意志尊重与专业判断之间的关系。这也是辩护关系的核心内容之一。

意志尊重义务要求律师与被告人保持必要充分的沟通协调，以确定最有利、最现实的辩护方案与操作方式。意志尊重义务包含以下要素。一是适当的权限分配。为保证沟通协调的必要性、效率性，也为避免产生辩护冲突，立法可以在律师与被告人之间对辩护决策权进行适当分配。原则上，诸如是否认罪认罚、审判程序选择、上诉与否及被告人有明确意思表示的辩护事项，应当交由被告人自主决定。当然，辩护双方也可以自由进行合意与约定。一旦权限划定，律师即应当尊重被告人的自主决定并为此制定辩护方案。二是充分的沟通与协商。律师与被告人沟通协商的目的在于保证被告人知情权，协助被告人作出审慎、理性的决定。律师不同意被告人针对上述关键事项作出的决定时，可以将自己的辩护思路予以告知并说服被告人予以接受。三是必要的说服规劝。在被告人拒绝律师辩护思路、接受后反悔或者所提诉求有损自身利益、律师利益甚至司法利益时，律师还要进行必要、适度的说服规劝，争取与被告人协调一致或者让其改换心意、放弃诉求。在被告人固执己见的场合，律师则应当尊重被告人决定并照此准备辩护方案。四是审慎解除委托。在双方分歧难以调和时，律师可以选择审慎退出并注意降低对被告人辩护利益的不利影响。[②] 无论何种场合，律师均不得在未获被告人同意的情况下提出与被告人相矛盾或者不能接受的观点、主张和证据，以避免辩护效果的内耗抵消。

---

① 参见陈瑞华《独立辩护人理论的反思与重构》，《政法论坛》2013 年第 6 期，第 17~21 页。
② 参见董林涛《论辩护律师的角色定位与伦理义务——兼谈四种"伦理困境"的破解对策》，《广东行政学院学报》2021 年第 2 期，第 58 页。

四 界限厘定：真相解明与身份独立

毋庸置疑，律师忠诚义务是调整辩护关系的"红线"，"指导着辩护律师的执业行为"。[1]《律师法》第 2 条第 2 款规定："律师应当维护当事人合法权益，维护法律正确实施，维护社会公平和正义。"根据该款之规定，律师虽然应当充分履行忠诚义务以维护被告人合法权益，但所采取的辩护行为既不能与法律的禁止性规定相抵触，也不能"以无原则地损害其他法律价值为代价"。[2] 在此职业定位的设定之下，《律师法》确立了三类限制辩护行为边界的具体规则。其一，依法辩护。律师应当严格依据刑法、刑事诉讼法以及职业伦理规范的规定开展辩护活动，不得违反法律确定的禁止性规定和义务性规则。其二，真实辩护。律师应当以事实为根据，合理、审慎选择有助于维护被告人合法权益的辩护方案，而不得实施诸如提供虚假证据等妨碍真实发现的积极行为。其三，身份独立。律师应当在尊重被告人意志的同时依法独立履行辩护职责，而不得罔顾事实与法律唯被告人马首是瞻。依法辩护是依法履职的具体表现，依法履职则是法律职业共同体成员必须遵守的共通性底线准则，且不因诉讼角色而有所差异。真实辩护与身份独立是由律师职业定位所延伸出的对律师辩护的特殊要求，也构成了对忠诚义务的外部限制。

（一）忠诚义务与真相解明

《律师法》第 3 条第 2 款明确要求"律师执业必须以事实为根据"。这一执业准则是否意味着律师要承担真实义务呢？按照公认的看法，真实义务有两层含义：一为积极层面，即"积极寻找证据、发现线索，揭

---

[1] 郭恒：《辩护律师忠诚义务研究》，中国政法大学出版社，2020，序言。

[2] 陈瑞华：《论辩护律师的忠诚义务》，《吉林大学社会科学学报》2016 年第 3 期，第 15 页。

示案件事实的本来面目"；① 二为消极层面，即"不得为了追求有利于当事人的结果，积极实施歪曲事实、妨碍真相的行为"。② 在刑事诉讼中，被告人有罪的举证责任由检察机关或者自诉人承担，被告人及律师有权提出有利于被告人的事实、证据及意见。责任与权利的区别决定了律师对公安司法机关尤其是对法院（官）并不负有积极真实义务。不过，这一结论并不具有绝对性，还需要结合事实属性进行具体分析。对不利于被告人的事实、证据，律师原则上不得予以披露，除非被告人同意或者法律有特殊规定。对有利于被告人的事实、证据，律师原则上负有积极真实义务，即应当采取适当方法予以披露，以充分维护被告人的合法权益，除非被告人明确表示反对。在法律有强制性规定的场合，律师积极披露有关事实证据不受被告人意思表示的影响或约束。是故，律师在刑事诉讼中实际上负有的是一种"有限度"的积极真实义务。

律师不承担积极真实义务并非代表对真相解明不负任何责任。相反，作为被告代理人的律师应当承担消极真实义务，在辩护全程不得实施或者协助实施隐匿、毁灭、伪造证据或者串供、干扰证人作证等妨碍事实真相发现的行为。正是这种"不作为"义务构成律师执业底线。当遭遇由忠诚义务与消极真实义务不协调或者相互冲突造成的伦理困境时，律师应当恪守消极真实义务的禁止性规则，合理约束辩护行为，在避免律师执业风险的同时最大限度地实现对被告人的忠诚。

第一，保密义务的例外设定。《律师法》第 38 条第 2 款规定的"律师对在执业活动中知悉的委托人和其他人不愿泄露的有关情况和信息，应当予以保密"是为保密义务。保密义务的本质在于"维护被告人对律师的信赖"，因此其不仅是忠诚义务的核心内容，更构成"刑事辩护（制度）的生命线"。③ 不过，保密义务绝非所有场合均应优先适用的绝对性

---

① 陈瑞华：《刑事辩护的理念》，北京大学出版社，2016，第 144 页。
② 李奋飞：《论辩护律师忠诚义务的三个限度》，《华东政法大学学报》2020 年第 3 期，第 30 页。
③ 〔日〕後藤昭、高野隆、岡慎一：《弁護士の役割》，日本第一法规，2013，第 21 页。

义务。在某些例外情形下，为了实现多元价值的兼顾平衡，律师应当被允许摆脱保密义务的规制而主动披露被告人的"秘密"。恰是因为涉及律师对案件信息的主动披露，保密义务的例外设定本质上构成了真实义务对忠诚义务的外部限制，以实现当事人利益与社会公共利益的动态平衡。

《律师法》《刑事诉讼法》设置了公共利益的例外，即对于执业过程中知悉的"委托人或者其他人准备或者正在实施危害国家安全、公共安全以及严重危害他人人身安全的犯罪事实和信息"，律师应当及时向公安司法机关披露。客观而言，公共利益的例外设置，"不仅是正当的，也是必须的"。① 不过，从立法论角度分析，对第三者权益的保护不应仅限于人身安全，还应当包括财产安全。律师在执业过程中知悉被告人准备或者正在实施可能给第三人的金钱或其他财产性利益造成重大损害的犯罪行为的，同样应当及时告知公安司法机关。毕竟律师的劝阻或者辞任举动并不总是能够对被告人产生决定性影响，更无法避免重大财产性损害的发生。实际上，律师对上述事实信息进行披露，亦是维护社会公平和正义的要求与体现。

除了对公共利益例外进行内容扩充外，保密义务还有必要增设两类例外。一是被告人承诺的例外。在获得被告人承诺的前提下，律师公开"秘密"甚至履行积极真实义务也不会破坏其与被告人的信赖关系。原则上，被告人承诺需要以明示方式作出。但是，为了维护被告人利益而确有公开披露之合理必要时，公开"秘密"可以视作对律师的默示授权。② 不仅如此，在诸如亟须公开"秘密"以维护被告人名誉和信用而被告人又一时联系不上的紧急状况下，律师还可以对被告人承诺进行慎重推定。二是律师自我防御的例外。在执业过程中，律师既可能因为委托费用或者辩护质量（技能不足、失误、不忠诚以及违反职业伦理）与被

---

① 李奋飞：《论辩护律师忠诚义务的三个限度》，《华东政法大学学报》2020年第3期，第30页。

② 参见〔日〕日本法律家协会编《法曹伦理》，日本商事法务，2015，第117页。

告人产生纠纷，也可能因为不法行为而成为惩戒程序、刑事程序的当事人。此时，如果依然要求律师严格恪守保密义务，显然是不公平的。从利益平衡的角度考量，陷入纷争的律师不应再受保密义务的规制，而应有权在必要范围内使用妥当方式公开"秘密"，以便进行主张立证与自我辩护。当然，是否选择公开取决于律师的综合权衡，立法不宜作强制性规定。

第二，被告人作虚假陈述。在刑事诉讼中，被告人作虚假陈述主要有两种类型：一是有罪之人作无罪辩护；二是无罪之人作有罪供述。在前一场合，由于不承担证明被告人有罪的证明责任，律师即使从被告人处了解到了事实真相也不得擅自公布，否则构成对保密（忠诚）义务的违反。此时律师保密义务与消极真实义务是协调一致的。两种义务的冲突相克主要集中在后一场合，即被告人坦承自己没有实施被指控的犯罪行为而只是替别人"顶包"认罪时，律师可能陷入"进退两难"的伦理困境。从忠诚义务角度考量，律师应当在尊重被告人意志的基础上开展辩护活动，即对被告人"顶包"认罪的事实予以保密而不得公开披露。然而，律师如此辩护在客观上会产生包庇、助长真犯人与被告人犯罪行为的消极后果。从真实义务角度考量，无罪才符合被告人的根本利益，因而无论是否获得被告人的承诺，律师均应当以被告人非真正的犯罪人为由进行无罪辩护。然而，律师贸然公布"顶包"认罪的事实，不仅会给被告人带来包庇行为被发现的不利益，还会造成辩护冲突并导致辩护效果的减损。

律师在面临上述困境时应作何选择呢？可以肯定的一点是，律师不应提出被告人"顶包"认罪的辩护主张。理由有三：首先，泄露被告人的秘密构成对保密义务的违反；其次，在未经法院生效裁判确认的状态下指称某人为真犯人构成对他人名誉的侵害；最后，告发被告人隐匿罪犯会破坏他对律师的信任。因此，律师所能提供的最佳辩护应当是在不触碰被告人"顶包"认罪事实的同时证明被告人无罪。当然，律师可以劝说被告人主动向办案机关承认虚假认罪的事实。如果被告人拒不接受，律师只能以证据未达到"确实、充分"程度为由进行无罪辩护。此时，律师可以被告人被定罪为前提假设将被告人认罪作为量刑情节向法庭提出。另外，由于不构成《律师法》规定的拒绝辩护事由，律师不能贸然向法庭提出拒绝辩护，而应当通过与被告人协商的方式解除委托关系，以避免对被告人辩护利益造成不当损害。

第三，禁止提供虚假证据规则。律师在辩护活动中不得提出虚假证据或者威胁、利诱他人提供虚假证据，自不待言。问题在于：一是事实有罪之人作无罪辩护的场合，律师能否发表被告人无罪的意见或者提供无罪证据；二是事实无罪之人选择认罪的场合，律师能否围绕被告人的认罪陈述进行发问。就前者而言，纵使清楚被告人为有罪之人，只要他选择无罪辩护，律师就应当予以尊重并提供协助。因此，律师在法庭之上发表被告人与案件无关的意见并提供真实证据予以证明并无不可。就后者而言，如果肯定被告人在是否认罪问题上拥有自主决定权的话，律师应当尊重被告人的自主决定，也自然可以向他提出与认罪陈述有关的问题。

在被告人作虚假陈述甚至虚假认罪的场合，要求律师尊重被告人的自主决定并提供必要的法律帮助，无疑是律师忠诚义务的要求和彰显。然而，尊重意志、提供帮助并非"同流合污""沆瀣一气"。实际上，消极真实义务是律师时刻肩负、不可推卸的基本义务，且不受被告人决定内容的影响或者钳制。这也就决定了律师应当尽可能地实现忠诚（保密）义务与真实义务的兼顾与平衡，在二者无法兼顾时以忠诚义务为优先选择，但不得突破消极真实义务所设定的底线。具体行为规则为：首先，律师对被告人进行必要、适度的规劝、说服，促使其改变决定；其次，被告人拒绝接受律师建议而执意作虚假陈述时，律师不要介入陈述的形成、发表过程，也不要进行诱导性发问；再次，除法定的例外情形，律师应当对被告人作虚假陈述的事实予以保密；最后，律师应当提出真实、合法的证据证明被告人确定的辩护目标。①

---

① 参见董林涛《论被追诉人辩护自主性》，《行政与法》2020年第10期，第60页。

（二）忠诚义务与身份独立

如前所述，律师同时肩负代理人职责与公益性职责。《律师办理刑事案件规范》更明确要求律师"应当依法独立履行辩护职责"。这意味着，律师既不能以独立辩护人自居完全不顾被告人意愿进行独立辩护，也不能罔顾法律和事实而甘为"实现当事人利益的工具"，[①] 而是拥有一定程度独立性的法律帮助者。这种独立性决定了，律师应当与被告人保持适当距离，既不能违背职业伦理规范，更不能突破事实和法律底线。一言蔽之，律师对被告人所负有的是一种有限度的忠诚义务。

第一，代理人职责与公益职责。有论者主张，律师只应承担代理人职责，从有利于被告人角度进行辩护，而不应承担维护法律正确实施、实现社会公平正义的公益性职责。[②] 在本文看来，强调律师的代理人职责确有必要，但不应因此否定律师的公益性职责。原因有以下几点。首先，《律师法》对公益性职责的规定面向全部律师，实为一般性伦理规范。《刑事诉讼法》第 37 条关于律师职责的规定虽然属于特殊性伦理规范，但并不具有功能替代性。而且，"根据事实和法律，提出……材料和意见"的表述方式，本身即蕴含了公益性职责的要求。其次，刑事辩护制度本身承担着促进司法机关准确、及时地查明案情和正确适用法律，提高办案质量的功能。[③] 再次，作为法律职业共同体成员，律师应当遵守这一共通性的伦理规范，"不能以律师在司法流水线上处于末端而降低律师的职业道德水准"。[④] 最后，如前所述，律师忠诚义务的四项内容均与公益性职责存在紧密联系甚至直接以公益性职责为依据。因此，对律师代

---

① 焦海博、徐玉涵：《工具主义法律观在美国法律职业危机中的影响及其对我国的启示》，《山东社会科学》2012 年第 4 期，第 112 页。

② 参见陈瑞华《刑事辩护制度四十年来的回顾与展望》，《政法论坛》2019 年第 6 期，第 7 页。

③ 陈光中主编《刑事诉讼法》（第七版），北京大学出版社、高等教育出版社，2021，第 52 页。

④ 徐显明：《对构建具有中国特色的法律职业共同体的思考》，《中国法律评论》2014 年第 3 期，第 5 页。

理人角色的强调不应走向"完全的忠诚义务"模式，[①] 而应当坚持"有限制的代理人"这一传统定位，强调律师辩护应当尽力实现被告人利益与社会公共利益的兼顾与平衡。[②]

第二，身份独立与利益维护。律师"依法独立履行辩护职责"，是指律师在接受委托与履行职责过程中应当尽力保持自由且独立的立场，不受权力或者物质所左右。律师的自由独立包含三个维度。一是独立于国家权力。当被告人权益受到国家权力侵害时，律师应当扮演"最后的人权维护者"[③] 角色，根据事实和法律并采用合法适当方式据理力争，甚至不惜与违法者展开激烈对抗。律师获得相对于国家权力的独立性，是完成这一职业使命必不可少的前提条件。二是独立于被告人。律师肩负的公益职责决定了律师应当在判断、行动与经济方面保持相对于被告人的独立性。三是独立于被告人以外的第三人。律师需要在精神情感与物质利益上独立于包括其他诉讼参与人在内的第三人，以维持适正履行辩护职责的态度与能力。

以辩护关系为场域，律师相对于被告人的独立性主要体现在三个方面。其一，律师拥有是否接受被告人委托的自由决定权，而不负有必须接受被告人委托的义务。对于法律规定不得与被告人建立或者维持委托关系的案件，律师应当主动提出回避而不得承办该业务。对于被告人提出的违法代理事项，律师有权也应当予以拒绝。也就是说，无论被告人多么迫切希望律师接受委托，也无论接受委托会带来多么丰厚的报酬，只要与公益性职责的要求相冲突，律师即不应接受被告人的委托。其二，如前所述，接受委托的律师应当为实现被告人目标而诚实履行辩护职责。但这并不意味着，律师应当对被告人"唯命是从"，采取不当、违法的方法手段开展辩护。相反，无论在何种情况下，律师不得提供明知虚假的

---

① 刘译矾：《辩护律师忠诚义务的三种模式》，《当代法学》2021 年第 3 期，第 113 页。

② 参见董林涛《论辩护律师的角色定位与伦理义务——兼谈四种"伦理困境"的破解对策》，《广东行政学院学报》2021 年第 2 期，第 55 页。

③ 〔日〕日本法律家协会编《法曹伦理》，日本商事法务，2015，第 117 页。

证据，也不得教唆相关主体作伪证或者虚假陈述。此外，无论被告人是否提出要求，律师不得为了不正当的目的而故意拖延诉讼程序或者干扰诉讼活动正常进行。被告人提出上述要求的，律师应当进行规劝说服。如果说服未果反而导致双方失去信任且难以恢复的，律师有权在说明情况的基础上辞去委托或者采取其他适当措施。其三，律师不得与被告人进行金钱借贷或者债务担保，以保证经济方面的独立性。毕竟律师一旦与被告人存在经济利益联系，不仅容易产生矛盾纷争，也会滋生受被告人不当钳制的问题。当然，在出现某些特殊情况时，作为例外，律师可以不受此限制。例如律师可以允许经济贫困的被告人缓交律师费用，又如律师也可以代被告人缴纳诉讼费用或者取保候审保证金。不过，由于上述行为暗藏纠纷风险，律师应当综合考虑各种情况慎重作出决定。

第三，意思自治与专业判断。《律师办理刑事案件规范》要求律师在"依法独立履行辩护职责"的同时"尊重当事人意见"。然而，事实证据表明，同时满足独立性与服从性的要求对律师而言是非常困难的事情，常常顾此失彼而无法兼顾。"独立辩护人"理论在辩护实践中的流行即为典型立证。随着法律援助范围的不断扩大，律师忽略被告人意见或者搁置意见分歧进行"独立辩护"的风险与日俱增。鉴于律师尊重被告人意见的意识较为薄弱的现实，在职业伦理层面厘清被告人意志与律师专业判断之间的适当关系变得至关重要。

在刑事诉讼中，被告人才是拥有自主决定权的防御主体。从委托关系的角度考量，律师作为代理人理应遵从被告人的自主决定。与此同时，为避免事无巨细地沟通协商和对律师专业能力的不当限制，"尊重当事人意见"应当理解为：在诸如是否认罪、辩护形式与审判程序选择、是否上诉等有关被告人实体利益的关键问题上，律师应当遵从被告人的选择而不得独断专行；至于实现辩护目标所应采取的具体诉讼活动，律师可以独立作出专业判断。这也是处理被告人意思自治与律师专业判断之间关系问题的基础性原则。

应当承认，单靠被告人防御主体论下的权限分配规则无法一劳永逸地解决问题。对于被告人提出的违反司法制度利益的辩护目标或者行为要求，律师显然不能无原则地一味遵从。至于策略性、技巧性的辩护事项，专业判断亦不足以成为律师意见优先的绝对理由。就前者而言，律师并非一定要拘泥于被告人的意思表示。在某些情况下，律师可以违背被告人的意愿提出有利辩护意见，以充分维护被告人的合法权益。例如，即使被告人选择认罪，律师在经过全面分析、缜密思考过后依然可以进行无罪辩护。就此而言，律师的专业判断不应在被告人自我决定权领域彻底消失，而应适度发挥对被告人决定的修正补强功能。就后者而言，律师的专业性判断依然要服务于维护被告人合法权益的根本目标。而且，从确保被告人知情同意的角度考虑，律师所选择的辩护策略和诉讼行为应当能够从被告人的意思表示中找到根据或者缘由。总而言之，在辩护关系中，既有被告人自主决定的与委托宗旨直接相关的事项，也有允许律师自由裁量、独自决定的纯粹技术性事项，而于这两端之间更多的是需要律师综合考虑多种因素予以灵活应对的事项。① 这虽然增加了律师妥善处理辩护关系的难度，但同时也指明了解决问题的最佳路径。

---

① 参见〔日〕後藤昭、高野隆、冈慎一《弁護士の役割》，日本第一法规，2013，第39~40页。

刑事案件有效辩护的四种思维

奚　玮[*]

摘　要：为实现有效辩护，辩护人不仅需要在各个诉讼阶段积极作为，也应充分、细致地了解案件的独特性，通过整合运用全面辩护、重点辩护、客观辩护和严谨辩护等不同思维方法，全方位多角度为当事人争取辩护空间，尽力挖掘辩点并深入说理，以使辩护观点得到办案机关的认可。

关键词：有效辩护；全面辩护思维；重点辩护思维；客观辩护思维；严谨辩护思维

追求有效辩护是律师工作的内生动力和职责所在，为此辩护人不仅需要在各个诉讼阶段积极作为，也应细致考察案件的独特性，通过整合运用不同思维方法，全方位多角度为当事人争取辩护空间，尽力挖掘辩点并深入说理，以使辩护观点得到办案机关的充分考量，为取得理想结果奠定关键基础。

一　全面辩护思维

刑事辩护的全面辩护思维体现在三个方面，即辩护阶段的全面性、辩护内容的全面性和辩护观点的全面性。

就辩护阶段而言，刑事辩护已实现侦查、起诉和审判的全覆盖，认罪认罚从宽制度的确立以及人民检察院量刑建议工作的不断拓展，使得

---

* 法学博士，北京盈科（芜湖）律师事务所名誉主任暨刑事辩护中心主任，安徽省律师协会刑事法律专业委员会副主任，安徽师范大学法学院教授、博士生导师。

审查起诉阶段的辩护与审判阶段的辩护具有同等重要性，辩护意见的表达并非走过场，也非向控方泄露底牌，审前辩护意见如果观点成立、说理充分，会影响诉讼进程或为当事人争取到有利的处理结果。如在笔者办理的一起敲诈勒索案中，笔者在侦查阶段接受委托后，虽无法查阅案卷材料，无法知悉侦查机关收集的证据，但通过会见犯罪嫌疑人，仔细向其了解案发经过和基本案情，从而对能否认定其具有非法占有目的产生怀疑，在此基础上，笔者进行了法律适用的专业分析并形成了书面辩护意见，且在审查逮捕期间提交检察院，从而促使检察院作出了不批捕决定。案件移送审查起诉后，笔者在全面核实证据后认为，委托人关于不存在非法占有目的的辩解能够与在案证据相印证，本案实际上是普通公民因介绍工程给好处费所引起，由于被害人反悔，犯罪嫌疑人实施过激的索要行为，基于此，笔者提出犯罪嫌疑人无非法占有目的，其行为不构成敲诈勒索罪的辩护意见，该案最终在审查起诉阶段被作存疑不起诉处理。该案获评"律媒桥2021年度十大无罪辩护案例"。①

就辩护内容而言，当下的刑事辩护已涵盖了证据之辩、事实之辩、法律之辩、量刑之辩、程序之辩和涉案财物之辩，虽然不是每个案件都会全部涉及，但在辩护思维上不能有所遗漏。实务中，辩护人对传统的辩护内容基本不会忽视，但在程序和涉案财物方面则或多或少关注不足，事实上程序之辩和涉案财物之辩，同样有不可或缺的作用。如在某单位合同诈骗案中，笔者于二审时接受委托，通过查阅案卷发现，单位犯罪系检察机关所追加，根据《人民检察院刑事诉讼规则》第356条，人民检察院在办理公安机关移送起诉的案件中，发现遗漏罪行或者有依法应当移送起诉的同案犯罪嫌疑人未移送起诉的，应当要求公安机关补充侦查或者补充移送起诉。对于犯罪事实清楚，证据确实充分的，也可以直接提起公诉。由于该案经历二次退查，故可推定不属于事实清楚，证据

---

① 《［重磅］2021年度十大无罪辩护案例发布》，中国网，2022年1月10日，http://edu.china.com.cn/2022-01/10/content_77980034.htm。

确实充分的情形，检察机关追诉单位犯罪的程序不明，同时辩护人还了解到该单位已进入破产程序，而破产管理人并不清楚该单位刑事涉诉。在提出这一程序问题之后，二审法院将案件发回重审，为辩护人对合同诈骗的辩护赢得了时间，同时破产管理人作为单位的诉讼代理人也参加了诉讼，促进了辩护合力的形成。又如笔者辩护的一起非法采矿案，控方指控非法采矿数额达 8000 余万元，涉及被告人的重大财产利益，为此，辩护人从在案证据入手，以合法采矿与非法采矿数额未作区分、其他合法收入未作扣减等问题对证据提出质疑，使得重新鉴定得以启动，最终法院判决认定的犯罪数额顺利降至 2243 万元。

就辩护观点而言，笔者基本遵循四步判断法：一是判断证据是否确实、充分，对被告人有利的在案证据有无遗漏；二是判断证据体系是否形成，依在案证据能否建构与控方不同的案件事实；三是案件定性是否准确，在罪与非罪、重罪与轻罪之间有无争议；四是从宽处罚情节有无遗漏，是否还有争议，程序问题、财产问题有无需要关注的内容。由此完整列明辩护观点，确保不出现遗漏，也确保有利于被告人的观点可以被梯度排列，形成可以"退而求其次"的不同观点呈现。如在某"套路贷"诈骗、敲诈勒索案中，被告人是某集团公司财务部下设车贷部负责人，而集团公司旗下又有车贷总公司，该总公司在各地设有 40 多家分公司，实施"套路贷"犯罪的只是其中一家地方分公司。起诉书指控被告人是车贷总公司财务负责人，认为其明知地方分公司从事"套路贷"犯罪，但仍为其提供资金结算等方面的帮助，故构成共同犯罪。在全面研究案情和证据后，笔者即遵循前述判断步骤，将辩护观点层次化呈现：首先，对起诉书指控的被告人任职单位提出质疑，认为被告人的实际劳动关系证明其并非车贷总公司员工；其次，就控方的证据体系提出质疑，认为在案证据缺少被告人的岗位职责，缺失被告人的履职内容，无法建立其从事的财务工作与分公司"套路贷"犯罪之间的联系，也无法认定其有何具体的帮助行为；再次，就其主观故意的认定提出质疑，认为车贷总公司在各地设有 40 多家分公司，现只有一地因"套路贷"犯罪被查处，即便被告人财务工作与地方分公司有联系，也无法知道该分公司从事犯罪活动；最后，即便仍要认定被告人有帮助行为、主观有所知情，但被告人也是履行职责的中立帮助，从刑法理论上看，中立的帮助行为不具有可罚性。这种逐层推进的论证方法，基本可以保证辩护观点不会遗漏，一些退而求其次的辩护观点也可梯度展示。

二 重点辩护思维

全面辩护思维旨在不要遗漏辩护内容，而重点辩护思维则强调辩护要针对控方的指控，防止自说自话，要针对案件争议焦点，既防止自己偏离主题，也防止被对方带偏。

辩护要针对指控。要研判控方的证据体系和指控逻辑，寻找其中的疏漏和矛盾，进而提出有效的反驳意见。对于控方的指控，并非无一例外地全部都要反驳，事实上案件经过侦查（调查）、审查起诉，已经有了两个机关的把控，全部出错的概率并不大，因此，对于控方已经作出较为客观、公正认定的部分，可作为共识，这既展示了辩方理性的态度，也搭建了双方对抗不对立的平台。辩护人要精心准备的，是寻找控方立论的差误。如在笔者承办的一起受贿案中，控方指控被告人是某国有参股单位副经理，其利用职务便利为请托人谋取利益并非法收受财物已构成受贿罪。然而辩护人在仔细研究案卷证据后发现，被告人所在单位虽有国有股成分，但并非纯正的国有公司，被告人也非受国家机关和国有公司委派，而是该单位总经理聘任，在主体身份上并不能认定为国家工作人员。再考察其为请托人谋取利益的职务行为，发现被告人只是告知单位领导有一个交易信息，最终实施是经单位领导集体研究决定的，被告人仅是该次会议的列席人员，并无发表意见和表决的权力。据此，辩护人围绕主体身份、职务便利以及其他问题进行了充分的论证，构成对指控的有效反驳。法院采纳辩护意见，判决被告人构成非国家工作人员受贿罪。此外，对控方遗漏或未认定的从宽情节，往往也是辩护的重点。如笔者办理的一起破坏公用电信设施案，一审法院没有对

"到案经过"记载内容的客观性、全面性进行认真审查，没有认定被告人具有自首情节。二审阶段辩护人接受委托后，通过仔细与被告人核实到案情况，发现卷内"到案经过"内容不全面，导致法院理解错误，故申请相关证人出庭以查明该事实，最终成功认定自首，改判被告人缓刑。

辩护要针对焦点。在辩护中要始终明确逻辑主线在哪里，并对试图干扰和影响这一判断的因素加以排除，使法庭围绕焦点推进审理。如在笔者辩护的一起非法吸收公众存款案中，检察机关指控，被告人以其经营的信息咨询服务公司提供投资理财、民间借贷咨询等服务为由，从事民间放贷业务，在有闲散资金的人员与需要用款人之间牵线搭桥，促成双方签订借款担保合同，约定借款利息及还款期限。合同签订后，出借人将款项经被告人账户转给用款人，被告人按借款金额的1%~3%收取服务费，控方据此认为被告人的行为属于变相非法吸收公众存款的行为。研判控方的指控逻辑后，辩护人发现，之所以认定被告人行为是变相吸收公众存款而非典型的非法吸收公众存款，是因为被告人并没有将存款汇集并自己管理，然后再对外放贷，所以不是典型的非法吸收公众存款行为。之所以仍是非法吸收公众存款性质，因其面向社会不特定多数人推介并从中谋取利差，故也是扰乱金融秩序的行为。笔者并没有沿着控方的思路去破题反驳，而是从非法吸收公众存款罪的核心——有无"资金池"入手展开论述，提出被告人为借款人和出借人牵线搭桥，提供中介服务，其本人不是借款合同的签订主体，也没有向出借人出具借条，整个借款和还款流程中没有形成"资金池"，也没有收取利息或赚取利差，只收取中介费（服务费），被告人作为中介不具有向出借人还本付息的义务，因此其行为不构成非法吸收公众存款罪。这种论述，表面上看似乎是你说你的，我说我的，控辩双方各自表达，实质上却是紧紧抓住案件的争议焦点，不被控方就事物表象的论证牵着走，即抓住非法吸收公众存款罪存在的金融特征以及有无"资金池"这一核心阐述观点。一审开庭审理后公诉机关撤回起诉，最终作出不起诉决定。该案获评

"2021 年度第七届全国十大无罪辩护经典案例"。[①]

三 客观辩护思维

从诉讼结构设计看，辩护人的角色并不中立，其天然地偏向犯罪嫌疑人、被告人，在诉讼中维护他们的合法权益。但是角色不中立，并不意味着视角不客观。辩护是根据法律和事实展开的，脱离了这个基础，辩护便没有了根基，更不可能有说服力。

事理论证要客观。辩护人要重视对犯罪嫌疑人、被告人有利的事实，但也不能忽视乃至忽略对其不利的事实，只有客观看待，理性评析，辩护意见才具有说服力，才能引起说服对象的重视。如在一起拒不执行判决、裁定案中，被告人因从事房产开发、资金紧张而大量举债，后不能归还，被多名债权人诉至法院并被判令偿还债务，在民事诉讼期间，被告人开发的一栋房产（尚未取得预售许可）被法院查封，而该栋房产中有部分门面房已在法院查封前被抵债给其他债权人。法院查封房产后，因抵债受让房产的债权人提出要将房产转让，被告人于是提供协助，以其公司名义将已经抵债的房产售卖他人，所得价款均直接支付给债权人，同时还将售房时间提前到法院查封房产前。控方认定，被告人伪造售房时间，转移被执行财产，严重妨害人民法院的执行活动，其行为构成拒不执行判决、裁定罪。在进行事理分析过程中，辩护人没有回避被告人伪造售房时间的不利事实，而是客观看待、全面评析，提出该部分事实有几个重要的细节：第一，案涉房产在法院查封前已经抵债给他人；第二，是接受抵债的债权人将房产转让，本案被告人只是提供协助，这一过程没有转移公司财产，也没有虚构公司债务，实际后果只是将公司债权人由原来的甲变成了后来的乙；第三，案涉房产未取得预售许可，客

---

① 《重磅！2021 年度第七届全国十大无罪辩护经典案例发布》，"西北政法大学刑事辩护高级研究院"微信公众号，2023 年 4 月 15 日，https://mp.weixin.qq.com/s?_biz=MzUzNjEyNTQ3Mw==&mid=2247485874&idx=1&sn=1f7f466e236c2a50b5cf98a7c758d787&chksm=fafa40fccd8dc9ea4e5698bd65bd29f10982a2b35fd69f8ee6d4bec072bf6ffbe02a7015398a&scene=27。

观上不可能产生物权变动的后果。基于这三点，即便被告人有伪造、倒签售房日期的行为，也不会严重妨害人民法院的执行活动。通过对事理的客观评析，更容易令说服对象重视和接受。

提出质疑要客观。刑事辩护中，对控方主张的事实，辩方提出质疑是常见现象，但质疑要有依据，或基于在案证据，或基于证据的综合审查判断，或基于常理常情，而不能是主观的臆断和凭空猜测。质疑的依据越充分，说服力越强，反之，则会被弃如敝屣而毫无意义。如笔者辩护的一起多罪名多事实的涉恶案件，案卷材料中有上百份辨认笔录，经仔细核查发现，辨认笔录的见证人姓名中有两个名字频繁出现，辩护人高度怀疑该两人与办案机关可能有某种密切的关系，基于此情况，辩护人已可以对该部分辨认笔录的证据能力提出质疑，但笔者仍往前做了一步工作，以该两人的姓名和办案机关名称为关键词，在网上进行检索，结果发现办案单位辅警录用名单上出现了相同姓名者，据此，笔者提出了质疑，并申请将该部分不具有证据能力的证据予以排除。此外，该案证据中还发现有两名证人在 2021 年接受询问时称自己不识字，是由侦查人员宣读笔录内容，但同样两名证人却在多年前的询问笔录里有校对笔录的签名，据此笔者对其证人证言的真实性、合法性提出了有效的质疑。

四　严谨辩护思维

在笔者看来，凡是不能说服自己的观点，就不要试图去说服别人。为实现论证效果，笔者采取的方式是先研判控方的观点，尝试以控方的角度分析论证，看看能不能严谨地推导出结果并说服自己，如果可以，那么就不将此作为辩点，如果感到论证过程存在障碍，或者无法透彻说理，那么将此作为辩护的重点，并在后续进行严谨论证。这样既可构成对控方有力的反驳，也能促使法庭准确地判断审理的重点。

如一起串通投标案，笔者在二审阶段接受委托后，充分听取当事人对案情的陈述，在证据不变的前提下，通过严谨的分析，讲述了一个完全不同于一审判决认定的事实。一审中对当事人有利的事实未获应有的重视，对于辩护人而言，运用证据、分析证据、讲清事实全貌并消除片面认定带来的影响是基础性工作。为此，辩护人围绕涉案投标项目在招标前已经实际施工、当事人并没有串通投标报价、招标人和其他投标人的利益有没有受损等核心事实进行了翔实的证据分析，指出本案是施工完毕后为完善手续而进行的投标，这既使二审法官意识到事实存在的问题，也为后续法律适用的论证作了较好铺垫。二审法院采纳辩护意见，将该案发回重审后，公诉机关将案件撤回起诉。

又如在一起挪用资金案中，被告人从事建设施工业务，挂靠某建筑公司并被该公司聘为某地分公司副总经理。后被告人因施工中资金周转困难以及个人需要偿还其他债务，于是向他人借款，出借人表示借给个人不放心，如果以单位名义则可以出借。被告人遂以单位名义借款400余万元，款项进入分公司账户后即被其转走。因被告人到期未偿还该笔借款，债权人以某建筑公司和分公司为被告提起民事诉讼，法院判令某建筑公司归还该借款，某建筑公司遂报案导致案发。笔者接受委托后认真研究了控方的指控逻辑，推定控方的思路是：被告人虽与某建筑公司没有劳动合同关系，但挂靠于该建筑公司并被聘为某地分公司副经理，其能够使用单位名义对外借款表明有相应的职权，故不能从形式上判断，而应当从实质上判断。该借款是以单位名义借取，故应归单位使用，法院最终判令某建筑公司偿还该笔借款也说明单位资金使用受到实际侵害。由于被告人有职务便利、有挪用行为，且将个人债务转嫁给公司，侵害了公司资金使用权，构成挪用资金罪。这一论证过程有三个障碍没有解决：第一，挪用资金罪主体中的"本单位工作人员"究竟能不能扩大解释，实质上判断究竟有无依据；第二，挪用资金罪的犯罪对象是本单位资金，某建筑公司并没有借款的意思，在名为单位、实为个人借款的情况下，还能不能认定单位资金使用权受到侵害；第三，民事诉讼判令某建筑公司承担还款责任，是否必然动用刑法惩戒被告人的借款行为。围绕这三个控方难以充分论证的问题，辩护人首先从形式判断和实质判断两个层面论证被告人不是该单位工作人员，其中在实质判断上提出，被告人与某建筑公司是挂靠关系，二者之间是平等的民事主体，并不具有管理上的隶属关系，以此对控方可能提出的实质判断基础予以反驳。其次，论证被告人所借资金不是单位资金，该资金虽然从分公司账户上有过走账，但有证据证明借贷双方都知道是被告人个人的借款，被告人除转出该笔资金外，并没有转出分公司的其他资金，在其认知范围内，该资金是其个人借款，而不是公司借款，其主观上不具有挪用资金的故意。最后，论证民事判决由某建筑公司承担归还责任不能影响被告人的刑事责任，挪用犯罪主要考察挪用时有无侵害单位资金使用权的主观故意及客观行为，事后的民事判决不能倒推作为承担刑事责任的依据，同时刑法的谦抑性原则也表明，能够通过民事途径有效解决的争议不能轻易升格为刑事犯罪。最终法院采纳该辩护意见，判决被告人不构成挪用资金罪。

正如世界上没有两片完全相同的树叶，面对丰富多样的刑事案件，辩护人应当根据案件主体、对象、情节等区别，精准把握其中的差异性特征，聚合思维之力赋能辩护质效，也正因此，刑事辩护工作既葆有新鲜活力亦富含复杂深意，引领无数法律人为之奋进。笔者围绕有效辩护，结合自己办理的多起案件，总结了一些助益有效辩护的思维角度，不妥之处，敬请各位专家学者和律师同人批评指正。

认罪认罚从宽制度的推进
与有效辩护制度的构建

陈　会 *

摘　要： 2018 年《刑事诉讼法》中认罪认罚从宽制度正式确立，极大地提升了我国刑事诉讼的效率，深刻影响了刑事案件的诉讼规律，同时也给刑事辩护带来了深刻影响和巨大挑战，激起对被追诉人合法权益维护的隐忧。在认罪认罚从宽制度大力推进下，辩护律师应该如何克服困境和迎接挑战，是新时期构建中国特色有效辩护制度需要思考和落地的问题。本文从刑事辩护律师的角度来解读认罪认罚从宽制度的确立和发展，观察律师界对认罪认罚从宽制度的声音和态度转变，以实证案例来说明认罪认罚从宽制度给有效辩护带来的困境、挑战，最后探讨新形势下如何突围和实现有效辩护。

关键词： 认罪认罚；有效辩护；控辩协商

一　律师视角解读认罪认罚从宽制度的确立和发展

（一）认罪认罚从宽制度的发展沿革

2014 年 6 月经由全国人大常委会决定，授权最高人民法院、最高人民检察院（以下简称"两高"）在 18 个地区开展刑事案件速裁程序试点工作。2016 年 7 月，中央全面深化改革领导小组通过《关于认罪认罚从

---

* 上海中联律师事务所高级合伙人，刑事专业委员会副主任兼秘书长。

宽制度改革试点方案》；同年 9 月，全国人大常委会通过决定，在原 18 个地区开展刑事案件认罪认罚从宽制度试点工作；同年 11 月，最高人民法院、最高人民检察院、公安部、国家安全部、司法部（以下简称"两高三部"）印发《关于在部分地区开展刑事案件认罪认罚从宽制度试点工作的办法》，制度试点正式启动。后 2018 年《刑事诉讼法》修改，明文将认罪认罚从宽制度纳入其中，但由于没有相应的具体适用解释和意见，认罪认罚从宽制度适用率较低。直到 2019 年 10 月 24 日"两高三部"出台《关于适用认罪认罚从宽制度的指导意见》，各省市相继出台相应的实施意见，认罪认罚从宽制度才在刑事诉讼中全面铺开，一时成为刑事辩护工作的重点、难点。"两高"也于 2021 年 6 月 16 日出台《关于常见犯罪的量刑指导意见（试行）》。同年 12 月 3 日，最高人民检察院发布《人民检察院办理认罪认罚案件开展量刑建议工作的指导意见》，这个文件是迄今为止检察机关出台的关于认罪认罚从宽制度的最新文件，也是经过几年大量实践探索后，检察机关对办理案件中与认罪认罚有关的问题的进一步回应和总结。

通过对立法层面的文件梳理，可以发现，对于认罪认罚从宽制度，国家经历了制度萌芽阶段（2014~2016 年）、试点阶段（2016~2018 年）、入法阶段（2018 年）和强力推进落实阶段（2018 年至今）这样的一个长期探索。笔者认为，这不是一个为了创新而创新的制度，也不是一个局部性的法外探索，而是一开始就有顶层立法设计的司法改革，是国家基于犯罪形势变化和社会治理层面的考虑。

（二）认罪认罚从宽制度出台的现实原因

1. 犯罪形势和犯罪结构发生深刻变化

长期办理刑事案件的法律人明显可感受到，近十几年来，我国的刑事立法和刑事司法都呈活跃状态。刑事立法的活跃表现在不断通过刑法修正案的方式对刑法进行扩容，同时通过织密司法解释和立案标准的法网，让刑法越来越精细化，一些以往不被认为是犯罪或者仅是行政违法的行为被入罪。立法的活跃随之带来刑事司法的活跃，表现为犯罪打击力度的加强，开展针对不同社会领域的"专项治理"等。

现实是虽然犯罪变多了，但"犯罪结构却发生深刻变化"，重罪占比持续下降，轻罪案件不断增多。① 因此，笔者认为，面对越来越多的刑事案件和大部分犯罪其实较为轻微的现状，国家治理者似乎也意识到，需要一种相对宽缓的刑事政策来调和犯罪圈扩大造成的严刑峻法的国家治理形象。一方面，立法者认为，刑法参与社会治理、介入社会生活是必要的；另一方面，对犯罪分子应加以区分，对轻罪、初犯，可以"认罪认罚从宽"。这在认罪认罚从宽制度出台前后公安、司法机关的领导讲话和文件中都能够得到体现。②

2. 刑事案件剧增，法检办案压力大，简化诉讼流程有利于提高办案效率

近年来，刑事案件数量攀升，司法机关案多人少情况十分突出，司法人员不堪重负。比如，有学者统计，根据最高人民法院工作报告和中国法律年鉴，2003~2011 年，我国各级人民法院审结刑事案件 338.9 万件，较前五年增长 19.6%。2008~2012 年，审结刑事案件 414.1 万件，同比增长 22.2%。2013~2017 年，审结刑事案件 548.9 万件，同比增长 32.6%。2018~2022 年，审结刑事案件 590.6 万件，同比增长 7.60%。③

---

① 参见张军《最高人民检察院工作报告——2021 年 3 月 8 日在第十三届全国人民代表大会第四次会议上》；另参见张军《最高人民检察院关于人民检察院适用认罪认罚从宽制度情况的报告——2020 年 10 月 15 日在第十三届全国人民代表大会常务委员会第二十二次会议上》。上述报告指出："伴随着改革发展和法治进步，刑事犯罪从立法规范到司法追诉发生深刻变化。特别是近 20 年来，刑事案件总量不断增加，检察机关受理审查起诉刑事犯罪从 1999 年 82.4 万人增加到 2019 年 220 万人；刑事犯罪结构发生重大变化，起诉严重暴力犯罪从 16.2 万人降至 6 万人，醉驾、侵犯知识产权、破坏环境资源等新型危害经济社会管理秩序犯罪大幅上升，被判处三年有期徒刑以下刑罚的轻罪案件占比从 54.4%上升至 83.2%。"

② 参见李少平《在全国法院推进刑事案件认罪认罚从宽制度工作部署会上的讲话》，载最高人民法院刑事审判第一、二、三、四、五庭编《刑事审判参考》总第 127 辑，人民法院出版社，2021，第 107~108 页。

③ 《第十四届全国人民代表大会第一次会议 关于最高人民法院工作报告的决议》，最高人民法院公报网站，http://gongbao.court.gov.cn/Details/0cf2ab48a3d2a9cd604af4991aa7d7.html。

而法官数量虽然也有增长，但增幅明显跟不上案件增速。法官、检察官办案压力大，[①] 这从近年来的法检人员辞职潮以及对辞职的"反向限制令"可窥见一斑。因此，早在 2016 年，最高人民法院院长周强在向全国人大常委会汇报《关于授权在部分地区开展刑事案件认罪认罚从宽制度试点工作的决定（草案）》时就指出："当前，严重危害社会治安犯罪案件呈下降趋势，但轻微刑事案件的数量仍在高位徘徊，司法机关'案多人少'矛盾突出。"在这种现实情况下，对事实清楚、被告人认罪认罚的案件，简化诉讼流程，可以使办案人员摆脱烦琐的办案程序性事项，有利于提高结案效率。可以说，提升司法效率、缓解司法资源紧张，是出台认罪认罚从宽制度最重要的动因。也因此，据笔者有限观察，尽管认罪认罚从宽制度出台后，一些法官尤其是级别高的大法官，对认罪认罚从宽制度持有不同意见，毕竟该项制度不可避免地冲击到法院的审判权，但总体而言，多数法官对该制度并不排斥，毕竟案件数量是大量法官尤其是占比较大的基层法官需要面对的现实压力，正如米尔伊安·R. 达玛什卡教授所言："当法庭超负荷运转时，阻止当事人协商的扩散，就像抑制已经开始的哈欠那么难。"[②] 认罪认罚从宽制度在得到我国检察机关强力推进的同时能够得到法院的配合推进，背后的动因跟早年美国辩诉交易制度的发展似乎有相似之处，即都是基于案件大爆炸的时代背景带来的司法工作压力。

3. 以往刑事诉讼流程长，司法资源消耗大，效果不佳

刑事案件法定诉讼流程冗长，一律按普通程序走流程，效率太低。比如，对取保候审案件而言，在不同阶段公检法三机关都有决定权，且期限分别可长达一年，这导致理论上一个轻罪案件诉讼流程走三年完全合法。对羁押候审的案件而言，由于我国《刑事诉讼法》对延长羁押期

---

① 参见闫召华《合作式司法的中国模式：认罪认罚从宽研究》，中国政法大学出版社，2022，第 34 页。

② 〔美〕米尔伊安·R. 达玛什卡：《司法和国家权力的多种面孔——比较视野中的法律程序》，郑戈译，中国政法大学出版社，2004，第 257 页。

限、退查、延长办案期限的条件比较宽松，以往诉讼流程拖沓现象较多。这使得被追诉人尤其是被取保候审的被追诉人，对自己行为的性质和定罪量刑后果产生恐惧、怀疑、不确定甚至侥幸心理。当事人心理煎熬，不堪讼累，刑罚的及时性和威力也难显现。贝卡里亚在谈到刑罚的及时性问题时指出："惩罚犯罪的刑罚越是迅速和及时，就越是公正和有益。"[①] 故，对被告人而言，如果愿意认罪认罚，设置一套简化的诉讼流程，"实体从宽，程序从简从快"，也可减少被告人在诉讼过程中的煎熬，符合被告人利益。

4. 刑事政策制度化

我国一向鼓励"坦白从宽"，但以往刑事诉讼法只规定了犯罪嫌疑人有如实供述的义务，刑法对如实供述的从轻幅度也很有限，实践中犯罪嫌疑人仍担心"坦白从宽，牢底坐穿"。而认罪认罚从宽制度，从某种程度上讲是把坦白从宽政策进一步制度化，是落实宽严相济、发挥刑事政策法律威力的一个制度。我国刑事诉讼是政策性十分明显的一项司法活动。

（三）认罪认罚从宽制度的价值

1. 实用性是最大的价值

笔者认为，认罪认罚从宽制度之所以能够如此迅速地推动，于短时间内在刑事案件中得以普遍适用，除了人为因素外，主要原因是它能够解决目前司法实践中最大的现实难题：案多人少。认罪认罚使得诉讼流程变得简单，本质是被告人放弃了审判阶段的辩护权来换取可能更轻的刑罚。因此，认罪认罚后被告人庭上一般不会也不敢再跟公诉方争辩，减轻了公诉人出庭压力和出庭准备工作量。同时，认罪认罚案件大部分使用速裁程序和简易程序，法院办案周期短，因此大大提高了法院结案率，而这对法官而言是非常重要的。此外，由于认罪认罚是被告人自己

---

① 〔意〕切萨雷·贝卡里亚：《论犯罪与刑罚》，钟书峰译，法律出版社，2021，第47页。

选择的，判决之后去法院申诉和信访的可能性也大大减少。对于被追诉人而言，如果束手就擒能换来相对更轻的刑罚和早日能确定的结果，显然要比程序上的辩护权更有价值。一项制度，只有符合各方参与者的利益，参与者愿意使用，才可能有长久的生命力。

2. 控制风险，双赢价值

用美国法学教授罗伯特·E. 司各特和威廉姆·J. 斯汤兹教授的话来说："控辩双方通过辩诉交易交换了一种风险，在决定交易之前，被告人承担着以最严厉的判决定罪的风险，而检察官则承担着高成本的审理后无罪判决的风险，通过自愿的交易，可能出现'双赢'的局面。"[①]用我国通俗的话来说，打官司有风险，这对控辩双方都一样。因此，当一个控辩双方都能够接受的方案出现时，控方可能愿意在合法合理的范围内进行刑罚减让（尤其对于一些证据存在重大瑕疵的案件和犯罪动机情有可原的案件），辩方也愿意为了防止被法院重判而放弃部分辩护权，因为被告人不能确定法官是不是比检察官更具有惩罚犯罪的兴趣。

3. 和谐的价值

诉讼对抗不符合我国"和谐社会"的主流价值观，认罪认罚有利于实现和谐。笔者认为，我国现阶段处在社会转型期，社会矛盾多发导致刑事案件数量上升。犯罪是社会矛盾最极端的激化形式，而我国一向看重"德治"和"和谐"。如何既打击犯罪，又不再次制造对立的局面，最好是被告人能自愿认罪、自愿接受国家处罚，同时国家对其宽宥，这样刑罚的目的和权威就实现了，惩罚犯罪的过程也变得和谐了。这一点，在最高司法机关领导讲话中也能得到体现。如2019年2月27日，最高人民法院副院长李少平在全国法院推进刑事案件认罪认罚从宽制度工作部署会上讲话称："认罪认罚从宽制度，对于减少诉讼过程中的控辩冲突，化解被告方和被害方的矛盾恩怨，修复社会关系，促进社会稳定，具有

---

① 〔美〕罗伯特·E. 司各特、威廉姆·J. 斯汤兹：《作为合同的辩诉交易》，载江礼华、〔加〕杨诚主编《外国刑事诉讼制度探微》，法律出版社，2000，第274页。

重大的和谐价值。"[①]

4. 刑罚的教育、挽救功能

刑罚除了惩戒功能之外，还有教育、感化、挽救功能。如上所述，虽然我国近年来犯罪变多了，但不是因为国民变坏了，部分原因是社会大环境和执法风向。在轻罪刑事案件中，犯罪嫌疑人相比传统刑事犯罪的犯罪嫌疑人而言，主观恶性和人身危险性要低很多。对这部分人，国家认为适度的惩罚即可，教育挽救更重要，这是一种家长主义式的司法理念和情怀，这种司法理念最早在未成年人犯罪领域被适用，现在似乎在认罪认罚从宽制度和企业刑事合规改革中都得到彰显。反之，对重罪、主观恶性深的累犯，司法机关仍然认为"即便认罪认罚也不能从宽"。之所以对这类人关闭了认罪认罚从宽的制度大门，是因为国家认为对于这类罪犯，惩罚的必要性大于教育、挽救的必要性。2019 年 10 月 24 日"两高三部"《关于适用认罪认罚从宽制度的指导意见》第 5 条明确规定对于被告人愿意认罪认罚的，认罪认罚从宽制度也仅是可以适用，而非一律适用，由司法机关根据案件具体情况决定。例如引发大家关注的重庆幼童姐弟"坠亡案"中，二审上诉人张某的辩护人就提出未对张某适用认罪认罚从宽程序，严重侵犯其诉讼权利的相关辩护意见，重庆市高级人民法院以《关于适用认罪认罚从宽制度的指导意见》第 5 条为依据，认为考虑此案犯罪的事实、性质、情节、后果等，决定对张某不适用认罪认罚从宽制度符合法律规定。[②]

二 律师界对认罪认罚从宽制度的声音和态度转变

从律师视角对认罪认罚从宽制度的相关文件和立法过程进行梳理，从小处说有利于在开展辩护工作时"知己知彼"，从大处说有利于在制度

---

① 参见李少平《在全国法院推进刑事案件认罪认罚从宽制度工作部署会上的讲话》，载最高人民法院刑事审判第一、二、三、四、五庭编《刑事审判参考》总第 127 辑，人民法院出版社，2021，第 107~108 页。

② 参见重庆市高级人民法院（2022）渝刑终 9 号刑事裁定书。

改革的洪流中发出律师应有的声音，影响法治进程。而在制度推进的这几年，据笔者的有限观察和与同行的广泛交流，律师界对认罪认罚从宽制度的认识和态度，经历了从一开始不够重视到逐渐重视，一开始被动卷入到逐渐主动发声的过程。

（一）初期观念上未足够重视认罪认罚从宽制度

在 2019 年检察机关如火如荼地推进认罪认罚从宽制度，并对案件中的认罪认罚适用率进行严格考核的时候，辩方似乎还没反应过来。那时刑事案件被追诉人被架在"是否认罪认罚"的"火"上烤，有多少被追诉人对认罪认罚的法律后果没有清醒的认识，可能难以进行实证调查。这项制度来得快、来得猛，不要说犯罪嫌疑人，连专业律师可能当时也尚未意识到该制度会对刑事辩护产生深远影响。律师界一开始对与认罪认罚从宽制度相关的法律文件、实操逻辑、程序和实体法律规定的学习和重视可能不够，非专业办理刑事案件的律师可能当时连认罪认罚从宽制度的含义都不甚明白，而专业办理刑事案件的律师尤其是习惯了庭审对抗的刑辩大律师，一开始对认罪认罚从宽制度可能有些"不屑"，认为"认罪认罚从宽制度适用于事实清楚的小案子，疑难复杂的重大刑事案件，还得靠庭上真刀真枪辩护"。[①]

又如，抱怨检察机关过快过急推进认罪认罚从宽制度的声音也不少。在 2021 年 12 月 21 日最高人民检察院发布《人民检察院办理认罪认罚案件开展量刑建议工作的指导意见》后，很快有不少律师关注或发声，但少有点赞的声音。当时微信上广为流传的《认罪认罚的步子扯得有些大了》[②] 一文，批评上述指导意见一如既往地不切实际，整体否定该制度，

---

① 陈国庆、韩敏婕：《认罪认罚制度下刑事辩护的挑战与应对》，"尚权刑辩"微信公众号，https://mp.weixin.qq.com/s/RqJDFn81JfpKKpOXTljZQA，最后访问日期：2023 年 12 月 19 日。

② 月夜魔姬：《认罪认罚的步子扯得有些大了》，"每当看见月亮就会想起我"微信公众号，https://mp.weixin.qq.com/s/8rvBDWfSKdK5hB_7kAAZNw，最后访问日期：2023 年 12 月 19 日。

得到较多律师转发。当时，笔者也写了《辩护律师应当跟上认罪认罚从宽制度的改革步伐》^① 一文形成观点争鸣。

（二）认为认罪认罚从宽制度影响辩护需求和辩护效果，产生危机感

委托辩护需求的降低，一部分原因是刑辩全覆盖和值班律师制度的推广。2017 年 10 月，最高人民法院、司法部印发《关于开展刑事案件律师辩护全覆盖试点工作的办法》（现已失效），在北京等 8 个省市开展刑事案件审判阶段律师辩护全覆盖试点工作。2018 年 12 月，最高人民法院、司法部印发通知，将试点工作扩大至全国，对于审判阶段被告人没有委托辩护人的案件，由人民法院通知法律援助机构指派律师为其提供辩护或者由值班律师提供法律帮助，切实保障被告人合法权益。另外，刑事辩护的全覆盖和值班律师制度的推行，增加了弱势的犯罪嫌疑人、被告人寻求法律帮助的可能性，同样地也就减少了其对委托辩护律师的需求。此外，如果律师整体不能较快地适应认罪认罚从宽制度的诉讼逻辑，掌握司法规律，调整辩护策略，不能真正有效辩护，也会导致刑事案件的当事人或家属降低委托意愿。

（三）转被动为主动，开始重视、适应认罪认罚从宽制度，积极发出辩方声音

危机带来意识改变，促使寻求转机。我们发现，律师界似乎从 2021 年开始高度关注和讨论认罪认罚从宽制度。据笔者有限观察，这主要体现在：以"认罪认罚"为主题的刑事辩护论坛在各地律师事务所尤其是专业刑辩所大量举办；研究办理认罪认罚案件的辩护攻略和技巧的文章、视频、书籍越来越多；律师行业协会也开始重视认罪认罚从宽制度。比

---

① 陈会：《辩护律师应当跟上认罪认罚从宽制度的改革步伐》，"陈说会道"微信公众号，https://mp.weixin.qq.com/s/_ t7S-vt5Wl8MMDnUd2pRyQ，最后访问日期：2023 年 12 月 19 日。

如很多地方律协开始组织律师进行这方面的学习培训，甚至司法局组织检律同堂学习，掀起学习认罪认罚从宽制度热潮。一些地方律师协会开始制定并发布《认罪认罚案件办案指引》，旨在提升当地律师办理认罪认罚案件的质量，指导律师依法履行职责，推动认罪认罚从宽制度有效实施。据公开途径查询，目前出台的此类指引有福建省律师协会发布的《律师办理认罪认罚案件指引》（2021 年 11 月 11 日）、陕西省律师协会发布的《律师办理认罪认罚案件指引〈试行〉》（2021 年 12 月 2 日）。

综上，律师界对认罪认罚从宽制度的态度，经历了从不够重视到逐渐重视，被动卷入到主动发声、适应、回应的过程。总体来看，至今律师界对这项制度的总体评价似乎不高，这既有立法和执法的原因，也有律师本身的原因。

三　认罪认罚从宽制度给有效辩护带来的困境、挑战

由于检方推进认罪认罚制度的步伐快且存在一些不规范之处，而部分律师在早期未足够重视学习跟进，随之带来辩护上的不适应，不适应又催生出抱怨和迷茫情绪。笔者作以下总结，同时对每个观点辅之以真实的案例来说明。

（一）辩护工作不适应办案机关新的办案节奏，把握不好辩护时机

律师的辩护工作，需要根据办案机关的办案节奏有针对性地进行，需要与办案机关同频共振。以往，刑事案件诉讼流程常有拖延，律师的辩护节奏自然也不用太紧张，甚至无法快起来。可是，认罪认罚从宽制度实施后，诉讼流程大大提速。尤其是一些简单轻微、适用速裁程序的刑事案件，依法检察机关一般需要在 10 日内审结，法院要在 10 日内下判，整个诉讼流程甚至可能在一个月内结束。这使得律师的工作方法和辩护节奏需要作出根本改变，如果不提前预判、不及时把握，很可能让辩护成

为马后炮。辩护的过程价值无法彰显，辩护的结果价值更难以体现。①

举笔者亲自接待的某案为例：在某销售有毒有害食品案中，被告人在拿到起诉书后前来咨询，称已经签署认罪认罚具结书，检察机关建议有期徒刑六个月实刑，但被告人其实难以接受实刑的结果，签认罪认罚具结书太突然。笔者询问前面是否聘请律师，被告人称前面有律师辩护，但案子周一才移送到检察院，之后去做了笔录，周五的时候检察官通知下周二去签认罪认罚具结书，并且告诉被告人量刑建议为有期徒刑六个月。被告人马上联系律师，律师才知道签认罪认罚具结书一事，之后律师陪同被告人去检察院并当场递交了一份辩护意见给检察官，向检察官请求更轻的刑罚，检察官称六个月已经是最轻量刑了。当时律师也很无奈，跟检察官协商后无果，建议被告人签认罪认罚具结书，也称六个月确实很轻了。被告人当时压力很大，担心不认罪认罚可能判得更重，仓促签署了认罪认罚具结书，但被告人销售金额才 2000 多元，感觉罪不至此，希望委托新的律师在审判阶段辩护，争取缓刑。笔者认为，这名律师最大的问题是没跟上检察官的办案节奏，辩护迟缓。对于这样一起简单轻微的刑事案件，加之检察官侦查阶段已经提前介入，因此用约 10 天的时间来审结，完全符合现今检察院的办案节奏。而该案的辩护人未预料到检察官办案会如此快，也没有提前跟检察官沟通协商，没提前递交辩护意见，导致在签署认罪认罚具结书时才当场递交辩护意见，而当事人目睹了当场辩护效果为零、律师沦为彻底的"见证人"和帮助控方说服认罪认罚的角色的过程。

（二）不敢跟检察官协商，不敢对一些不当、违法办案行为提出异议，反而劝说当事人违心地认罪认罚

如针对以往个别检察官存在的不当办案现象——绕开辩护律师直接与被告人协商认罪认罚、绕开委托辩护人安排值班律师见证认罪认罚具

---

① 参见龙宗智《完善认罪认罚从宽制度的关键是控辩平衡》，《环球法律评论》2020 年第 2 期。

结书签署、检方单方撤回认罪认罚具结书、建议犯罪嫌疑人更换做实质（无罪）辩护的律师等问题，辩护律师不敢抗议。举笔者亲自接待的某当事人的案件为例：被告人犯销售假冒注册商标的商品罪，一审认罪认罚被判有期徒刑三年三个月实刑，宣判后前来咨询，认为量刑过重，希望二审委托律师辩护。笔者询问一审诉讼经过得知，被告人案发后一直被取保候审，在 2021 年 11 月 18 日（周四）被检察院告知案子移送到检察院审查起诉，2021 年 11 月 22 日（下周一）便接到检察官电话，被通知去做认罪认罚。律师到场后反对，称刚刚拿到案卷，还没有阅完卷宗。但检察官很强势，说必须要在年底前结案。检察官称，按照犯罪金额至少应当判四五年，如果认罪认罚可以给三年出头的刑期。现场协商后检察官称最多可以从宽到三年三个月，只能实刑，律师反对无效。被告人因内心非常害怕，心想着先签认罪认罚具结书保个底，到审判阶段再争取，律师也建议被告人签认罪认罚具结书，于是被告人签署了实刑三年三个月的认罪认罚具结书。到了审判阶段，被告人为了保住自首，庭上又不敢提反对意见，全程态度很好。被告人称，尽管庭上和庭后律师都在争取缓刑，但最后法院还是按照认罪认罚具结书的量刑建议判处。

在听完当事人陈述后，笔者查看刑事判决书，发现其陈述属实。判决书载明被告人在 2021 年 11 月 17 日被检察院取保候审，2021 年 11 月 29 日法院就已经受理了该案。刨除周末时间，检察院大概用一周的时间审结了该案。而该案是一个有四名被告人、包含多项犯罪事实且案情并不简单的知识产权犯罪案件。根据笔者之前在当地辩护同罪名案件时对类案的研究，本案判处缓刑符合当地司法尺度。很显然，这个被告人的认罪认罚并没有换来真正的从宽，反而成了检察机关追求年底考核指标的"牺牲品"，在这个案件中，辩护律师也有一定责任。

（三）不懂得运用制度红利进行有效协商

在认罪认罚案件中，有些律师认为检察官强势、没耐心、没时间听取律师意见、量刑没有商量空间、刑期"强迫交易"等。这些问题产生的原因，一方面确有检方执法理念及检察官个人风格、工作方法、办案压力等，另一方面也有律师专业性不够、把不准检察官的思维方式和办案节奏、找不准辩护要点，使得双方沟通不在同一个频道。甚至早期少数律师对认罪认罚从宽制度的协商程序、协商后果都缺乏明确的认知，对认罪认罚从宽制度的相关司法文件不掌握、不会用，使得协商无效。也有一些律师未清楚地向当事人释明签署认罪认罚具结书的后果，导致当事人签署认罪认罚具结书时还对更轻的刑罚抱有很大幻想。这些无效辩护行为的后果都是无法保障刑事案件被追诉人的合法权益。随着认罪认罚制度的深入推进以及律师群体对该制度的掌握、运用和施加反作用力，上述问题逐渐得到改善。一个制度要向善走，一定需要参与各方的力量来共同塑形。

（四）强势和占主导地位的检察官，控辩双方地位天然差异，使平等协商变得艰难

实践中存在的普遍情况是在协商沟通前，检察官就准备好了认罪认罚具结书或者至少已经有相对确定的量刑意见，然后与犯罪嫌疑人、辩护人进行"协商"。多数犯罪嫌疑人会对检察官的建议表示同意，少数犯罪嫌疑人则会提出对量刑的疑惑或不满，检察官则会解释量刑的由来以及量刑已经从宽处理，但通常不会对量刑建议作出修改，并说明"这已经是最轻的量刑了"。甚至部分检察官认为，量刑建议是检察机关代表国家拟定的，一旦成形就不应调整，被追诉人要么同意，要么不同意。在这种协商模式下，缺乏实质意义上的平等协商。无论被追诉者的辩护律师是否擅长沟通、协商、对话，面对强势和占据主导地位的检察机关，辩护律师很难拥有讨价还价的余地。有学者指出，近年来，最高人民检察院试图对认罪认罚从宽制度进行某些"技术性改良"，但不太可能改变其作为检察官司法的特质。① 此时，对律师来说，如果还被动等着检察官

---

① 参见孙长永《中国检察官司法的特点和风险——基于认罪认罚从宽制度的观察与思考》，《法学评论》2022 年第 4 期。

听取意见，那么则可能如上所述，检察官在确定量刑建议后再联系律师，或者因为一时联系不上律师而直接告知被告人量刑建议，甚至刻意不联系律师而先将量刑建议告诉被告人，导致律师陷入被动。

（五）签署认罪认罚具结书后司法机关反悔或不认可，被告人被突袭加刑且辩护权落空

签署认罪认罚具结书后，被告人权利仍存在被侵害的可能，这主要表现为两种情况：一是检察机关对量刑建议的反悔，单方毁约庭上加重量刑建议；二是法院对认罪认罚具结书量刑建议的不认可，尤其是在拟加重量刑时，忽略对辩护权的保障甚至侵害辩方知情权，迫使被告人接受认罪认罚从宽制度，导致突袭重判，被告人成为制度的受害者，且二审也很难得到救济。举两个真实案例予以说明。

案例一：某非法吸收公众存款案。被告人签署了有期徒刑三年缓刑三年的认罪认罚具结书，开庭审理时公诉人发表意见也是按照认罪认罚具结书提出量刑建议。法院审理后认为量刑建议过轻，在宣判前一周向检察院发函，要求检察院调整量刑建议，检察院不同意，未调整量刑建议。但法院没有就可能不采纳量刑建议且拟加重量刑的问题重新听取律师意见，甚至辩方对法院向检察院发函的情况一概不知。宣判当天，法院直接将认罪认罚具结书的缓刑三年改为判处实刑七年，被告人听到判决后如五雷轰顶，对认罪认罚从宽制度的信任感完全坍塌。该案多名被告人被不同程度加刑，后多名被告人上诉。在二审期间，律师通过阅卷才发现法院在宣判前一周给检察院发的建议函，但最终二审法院仍然维持原判。二审判决书载明，二审法院认为："四名上诉人在原审法庭上均表示认罪认罚，对指控事实和量刑建议不持异议。原审法院认为检察院对四名上诉人的量刑建议畸轻，发函建议检察机关调整量刑建议，检察机关未予调整，法院应当依法判决，作出量刑并无不当，二审维持原判。"①

---

① 参见上海市虹口区人民法院（2020）沪 0109 刑初 520 号刑事判决书；上海市第二中级人民法院（2022）沪 02 刑终 281 号刑事裁定书。

案例二：某诈骗案。张某涉嫌诈骗拆迁补偿款，有自首情节，实际非法所得 40 万元，主动退赔 100 万元后检察机关作出不捕决定，审查起诉阶段签署认罪认罚具结书，检察机关建议量刑四年六个月。一审历时一年多，三次开庭审理，法院均没有对公诉机关的量刑建议提出任何异议。宣判前两天，法院提出让张某再退赔 100 万元才能按量刑建议判，否则要加刑至五年六个月。张某表示临时凑不出这么多钱。法院建议公诉机关调整量刑建议，公诉机关拒绝。法院又问张某是否同意加刑，张某表示希望按公诉机关的量刑建议判。法院遂认为张某不认罚，遂直接对张某加刑至六年三个月。也就是说，认罪认罚后法院让检察院量刑加一年，遭拒后法院直接加刑一年九个月。后被告人上诉，二审开庭时，二审出庭检察员建议改判，该案二审判决尚未确定。

根据《刑事诉讼法》第 201 条："对于认罪认罚案件，人民法院依法作出判决时，一般应当采纳人民检察院指控的罪名和量刑建议……人民法院经审理认为量刑建议明显不当，或者被告人、辩护人对量刑建议提出异议的，人民检察院可以调整量刑建议。人民检察院不调整量刑建议或者调整量刑建议后仍然明显不当的，人民法院应当依法作出判决。"根据 2021 年 12 月 19 日最高人民检察院出台的《人民检察院办理认罪认罚案件开展量刑建议工作的指导意见》第 33 条第 1 款："开庭审理前或者休庭期间调整量刑建议的，应当重新听取被告人及其辩护人或者值班律师的意见。"根据《最高人民法院关于适用〈中华人民共和国刑事诉讼法〉的解释》第 352 条："对认罪认罚案件，人民检察院起诉指控的事实清楚，但指控的罪名与审理认定的罪名不一致的，人民法院应当听取人民检察院、被告人及其辩护人对审理认定罪名的意见，依法作出判决。"也即，对于检察院拟调整量刑建议的，法律规定了检方应当重新听取辩方意见。而对于法院不认可量刑建议且拟加重量刑的，竟然没有相应的法律规定要求法院重新听取辩方意见。上述两个案例，均是法院不采纳量刑建议且对被告人加刑的情况，该现象在实践中并非个例。有律师认为，对于认罪认罚案件，由于忌惮检察机关抗诉，法院在量刑建议之外减轻量刑的不多，但加刑的情况不少。对于在量刑建议之外再加刑案件，检察机关几乎不会抗诉。长此以往，必然会破坏人们对认罪认罚从宽制度的信赖，影响到认罪认罚从宽制度的正常推进。①

四 对新形势下有效辩护的思考和探索

（一）认罪认罚从宽制度没有改变辩护的价值和根本方法

笔者认为，认罪认罚从宽制度没有改变辩护的根本方法，也没有动摇辩护在刑事诉讼中的地位和作用，但对辩护的策略、时机产生较大影响。无论被告人是否认罪认罚，其获得有效法律帮助的重要性是不言而喻的。对于适用认罪认罚从宽制度对被追诉人有利的案件，律师的价值在于帮助被追诉人进行利弊权衡，辅导被追诉人通过自己的供述和表态来获得启动认罪认罚协商的机会，同时帮助和代表被追诉人与检察官进行定罪量刑协商。② 对于不适宜走认罪认罚程序或协商后无法取得应有结果的案件，律师的价值是理智地帮助当事人进行抉择，对不合法不合理的控方量刑建议说不，同时在审判阶段继续辩护。不能否认的是，被追诉人由于缺乏专业的法律知识储备，在诉讼中很容易处于弱势地位。在面对办案机关强势的压力之下，可能会受到诱惑、欺骗甚至是被强迫，难免会作出不由心或不明智的决定。因此有法学专家指出，没有律师协助的认罪认罚协商，是法律文盲与法律专家之间的协商。其实，即便是官方的文件和讲话，也十分强调认罪认罚案件中律师辩护的重要性。例如，在 2019 年 10 月 25 日"两高两部"就准确适用认罪认罚从宽制度答记者问中，最高检第一检察厅厅长苗生明指出："在刑事诉讼中，犯罪嫌疑人、被告人大多不懂法律，更缺乏诉讼经验和知识，对认罪认罚的性质和法律后果很难做到真正了解。为保障犯罪嫌疑人、被告人认罪认罚

---

① 余超：《不认可加刑 1 年就加刑 1 年 9 个月，认罪认罚是如何被玩坏的》，"余恨水说法"微信公众号，https://mp.weixin.qq.com/s/R4HTkPfNWv9sE77o4ZR3MQ，最后访问日期：2023 年 9 月 25 日。
② 参见陈瑞华《有效辩护问题的再思考》，《当代法学》2017 年第 6 期，第 3~13 页。

的自愿性，刑事诉讼法和《指导意见》从权利告知、听取意见、保障获得律师帮助权等多个方面规定了司法机关的义务。"① 也即，从认罪认罚从宽制度的设计初衷看，削弱和忽略辩护权绝不是制度初衷。辩护律师应当摒弃抱怨、排斥该制度的悲观情绪，应当跟上认罪认罚从宽制度的改革步伐，争取话语权。

（二）应当掌握和运用制度文件与程序法规定，通过程序性辩护获取实体权利

对刑事律师而言，精通刑事诉讼法，了解诉讼规律和进程，对把握辩护时机和维护辩护尊严的重要性不言而喻。同时，由于认罪认罚从宽制度很多实操规定并没有体现在《刑事诉讼法》中，而是通过几个重要指导意见予以体现，律师还需要重点掌握最高司法机关先后出台的几个有关认罪认罚从宽制度的官方文件，如《关于适用认罪认罚从宽制度的指导意见》《人民检察院办理认罪认罚案件监督管理办法》《人民检察院办理认罪认罚案件听取意见同步录音录像规定》《人民检察院办理认罪认罚案件开展量刑建议工作的指导意见》等。通过梳理，我们可以发现，最高司法机关尤其是最高人民检察院在努力不断地推进制度规范化，强调保障辩护权。尤其是最后一个指导意见，是最高检迄今出台的关于认罪认罚从宽制度最为全面的司法文件，对辩护权的保障有诸多进步之处。第一，明确要求办理认罪认罚案件应当充分保障辩护权，严禁要求犯罪嫌疑人解除委托，致力纠正此前出现的办案机关为了让被告人认罪认罚，暗示或强迫嫌疑人解除一些较真和坚持辩护意见的辩护人，限制辩护权的现象。第二，听取律师意见可以采取当面、远程视频等方式。关于听取律师意见的方式，2020 年 5 月最高检出台的《人民检察院办理认罪认罚案件监督管理办法》规定得更加详细，根据该规定第 3、4 条，辩护人

---

① 《"两高两部"就准确适用认罪认罚从宽制度答记者问　认罪认罚可判处免刑就应判处免刑》，广东省公安厅网站，http://gdga.gd.gov.cn/xxgk/zcjd/wjjd/content/post_2661805.html，最后访问日期：2023 年 12 月 24 日。

要求当面反映意见的，检察官应当在工作时间和办公场所接待。当面听取意见时检察人员不得少于两人。对于有关意见，检察官应当认真审查、写入案件审查报告。第三，规定了证据开示制度，促使犯罪嫌疑人认罪认罚。认罪认罚案件在审查起诉阶段进行证据开示，此前在一些地方检察院已有探索和地方文件，目的是让犯罪嫌疑人了解证据，认罪认罚认得明明白白。第四，明确规定检察官不得绕开辩护律师安排值班律师代为见证具结。这种情况在认罪认罚从宽制度推行早期也发生过，经过律师呼吁和反映，得到最高司法机关重视，通过立法予以纠正。第五，规定起诉后开庭前，可以补签认罪认罚具结书，这给了被告人更多的选择时间和机会。第六，明确认罪认罚具结书的公信力，只要被告人不反悔，无新的事实证据，检察机关也不得反悔。第七，明确赋予认罪认罚案件中，辩护律师在法院审理阶段的独立辩护权。总之，作为制度参与者，律师无疑需要熟练掌握对辩方有利的程序性规定。这不仅有助于在跟检察官谈判协商时获得协商机会，体现律师专业性，同时也是对公权力的一种监督。

（三）专业辩护，因案施策，敢于创新辩护方法

专业性是刑事律师的基本功要求，而勇敢是刑事律师的宝贵素质。要熟练运用刑法理论、司法裁判观点、指导案例为辩护观点提供支撑，还可用类案检索有效提升量刑协商的精准度。在笔者的辩护实践中，一份专业的辩护词只是辩护工作的一部分，为实现辩护效果，往往会根据个案需要增加特定的辩护材料。例如，针对量刑问题可以一并提供《类案检索报告》；针对法律适用问题可以一并提供《法律适用问题争议焦点研究报告》。为适应新时期司法体制改革与法律服务市场对律师刑事辩护技能的要求，在辩护实务中，律师只有勇于不断创新探索，对专业性的辩护技能进行深耕，对证据辩护、程序辩护、定罪量刑辩护、财产辩护等核心辩护技能深度研究，才能顺应刑事诉讼制度改革的需要与刑事法律服务市场的需求。

（四）了解和利用刑事政策，为辩护所用

我国刑事司法的特征体现为极强的政治性和政策性，辩护律师工作离不开刑事司法政策大环境。要成为一名优秀的刑事律师，除了精通刑事实体法、程序法之外，还需要学会运用国家刑事司法政策。从小处说，这是实现个案辩护效果所需；从大处说，这也是律师参与国家刑事治理、推动法治进步的价值体现。律师如何利用好刑事司法政策为当事人争取权益？笔者结合自己的办案经验谈几点想法。首先，律师要关注国家大政方针，对出台的刑事司法文件要及时学习。学会才有敏感性，才能在辩护中将自己的案件与政策进行对标运用。解读刑事司法政策文件，要时刻有权利思维，有时需要正向运用，有时需要反向运用。其次，在辩护个案时，除了阅卷外，还要了解案件发生的原因、人物背景、行业背景甚至公安破案背景。比如行业失范何以发生，再比如案发有没有利益驱动执法、不当立案等反政策执法的因素。再次，在撰写书面律师意见时，要学会结合个案特征，把刑事司法政策精神适度融入辩护意见、取保候审申请书等法律文书，做到适度升华。最后，与公检法办案人员当面沟通时，熟悉司法政策也有助于"换位思考"，激发办案人员积极性和责任感，实现沟通效果。法庭辩护中，如果能对司法文件规定了然于胸，也有利于增强辩护气场和说服力。

综上可见，律师的辩护应当紧扣司法机关的制度改革进行调整。在认罪认罚从宽制度深入推进的大背景下，应当将更多精力转移到审前阶段，帮助被追诉人充分理解相关法律规定和法律后果，作出理智的选择，为其争取最大程度的利益，维护其诉讼主体尊严。在新形势下，律师要做到有效辩护，需要在自身法律技能、沟通能力、行业知识、刑事政策敏感度等方面具备全面素养，只有这样才能更好地应对认罪认罚从宽制度所带来的挑战。辩护实践证明，认罪认罚从宽制度运用得好，最终的结果对诉讼各方可以是"多赢"的。

五 结语

这几年，认罪认罚从宽制度引起刑事法律界的高度关注、争议和探讨。然而，这一切才刚刚开始。在制度入法初期，一些研究刑事诉讼法的法学专家就指出，认罪认罚从宽制度将对我国刑事司法制度产生重大而深远的影响，事实已证明如此。而接下来制度"向何而去"，不仅取决于官方的宏观政策、检察官与法官的理解和执行，也取决于该制度最大的用户（被追诉人和辩护律师）如何在个案中理性权衡、选择。这不仅影响个案当事人的命运，最终汇集的力量也必将或多或少影响制度的走向。目前律师对这项制度的感情似乎是爱恨交加、喜忧参半，而律师如何看待这项制度、如何利用这项制度、如何言说这项制度、如何影响这项制度，最终也决定律师的价值如何被言说。有效辩护不仅在于最大限度地帮助刑事案件被追诉人免于错误定罪或重判，获得罚当其罪的判决，获得制度本身应有的善意和红利，还在于刑辩律师应当通过自己的专业、良心和正向价值观，帮助当事人和家属客观地看待过往的违法犯罪事实、勇敢理性地应对当下的审判和更好地面对未来的生活。

中篇

律师辩护全覆盖与有效辩护的构建

本篇共同围绕的主题是"律师辩护全覆盖与有效辩护的构建"。韩旭的《审前程序中律师辩护全覆盖重点问题研究》一文探讨了值班律师的法律帮助与律师辩护全覆盖的关系、审查起诉阶段检察机关通知法援律师辩护的职责等十个审前程序中律师辩护全覆盖的重点问题。揭萍的《提升刑事辩护品质的制度进路：有效辩护抑或无效辩护》一文提出应构建无效辩护制度，明确刑事辩护品质的最低要求；同时应重视认罪认罚从宽案件中值班律师的无效法律帮助问题，推动从有效法律帮助走向有效辩护。张袤的《刑事辩护全覆盖背景下值班律师的身份归属与功能拓展》一文认为应从制度层面赋予值班律师"帮助者+代理人"的复合属性与功能，以解决值班律师身份归属上的"辩护人"差异化与权利范围上的"辩护人"等值化间的矛盾。杨杰辉、陈美如的《无效辩护：制度正当性、认定标准与救济程序》一文指出辩护人的不尽职不尽责是当事人辩护权受到侵害的重要原因，必须构建无效辩护制度予以救济。汪少鹏的《刑事诉讼中退回补充侦查制度有关问题研究》一文从辩护律师的视角，对刑事诉讼程序中退回补充侦查的性质、意义及实务中依然存在的问题与建议提出了看法。李晨的《值班律师有效法律帮助对防止具结协议破裂的保障作用》一文，结合作者作为值班律师的实际工作经验，从实践案例中被追诉人认罪认罚的异化现象入手，通过分析全国认罪认罚案件上诉、抗诉、二审的具体情况，揭示出认罪认罚异化现象与具结协议破裂之间的关联，并进一步指出今后的改革方向是在不同诉讼阶段之间建立身份衔接机制与紧急情况下的身份转换机制。张立锋、邝肖的《从司法鉴定排除合理怀疑角度论律师有效辩护的实现》一文则认为在司法实务中以司法鉴定意见为切入点讨论排除合理怀疑，对于司法审判机关准确认定案件事实、实现公平正义以及防止冤假错案具有重要意义。

审前程序中律师辩护全覆盖
重点问题研究

韩　旭[*]

摘　要：刑事案件律师辩护全覆盖提前至审查起诉阶段后，有以下十个问题需要关注，这不仅关乎全覆盖的理论问题，更与实务操作密切相关，影响新规的实施效果。一是值班律师法律帮助并非律师辩护全覆盖内容；二是审查起诉阶段检察机关通知法律援助律师辩护的时间和通知辩护的案件主体类型；三是拟适用普通程序审理的案件辩护律师应代替值班律师；四是区分认罪认罚案件与非认罪认罚案件和律师实际付出的劳动量支付补贴费用；五是尽可能指定同一律师担任不同诉讼阶段的辩护人；六是明确应当由律师辩护的案件未指定律师辩护的法律后果；七是侦查阶段律师辩护全覆盖是未来的发展趋势；八是应当给予法律援助机构执业律师以办案补贴；九是律师资源跨区域调配的实现；十是经费保障的多元化筹措。

关键词：辩护全覆盖；法律援助律师；审查起诉阶段

2022 年，"两高两部"联合出台《关于进一步深化刑事案件律师辩护全覆盖试点工作的意见》（以下简称《意见》），将律师辩护全覆盖往前延至审查起诉阶段。无论是对犯罪嫌疑人辩护权保障还是实现司法公正均具有进步意义。正如日本学者田口守一所言："刑事诉

---

* 四川大学法学院教授、博士生导师，四川省司法制度改革研究基地主任。

讼的历史就是辩护权扩充的历史。"① 当前我国刑事诉讼中被告人获得
辩护人辩护的比例较低，"根据中华全国律师协会的统计，刑事案件被告
人律师出庭的辩护率不超过 30%，也就是 70% 的刑事案件被告人没有律
师辩护"。② 审前程序中律师参与辩护的比例更低。《刑事诉讼法》规定
的犯罪嫌疑人、被告人获得法律援助的案件范围也十分有限。因此，需
要扩大被追诉人获得法律援助的案件范围。③ 然而，当律师辩护全覆盖延
伸至审前程序后，在实施中一系列问题接踵而至。这些问题不解决，即
便是"全覆盖"提前了，其实施效果也可能不尽如人意，难以实现制度
设计的初衷。为此，有必要对下列问题逐一进行分析，以期对实践操作
有所助益。

一 值班律师法律帮助并非律师辩护全覆盖内容

无论是 2017 年最高人民法院、司法部联合发布的《关于开展刑事案
件律师辩护全覆盖试点工作的办法》（以下简称《办法》）还是 2022 年
的《意见》，均将值班律师法律帮助的内容纳入辩护全覆盖内容中。然
而，法律帮助不同于刑事辩护，值班律师也不同于辩护律师，这已为
2018 年修改的《刑事诉讼法》所确认。例如，2018 年《刑事诉讼法》第
174 条第 1 款规定："犯罪嫌疑人自愿认罪，同意量刑建议和程序适用的，
应当在辩护人或者值班律师在场的情况下签署认罪认罚具结书。"可见，
辩护人与值班律师是并列关系。值班律师的角色定位乃值班律师制度的
基础和核心问题，直接决定值班律师的诉讼权利和功能发挥。④ 一方面，
《刑事诉讼法》和相关规范性文件均将"值班律师"与"辩护人"并

---

① 〔日〕田口守一：《刑事诉讼法》（第七版），张凌、于秀峰译，法律出版社，2019，第172 页。
② 卞建林、陈卫东等：《新刑事诉讼法实施问题研究》，中国法制出版社，2017，第 46 页。
③ 闵春雷：《以审判为中心：内涵解读及实现路径》，《法律科学（西北政法大学学报）》2015 年第 3 期。
④ 韩旭：《认罪认罚从宽制度中的值班律师——现状考察、制度局限以及法律帮助全覆盖》，《政法学刊》2018 年第 2 期，第 9 页。

列规定，这说明值班律师并非被追诉人的辩护人即辩护律师，而仅仅是免费提供法律帮助的律师。然而，值班律师并非辩护律师可能会带来一系列问题。例如，因值班律师并非辩护律师，《刑事诉讼法》第39条有关辩护律师会见犯罪嫌疑人、被告人不被监听的规定可否被看守所规避适用？又如，值班律师能否成为《刑法》第306条妨害作证罪的犯罪主体？再如，值班律师拒绝在认罪认罚具结书上签字或者虽签字确认但事后发现系冤案情形下是否应当承担责任以及承担何种责任？等等。①

将值班律师的法律帮助也看作"辩护全覆盖"的内容，反映了二者之间具有交叉关系。作为值班律师权能的"提供法律咨询、帮助进行程序选择、申请变更强制措施、就相关事项向检察机关提出意见、代为申诉控告、引导申请法律援助等"均可以构成律师辩护的内容。在我国建立值班律师制度初期，刑事诉讼法学界即有不少学者提出"值班律师'辩护人化'"的建议。有学者认为，既然"值班律师是特殊的辩护律师"，② 就应当赋予值班律师与辩护律师相同的权利。问题是，值班律师一旦享有了阅卷、调查取证、出庭辩护等各项诉讼权利，还能继续"值班"吗？如果不再"值班"，还能称为"值班律师"吗？"主张值班律师完全'辩护人化'，实质上是否定了设立值班律师制度的立法本意，回归以往单一的法律援助模式。"③ 将法律帮助作为辩护全覆盖内容，正反映了我国相关部门对两者关系的认识大概是受学术界的影响。但是，将值班律师"辩护人化"，将从根本上取消刚刚建立不久的值班律师制度，一种刚诞生的新的律师种类将不复存在。

---

① 参见韩旭《认罪认罚从宽制度中的值班律师——现状考察、制度局限以及法律帮助全覆盖》，《政法学刊》2018 年第 2 期。
② 参见顾永忠、李逍遥《论我国值班律师的应然定位》，《湖南科技大学学报》（社会科学版）2017 年第 4 期。
③ 王迎龙：《论刑事法律援助的中国模式——刑事辩护"全覆盖"之实现径路》，《中国刑事法杂志》2018 年第 2 期。

其实，值班律师是我国律师队伍中不可替代的力量，具有临时性、应急性、基本性和公共性等功能。当一个社会人变成"犯罪嫌疑人"而被羁押时，其因不懂法律而产生的焦虑、不安、紧张情绪难以避免，此时特别需要一位专业法律人士的帮助，以缓解其上述的不良情绪。此时，值班律师大有用武之地。对此，《办法》第 2 条第 5 款规定："在法律援助机构指派的律师或者被告人委托的律师为被告人提供辩护前，被告人及其近亲属可以提出法律帮助请求，人民法院应当通知法律援助机构派驻的值班律师为其提供法律帮助。"可见，值班律师的存在可以解决辩护律师缺位所导致的被追诉人权利保障不足的问题。

将值班律师的法律帮助纳入律师辩护全覆盖，虽然可能彰显司法行政机关的"政绩"，但掩盖了一些实践中的问题。例如，在最近"两高两部"的一次会议上，司法部副部长熊选国披露：审判阶段刑事案件律师辩护率和值班律师帮助率达 81.5%。① 然而，我们更想知道律师辩护率的数据。此外，值班律师"见证人化"已是一个不争的事实。将法律帮助"辩护化"将无法客观准确地反映实际的辩护状况，表面上的"喜"可能会掩盖实际上的"忧"。也许文件的制定者是为了突出对所有刑事案件实现"全覆盖"这一目标，但又限于目前的条件，因此只能通过"双轨制"的模式，即值班律师的法律帮助与辩护律师的刑事辩护并行不悖且分别适用于速裁程序、简易程序和普通程序审理的案件。但其后果是模糊了两类律师不同的功能和作用。其实，辩护全覆盖的主体只能是辩护律师而非值班律师。将两种不同性质的律师均纳入"全覆盖"中，必然造成律师职能和定位的混淆，刑事辩护看起来呈现出"一派繁荣"景象，实际上可能是一种"假象"。所谓的刑事案件"律师辩护率"云云，并不能

---

① 《〈中国司法〉| 熊选国：提高站位 深化认识 进一步推动刑事案件律师辩护全覆盖向纵深发展》，司法部法律援助中心网站，http://www.chinalaw.gov.cn/pub/sfbgw/jgsz/jgszzsdw/zsdwflyzzx/flyzzxgzdt/202303/t20230329_ 475299.html，最后访问日期：2024 年 1 月 12 日。

反映真实的状况。毕竟，我国刑事案件中80%以上是认罪认罚案件，[①] 而此类案件大多适用速裁程序、简易程序审理，辩护律师参与的刑事案件仅有20%左右。[②] 由此分析，律师辩护"全覆盖"覆盖的仅是少数案件。

从诉讼权能上看，值班律师与辩护律师不同，不享有调查取证权、核实证据权、出庭辩护权等权利。由于其行使的并非辩护权利，将其与辩护律师同日而语似有不当。有关律师辩护全覆盖的文件，宜将值班律师法律帮助的内容剔除。

二 审查起诉阶段检察机关通知法律援助律师辩护的时间和案件主体类型

既然律师辩护全覆盖提前至审查起诉阶段，那么随之而来的首要问题便是检察机关通知法律援助律师参与辩护的时间。对此，《刑事诉讼法》和《意见》均规定："人民检察院自收到移送审查起诉的案件材料之日起三日内，应当告知犯罪嫌疑人有权委托辩护人。"同时，《意见》第8条规定："犯罪嫌疑人具有本意见第七条规定情形的，人民检察院应当告知其如果不委托辩护人，将通知法律援助机构指派律师为其提供辩护。犯罪嫌疑人决定不自行委托辩护人的，人民检察院应当记录在案并将通知辩护公函送交法律援助机构。"至于何时将"通知辩护公函送交法律援助机构"并无规定。这是"全覆盖"工作实施的起点，也是诉讼期间所需考虑的环节，直接关乎辩护权的行使和检察官的审查起诉任务。"两高

---

① 参见郭璐璐《最高检：检察机关适用认罪认罚从宽稳定保持在80%以上》，中华人民共和国最高人民检察院网站，https://www.spp.gov.cn/spp/zdgz/202102/t20210202_508277.shtml，最后访问日期：2022年11月20日。当前此数据已更新至85%，2023年苗生明厅长指出："当前已经形成以认罪认罚为基本诉讼模式的刑事诉讼新常态，案件适用率稳定保持在85%以上，实际上近两年的适用率均在90%左右，其他不认罪认罚案件只占一成左右。"参见王冬《认罪认罚从宽制度适用率稳定保持在85%以上》，中华人民共和国最高人民检察院网站，https://www.spp.gov.cn/zdgz/202302/t20230215_601755.shtml，最后访问日期：2022年11月20日。

② 参见邢丙银《专家：律师参与辩护的刑案低至两成，应扩大指定辩护范围》，澎湃新闻，https://m.thepaper.cn/newsDetail_forward_1386344，最后访问日期：2024年1月12日。

两部"《关于刑事诉讼法律援助工作的规定》第 9 条规定："犯罪嫌疑人、被告人具有下列情形之一没有委托辩护人的,公安机关、人民检察院、人民法院应当自发现该情形之日起 3 日内,通知所在地同级司法行政机关所属法律援助机构指派律师为其提供辩护……"《法律援助法》第 36 条规定："人民法院、人民检察院、公安机关办理刑事案件,发现有本法第二十五条第一款、第二十八条规定情形的,应当在三日内通知法律援助机构指派律师。法律援助机构收到通知后,应当在三日内指派律师并通知人民法院、人民检察院、公安机关。"《法律援助法实施办法(征求意见稿)》对此作了进一步规定,即办案机关发现属于应当通知情形之日起 3 日内,通知辩护。问题是何时"发现"仍不确定。

在何时"通知辩护"问题上应考量四个方面的要素。一是犯罪嫌疑人是否委托辩护人。考虑到检察官"自收到移送审查起诉的案件材料之日起三日内"进行权利告知的时间限制和给予犯罪嫌疑人必要的委托辩护时间,这些均应在通知辩护时间设定时予以充分考虑。二是检察官审查时间。《意见》第 7 条规定,确定通知辩护的案件范围是"犯罪嫌疑人没有委托辩护人,且具有可能判处三年以上有期徒刑、本人或其共同犯罪嫌疑人拒不认罪、案情重大复杂、可能造成重大社会影响情形之一的,人民检察院应当通知法律援助机构指派律师为其提供辩护"。检察机关需考量该案件是否属于通知辩护的案件范围,这也是一个前提性问题,需要给予检察官必要的审查时间。尤其是"本人或者共同犯罪嫌疑人拒不认罪"的情形,应当是审查起诉阶段的判断,这需要检察官对犯罪嫌疑人进行讯问。三是可能需要向分管检察长报告或者由检察委员会进行讨论,以确定该案是否属于"案情重大复杂"?"重大复杂"具有相对性和判断标准的模糊性,因此将该问题的判断权交给检察院领导或者集体讨论决定可能成为检察实践中的惯常做法。四是案件是否属于通知辩护的情形,相关因素具有可识别性,检察机关进行审查并不难发现。因此,"发现"时间不宜设定过长。

结合上述四项考量因素,将通知辩护的时间定为收到移送审查起诉的案件材料后 7 日内较为合适。2018 年《刑事诉讼法》第 172 条规定："人民检察院对于监察机关、公安机关移送起诉的案件，应当在一个月以内作出决定，重大、复杂的案件，可以延长十五日……"通常情况下，审查起诉的期限为 1 个月以内，考虑到接受指派的律师参与辩护时间的充分性保障，不宜将通知辩护的时间延后。如果在收到案件材料后的第 7 日通知，辩护律师一般只有 23 天甚至更短的辩护准备时间。这期间，律师尚需阅卷、会见甚至调查取证和撰写辩护意见，时间过短，不利于审查起诉阶段辩护权的行使。原则上，审查起诉阶段律师介入越早越好。鉴于此，确立上述通知辩护的时间限制较为合理。

在审判阶段律师辩护全覆盖实践中，有些法院通知辩护时间迟延，以至于法律援助律师即使参与，也没有时间进行辩护准备。基于此，一些法律援助机构将通知辩护公函退回法院。受此启示，如果检察院通知辩护时间较晚，例如在审查起诉期限届满前 5 日才通知辩护，法律援助机构也可以将该公函予以退回。通过法律援助机构的这一监督手段，达到对检察机关通知辩护时间的制约，以保障法律援助律师参与的有效性。

为了方便被追诉人选择自己信任的律师，尽可能实现选择与指派的统一，法律援助机构可在看守所和检察院放置刑事法律援助律师名录。对于重大、复杂案件，尽可能指派两名律师辩护，并按人数而非案件数发放办案补贴。根据《德国刑事诉讼法》第 142 条之规定："指定辩护前应当给予被告人在一定期限内自行提名辩护人的机会，如果无重要原因与此相抵触的，审判长指定由被告人提名的辩护人。"[①]

通知辩护的案件类型主要涉及涉嫌单位犯罪的案件是否也应通知法律援助律师进行辩护。笔者认为，涉嫌单位犯罪的案件不应为单位指派辩护，但是一并被追究刑事责任的自然人如果符合条件，则应通知辩护，理由如下。第一，法律援助制度针对的是"经济困难"群体，《法律援助法》第 2 条规定："本法所称法律援助，是国家建立的为经济困难公民和

[①] 《世界各国刑事诉讼法》编辑委员会编译《世界各国刑事诉讼法（欧洲卷）》，中国检察出版社，2016，第 283 页。

符合法定条件的其他当事人无偿提供法律咨询、代理、刑事辩护等法律服务的制度，是公共法律服务体系的组成部分。""全覆盖"作为法律援助的组成部分，当然受《法律援助法》调整。单位通常并不存在"经济困难"问题，因此不应成为"全覆盖"的对象。第二，根据我国单位"双罚制"的处罚原则，对单位仅能处以罚金刑，而不能判处自由刑。审查起诉阶段"全覆盖"适用条件中要求的"可能判处三年以上有期徒刑"，显然对单位无法适用。第三，单位犯罪与正在推行的企业合规改革具有较强的关联性，企业合规建设中律师需要帮助企业制订合规计划和撰写合规审查报告等，工作任务繁重，工作责任重大，由法律援助律师从事这些工作并不合适，也难以取得良好效果。第四，权威人士的解释也不赞同将单位作为法律援助对象。司法部熊选国副部长明确表示法律援助对象是自然人，而非法人等组织。若将单位作为援助对象，不符合我国的现实国情和大多数国家的立法例。我国目前仍处于社会主义初级阶段，系发展中国家，法律援助资源有限，不可能将过多资金投入法律援助，对单位提供法律援助可能有违市场规律。①

当务之急是司法行政机关与同级检察机关联合制定实施细则或者实施办法，明确衔接和程序事项。贵州省威远县率先实施审查起诉阶段律师辩护全覆盖，覆盖率已达100%，积累了有益经验。该县检察院在案件移送审查起诉后，制作《审查起诉阶段法律援助制度告知书》，连同《犯罪嫌疑人权利义务告知书》在审查起诉案件受理3日内送达犯罪嫌疑人，符合法律援助情形的，及时向县法律援助中心送达《提供法律援助通知书》，由法律援助中心指派律师为犯罪嫌疑人提供辩护。②

对于《意见》中的"重大、复杂"，实务中可能存在认识分歧，由此

---

① 张勇、熊选国主编《中华人民共和国法律援助法释义》，法律出版社，2021，第30页。
② 《威宁检察：审查起诉阶段律师辩护全覆盖工作获省院主要领导肯定》，"威宁检察"微信公众号，https://mp.weixin.qq.com/s/goOWH＿4ndZqzUgacvlkppA，最后访问日期：2022年11月20日。

可能导致一些本应通知辩护的案件而没有通知，从而失去了获得律师帮助的权利。对此，江苏省泰州市进行了有益探索：主要参考律师行业疑难、复杂罪名认定标准，结合泰州市实际进行选择；将刑法规定的483个罪名中150个罪名纳入扩大通知辩护案件范围，在审查起诉阶段一律由检察机关通知辩护。①

审查起诉阶段律师辩护全覆盖有助于发挥律师在审前程序中的作用，对于"不诉、变更羁押强制措施"等事项充分发挥辩护职能，可以有力推动"少捕慎诉慎押"刑事司法政策落实落地。

三 拟适用普通程序审理的案件辩护律师应代替值班律师

律师辩护全覆盖延伸至审查起诉阶段后，辩护律师与值班律师的关系是一个需要考虑的问题。鉴于值班律师与辩护律师职能存在交叉，为了降低法律援助经费支出和节约律师资源，对交叉部分可由辩护律师行使，在辩护律师介入后值班律师应终止提供法律帮助服务。根据《意见》第9条的规定："辩护律师应当向犯罪嫌疑人释明认罪认罚从宽的法律规定和法律后果，依法向犯罪嫌疑人提供法律咨询、程序选择建议、申请变更强制措施、提出羁押必要性审查申请等法律帮助。犯罪嫌疑人自愿认罪认罚的，辩护律师应当对刑事诉讼法第一百七十三条第二款规定的事项提出意见。"现实中由于值班律师已经"见证人化"，不少值班律师既不阅卷又不会见，何以可能提出意见？因此，可由辩护律师就定罪、量刑等实体性事项向检察机关提出意见。但是，值班律师并未完全退出审查起诉阶段的法律帮助工作。考虑到犯罪嫌疑人认罪认罚大多是在审查起诉阶段，而这类案件适用速裁程序、简易程序较多。因此，值班律师的法律帮助仍有必要。此外，辩护律师介入往往需要一定时间，为了避免出现律师帮助的"空窗期"，值班律师仍有必要在辩护律师介入前为犯罪嫌疑人提供法律帮助。

---

① 《全省首次！泰州市检察院试点审查起诉阶段律师辩护全覆盖》，《江苏法治报》2021年10月15日，第1版。

由于值班律师和辩护全覆盖律师均属于法律援助律师，检察机关不应重复指派。审查起诉阶段律师辩护全覆盖后，将大大减轻值班律师工作压力，部分值班律师可以转任为全覆盖辩护律师，这在一定程度上实现了值班律师的"辩护人化"。为了维持犯罪嫌疑人与律师之间的信赖关系，可让先前提供法律帮助的值班律师转为犯罪嫌疑人的辩护律师。原因在于：一是值班律师前期可能已经会见了犯罪嫌疑人，对案情较为熟悉，能够避免辩护律师重新介入后的重复劳动；二是没有信任关系，就不可能有有效辩护。当然，是否能够转为辩护律师需要征得犯罪嫌疑人的同意和认可。

无论是《办法》还是《意见》均要求全覆盖中律师的参与，即实行"强制辩护"制度。对此，笔者认为是合理的，律师的有效参与是矫正控辩不平衡导致"以强凌弱"的重要制度保障。从其他国家或地区的情况来看也是如此。例如，我国台湾地区2004年修订"刑事诉讼法"，在增订"协商程序"编时反对被告得放弃受律师协助之权利。盖无辩护人之被告多属社会之弱势、边缘、愚、贫之类，极有可能作出不智、仓促或被诱导之决定，而无知地放弃受律师协助之权利，进而放弃宪法审判等多项权利而认罪，即令被告明示无辩护人仍愿进行协商者，法院仍必须为其指定辩护人。[①] 法国立法者在借鉴美国辩诉交易制度建立庭前认罪答辩程序时，认识到律师参与的必要性和重要性，为了防止检察官利用辩诉交易强迫被告人作出有罪答辩并防止无罪的被告人违心认罪，确立了较为完善的律师参与机制。《法国刑事诉讼法典》第495-8条第4款规定："（在庭前认罪答辩程序中）被告不得放弃律师协助权。"律师应在程序的任何阶段现场为被告提供咨询和帮助。[②]

---

① 参见王兆鹏《新刑诉·新思维》，中国检察出版社，2016，第142页。
② 参见施鹏鹏《法律改革，走向新的程序平衡？》，中国政法大学出版社，2013，第158页。

四 区分认罪认罚案件与非认罪认罚案件和律师实际付出的劳动量支付补贴费用

(一) 区分认罪认罚案件与非认罪认罚案件

被追诉人认罪认罚案件，律师的辩护空间较小，工作量较小，辩护效果有限，且适用速裁程序、简易程序者居多。非认罪认罚案件，通常在证据和法律适用上存在争议，律师需要多次会见当事人，反复阅卷，甚至需要调查取证，庭审时间一般较长，因此其付出的工作量较大，理应获得不同于为认罪认罚案件辩护的较高补贴。由于两类案件性质的不同，律师为辩护所花费的时间不同，实行办案补贴的差别化对待符合公平正义原则。2022 年 10 月 21 日出台的《S 省法律援助补贴办法》区分了值班律师提供法律帮助和辩护律师提供"辩护"的两种劳动量，并区别发放补贴。该办法从办案、法律帮助、法律咨询等不同工作阶段合理细分补贴标准，建立了与服务质量挂钩的差别补贴制度，使得律师、法律工作者等在办理案件过程中能够得到公平公正的经济补偿，进一步提高了法律援助工作的专业化水平和质量。

(二) 根据律师实际付出的劳动量在发放补贴时区别对待

同样是刑事辩护全覆盖案件，有的案件系涉黑涉恶案件，有的案件系共同犯罪案件，有的案件虽非前两种类型，但是属于疑难、复杂案件，特别是在被追诉人不认罪的情况下，为了实现有效辩护，辩护律师工作量更大。例如涉黑涉恶案件，庭审动辄需要一周甚至数十天，律师的住宿费、生活费是一笔不小的开支，有限的办案补贴难以支付上述费用，有时需要律师"自掏腰包"。为此，区别对待案件情况和律师为辩护所付出的劳动，从而制定精准化和科学化的补贴标准，不但能够提高律师办案的积极性，也有助于实现办案补贴的公平、公正发放。《意见》第 26 条也规定："……司法行政机关应当根据案件难易和参与案件程度，合理确定法律援助补贴标准，推行办案补贴与服务质量挂钩的差别补贴机制，提高法律援助经费使用效率。"《办法》第8条第2款规定："司法行政机关协调财政部门根据律师承办刑事案件成本、基本劳务费用、服务质量、案件难易程度等因素，合理确定、适当提高办案补贴标准并及时足额支付。"

为了使发放补贴有依据，辩护律师应注意收集、固定办案活动的记录。例如，多次会见的，应提交每一次会见笔录；又如，对庭审进行多日的案件，辩护律师每一次均应制作庭审笔录；再如，如果律师进行了调查取证，也应提供录音录像资料或者调查取证笔录复印件。

至于诉讼结果，虽然并非补贴发放的决定性依据，但是诉讼结果是当事人最为关心的事项。可考虑建立诉讼结果或者辩护效果的奖励机制，而奖金最直观，多少不重要。结果好不是辩护人一己之力与结果好该不该奖励是两回事。一个令当事人满意的结果，可能是一个专业能力强、职业素养高的司法官依法而为的结果，也可能是辩护人勤勉敬业、尽职尽责的结果。完全不考虑结果，未必合理。一个结果良好的辩护，往往能赢得当事人较好的评价。不可否认，"决定一个刑事案件裁判结果的因素也有很多很多，如法庭是否具有独立裁判权、法官是否具有预断或偏见、案件事实是否有足够的证据加以支持、侦查机关是否依法收集证据、公诉机关是否依法履行职责，等等，这些因素都会对法院的裁判产生影响"。[1]

在目前司法环境尚有待改善的情况下，诉讼结果受制于多种因素。因此，不能完全以结果为导向，而应将过程作为衡量判断律师工作的主要标准。结果是评判案件质量的参考因素之一，但非决定因素，衡量评价案件应以过程为主、结果为辅。

五　尽可能指定同一律师担任不同诉讼阶段的辩护人

法律援助实践中，在不同的诉讼阶段很多时候法律援助机构指派不

---

[1]　陈瑞华：《有效辩护问题的再思考》，《当代法学》2017年第6期。

同的律师参与辩护，导致新介入律师需重新熟悉案情，且因与被追诉人不熟悉，辩护效果不佳。为此，法律援助机构应尽可能指派一开始参与辩护或者提供法律帮助的辩护律师或者值班律师"一辩到底"。可以说，当事人对律师的信任，才是有效辩护实现的前提。"没有当事人对律师的信赖，律师了解的案件信息必定不全面甚至会受到当事人的误导，在此种情况下，律师难以提出可以为当事人接受的合理建议。律师与当事人之间必须建立信任关系，这是有效辩护的前提。一些国家的律师规则甚至规定，当这种信任关系不存在时，律师可以终止辩护。"[①] 在被追诉人看来，作为法律援助律师的"政府律师"可能也是"政府官员"（法律援助机构的律师其实就是政府官员），不是帮助自己"说话"，而是政府的"代言人"，双方之间的信任关系难以确立。虽然信任关系不是有效辩护的充分条件，但绝对是一项必要条件。[②] "如果委托人对律师已经丧失了信任，再允许将这种关系勉强维持下去无疑会损害委托人的利益。"[③] 在调研中，据法院刑庭法官反映，二审中法律援助机构指派的律师并非一审程序中的律师，导致二审律师需要重新阅卷、会见以熟悉案情，这不仅降低了诉讼效率，造成了重复劳动，也影响了辩护效果。

虽然通知辩护的律师并非自己所选任的律师，但是法律援助机构应尽可能促使受援人与律师之间培养和建立信任关系。而指派同一律师参与，则是培养信任关系的重要方面。如果我们一方面提出要提高刑事法律援助案件质量，另一方面又指派不同的律师办理同一个案件，则辩护质量永远无法提高。一个人面对熟悉的人和不熟悉的人的态度不可能一样。熟悉的人之间更容易敞开心扉，吐露真言，而建立在真实基础上的辩护，更容易为司法官所接受。例如，一位射杀了其丈夫的妇女，之后否认自己实施了射杀行为，她不太愿意告诉律师她的丈夫当时正在用一

---

① 韩旭：《刑事辩护的制度与技术》，中国政法大学出版社，2022，第107页。
② 参见韩旭《自行辩护问题研究》，《当代法学》2021年第1期。
③ 王进喜：《美国律师职业行为规则理论与实践》，中国人民公安大学出版社，2005，第134页。

把匕首攻击她，她认为这样说会证实自己确实朝丈夫射击了，然而她并没有意识到她这样做其实是正当防卫，从而可以免于谋杀罪的指控。①

从调动律师办理全覆盖辩护案件积极性角度论，可以实现"投入—产出"的效益最大化，一次阅卷可以为全程参与奠定基础。由于办理法律援助案件的补贴是按诉讼阶段划分的，一个诉讼阶段的工作可以为其他诉讼阶段的参与创造条件，从而减少其他诉讼阶段的劳动，这可以最大限度提高其工作积极性，增强其责任感，在当下律师办理刑事法律援助案件动力不足、积极性不高的情况下，不啻为可行、有效的方法。

法律援助律师不像委托律师一样，"受人之托，忠人之事"。实证研究表明，法律援助律师的辩护质量一般低于委托律师辩护。因此，全覆盖后也应更加重视法律援助律师的辩护质量问题。而由同一位律师自始至终参与诉讼进行辩护，更容易使律师取得被追诉人的信任，也是提高辩护质量的重要方面。

检察机关和人民法院应当将没有委托辩护和通知辩护的案件作为辩护全覆盖的重点。对此，由于起诉意见书和起诉书均不显示犯罪嫌疑人是否委托律师或者由法律援助机构指派辩护，办案人员可以通过提讯被追诉人获知。法律援助机构一般应当指派前一阶段参与诉讼的律师提供辩护。人民检察院、人民法院可以提出建议名单。

六　明确应当由律师辩护的案件未指定律师辩护的法律后果

历史反复证明，没有设定对公权力违反程序义务的不利后果，就不能对公权力进行有效制约。辩护全覆盖作为法律规则，由假定、处理和制裁三部分构成，制裁是指出行为要承担的法律后果部分。全覆盖作为被追诉人的一项权利规则，需要作为国家的义务人一定的作为，系一项义务性规则，而义务性规则具有强制性，对于不履行义务性规则的主体，

---

① 参见〔美〕戴维·鲁本《律师与正义——一个伦理学研究》，戴锐译，中国政法大学出版社，2010，第175页。

法律会作出否定性反应。①《办法》制定时，制定者已经注意到这一问题，因此《办法》第 11 条规定："第二审人民法院发现第一审人民法院未履行通知辩护职责，导致被告人在审判期间未获得律师辩护的，应当认定符合刑事诉讼法第二百二十七条第三项规定的情形，裁定撤销原判，发回原审人民法院重新审判。"《办法》第 12 条规定："人民法院未履行通知辩护职责，或者法律援助机构未履行指派律师等职责，导致被告人审判期间未获得律师辩护的，依法追究有关人员责任。"遗憾的是，《意见》中并没有违反通知和指派义务的不利后果规定。由于缺乏有力的程序保障，如果检察官和法律援助机构工作人员违反全覆盖规定，办案机关将难以承担不利的程序后果。《法律援助法》第 61 条对法律援助机构及工作人员应提供法律援助而不提供的情形，明确了法律责任，关键是责任追究应落到实处。

有学者已经注意到这一问题，提出采用诉讼行为无效的方式进行制裁。"为了保障刑事案件律师辩护全覆盖目标的实现，有必要立法对不履行或者怠于履行法律援助工作职责的行为进行法律制裁，不但适用于审判程序，还要扩展到审前程序，通过宣告侦查和审查起诉活动无效及追究相关人员责任的方式，督促司法行政机关严格遵守法律，认真履行法定的义务。"② 这一设想虽然美好，但由于我国尚未建立诉讼行为无效制度，该不利后果的承担方式恐难以应用。笔者认为，进行实体性制裁可能较为合适。与程序性制裁相比，实体性制裁更为直接、有力和高效。程序性制裁虽然也可发挥遏制程序违法的作用，但是比较耗时，效率低下。毕竟，"重实体、轻程序"的司法传统非一朝一夕可以改变，被追诉人更看重实体结果。因此，实体性制裁更为有力，对公职人员的程序违法行为具有更好的威慑效果。

既然《意见》规定"可能判处三年以上有期徒刑"的案件才可以适用

① 参见张文显《法理学》，高等教育出版社、北京大学出版社，1999，第 70 页以下。
② 娄秋琴：《实现刑事案件律师辩护全覆盖目标之路径》，《云南社会科学》2020 年第 3 期。

律师辩护全覆盖，那么对于审查起诉阶段未指派律师辩护的案件，法院应当判处被告人三年以下有期徒刑。起诉的检察机关也许对此结果不满而提出抗诉，二审人民法院应予维持一审判决结果。只有将程序违反与实体结果挂钩，才能有效遏制办案人员不作为、滥作为的程序违法行为。《意见》虽是"两高两部"联合制定的，但属于有效解释，在一定意义上是对刑事诉讼法中强制辩护范围的扩大，或称为"普遍辩护"。为了维护《意见》的效力和权威，采用上述不利后果的承担方式确有必要。

有实务部门同志认为，这样做可能会放纵犯罪。例如，一个本该判处三年以上有期徒刑的犯罪分子，因应当通知辩护而没有通知，结果法院仅判处两年有期徒刑。这从结果正义角度看不能被接受，而且可能会造成部分重罪案件的犯罪嫌疑人专门走检察院"后门"，出现检察官故意不通知的情形。对此担忧，笔者认为大可不必。理由是，根据《关于完善人民检察院司法责任制的若干意见》第35条第1项的规定，"认定事实、适用法律出现重大错误，或案件被错误处理的"应当追究检察人员司法责任，并且我国《刑法》第397条规定了滥用职权罪，最高可能判处十年有期徒刑。无论是司法责任还是刑事责任，对检察人员依法履行职务都是一种威慑。检察官鲜有敢"越雷池一步"者。还有一些学者认为实体性制裁过于严厉，并不一定可行。[①] 笔者认为，不动用实体性制裁，不足以督促检察官依"法"履行通知义务。只有运用这一有力的制裁方式才能遏制程序违"法"行为，被追诉人的宪法性权利——辩护权才能得到保障。

我们尚需注意《意见》实施后对司法行为的影响。一是会进一步强化法检配合。检察院会在是否通知辩护时征求法院意见——犯罪嫌疑人将来是否会被判处三年以上有期徒刑。二是督促检察机关加大认罪认罚从宽制度的适用力度。因为全覆盖适用条件之一为"本人或其共同犯罪嫌疑人拒不认罪"。这就意味着只要犯罪嫌疑人认罪，就可以免除通知辩

[①]　此观点是学术讨论会议上有学者提出，目前大多数文章重点在于强调程序制裁的可行性。参见李奋飞《通过程序制裁遏制刑事程序违法》，《法学家》2009年第1期，第99~101页。

护的义务。与其忙于通知辩护的烦琐程序，不如花费时间说服犯罪嫌疑人认罪认罚。由此可能促进认罪认罚从宽制度适用率的提升。当然，这仅是预测，是否如此，尚有待实践检验。

为了督促检察机关履行保障全覆盖辩护律师权利的义务，可以通过程序性制裁促使其恪守客观义务。对于依据《意见》应当通知辩护而检察机关未履行通知辩护义务的案件，法院在审查后可以拒绝受理该案，由检察机关重新通知律师提出辩护意见后，再向法院提起公诉。对于律师严重不负责任、辩护达不到一般公认标准的，或者经事后评价为质量"不合格"的案件，可以对指派律师进行通报批评或者强制其进行培训，费用由自己承担。或者建立"黑名单"制度，取消该律师办理全覆盖案件的资格。对此，笔者认为，法律援助系律师的一项义务，如果通过退出机制使其不再办理法律援助案件，无疑免除了该律师应尽的义务，这也许正合其意。因此，不宜建立退出机制，取消其办理刑事法律援助业务的资格。除此之外，可以考虑追回已经支付的办案补贴。

七　辩护全覆盖至侦查阶段乃大势所趋

《意见》将全覆盖提前至审查起诉阶段后，学界思考的问题是下一步是否应当覆盖至侦查阶段。对此，在"第十六届尚权刑事辩护论坛"上，中国人民大学的陈卫东教授和中国政法大学的熊秋红教授均提出刑事案件律师辩护全覆盖应当提前至侦查阶段。[①] 对此，笔者予以认同。理由有以下几点。一是侦查阶段是控辩对抗最激烈的阶段，犯罪嫌疑人的权利最容易遭受来自公权力的侵害。例如，非法讯问、非法搜查、扣押等。审前阶段是获取证据、了解案情的关键期，也是刑讯逼供、超期羁押的频发期。犯罪嫌疑人在审前可能会经受长期羁押，律师代理申诉、控告、

---

① 参见《中国人民大学法学院教授陈卫东：应推进侦查阶段律师辩护全覆盖》，"新京报"百家号，https://baijiahao.baidu.com/s? id = 1748832115962126949&wfr = spider&for = pc，最后访问日期：2022 年 11 月 14 日。参见《熊秋红：新时代刑事辩护的新形势与新趋势》，法制网，http://www.legaldaily.com.cn/lszt/content/2022 - 11/08/content _ 8797581.html，最后访问日期：2022 年 11 月 14 日。

申请变更强制措施等帮助对犯罪嫌疑人意义重大。① 党的二十大报告中提出"坚持走中国人权发展道路，积极参与全球人权治理，推动人权事业全面发展"，使"人权得到更好保障"。刑事辩护是刑事司法中保障人权最为重要的方式。② 二是辩护人的职责所决定。我国《刑事诉讼法》第37 条规定："辩护人的责任是根据事实和法律，提出犯罪嫌疑人、被告人无罪、罪轻或者减轻、免除其刑事责任的材料和意见，维护犯罪嫌疑人、被告人的诉讼权利和其他合法权益。"可见，维护被追诉人的诉讼权利是辩护人的职责之一。而侦查阶段的诉讼权利，最需要辩护律师去捍卫。全覆盖的旨意就在于加强对被追诉人权益的保障，制度设计应当围绕全覆盖的宗旨进行。三是侦查阶段是辩护律师大显身手的"黄金救援期"。所谓"黄金救援期"，是指犯罪嫌疑人被批准逮捕之前的时间，辩护律师可以在此期间向办案机关提出对嫌疑人有利的意见，使办案机关变更为取保候审强制措施或者不予批准逮捕，从而将嫌疑人从被羁押状态中解脱出来。根据《刑事诉讼法》的规定，一个人被刑事拘留到被批准逮捕，最长时间为 37 天，所以这 37 天的时间被称为"黄金救援期"。③ 很多案件是否能够使犯罪嫌疑人脱罪、恢复人身自由，决胜期不在于庭审交锋，而在于审前阶段的辩护。④ "如果侦查机关在侦查过程中存在违法立案、刑讯逼供、非法取证等行为，律师还可以在审前阶段代被追诉人进行申诉、控告，或者通过行使自身的辩护权以引发程序性裁判。"⑤ 实现普遍辩护应当重视"黄金救援期"，重视审查批准逮捕阶段和审查起诉阶段律师辩护的作用。⑥ 日本学者认为：侦查阶段辩护具有必要性。辩护人需要开展以下工作：第一，犯罪嫌疑人被羁押时，辩护人为他提供咨询，消

---

① 参见丰叶《有效辩护视阈下普遍辩护的实现路径研究》，《学术探索》2020 年第 7 期。

② 《熊秋红：新时代刑事辩护的新形势与新趋势》，法制网，http://www.legaldaily.com.cn/ lszt/content/2022-11/08/content_ 8797581. html，最后访问日期：2022 年 11 月 14 日。

③ 参见杨矿生《刑辩实战：练就办案高手的细节与技能》，法律出版社，2022，第 130 页。

④ 朱梦妮：《证据辩护理论、制度与实践》，中国法制出版社，2017。

⑤ 詹建红：《刑事案件律师辩护全覆盖的实现模式》，《中国刑事法杂志》2022 年第 4 期。

⑥ 参见丰叶《有效辩护视阈下普遍辩护的实现路径研究》，《学术探索》2020 年第 7 期。

除羁押状态产生的不安，并且提供来自家庭等外界的信息，缓解他的孤立感；第二，从犯罪嫌疑人所处的立场出发，向其解释诉讼程序等法律知识，特别是在犯罪嫌疑人接受讯问时，告知其沉默权等各项权利；第三，监督侦查机关的侦查是否正当，如果发现违法，可以提出申诉；第四，收集有利于犯罪嫌疑人的证据，或请求证据保全；第五，创造有利于犯罪嫌疑人回归社会的条件，例如，与被害人进行和解交涉，向检察官提供不起诉的资料等。通过这些活动，辩护人在侦查辩护中发挥提供信息功能、代理功能、保护功能和援助功能。基于此，日本《刑事诉讼法》2016 年修改时，规定对于"被签发逮捕证"的犯罪嫌疑人、"被逮捕的犯罪嫌疑人"等所有案件都可以指定国选辩护人，较好地保障了犯罪嫌疑人在侦查阶段的辩护权利。① 四是无论学者还是司法实务部门的同志，均认为应当在侦查阶段实行律师辩护全覆盖。对于"非认罪类案件，只能适用普通程序，这部分案件由于不认罪涉及事实认定，因此建议侦查和审查起诉阶段就应纳入法律援助的范围，并应采用通知辩护的方式"。② 据统计，2001～2018 年我国公诉案件的无罪判决率仅为 0.041%。③ 这说明律师在审前程序中并未能发挥作用。不仅如此，律师在侦查阶段参与率较低。在侦查阶段，只有 30% 左右的犯罪嫌疑人聘请律师，其中只有 10% 的受聘律师到侦查机关了解案件有关情况。④ 五是无论是国际司法文件还是域外法治国家均将法律援助覆盖至侦查阶段。《联合国关于在刑事司法系统中获得法律援助机会的原则和准则》第 8 条规定："法律援助"一词包括向被拘留者、被逮捕者或被监禁者、涉嫌或被控告或被指控刑事犯罪者以及刑事司法程序中的受害人和证人提供法律

---

① 参见〔日〕田口守一《刑事诉讼法》（第七版），张凌、于秀峰译，法律出版社。2019，第 176 页以下。

② 陈凯等：《刑事案件律师辩护全覆盖的实践和思考——以杭州市为例》，《中国司法》2018 年第 11 期。

③ 《中国无罪判决率的"门道"｜ 20 年数据盘点｜数说司法》，"数说司法"搜狐号，https://www.sohu.com/a/301078625_652400，最后访问日期：2022 年 11 月 20 日。

④ 参见张伯晋《合力构建新型侦辩关系：对抗、平衡、制约》，《检察日报》2013 年 7 月 4 日，第 3 版。

咨询、援助和诉讼代理。对于没有足够的经济手段且其司法利益有此需要时将免费提供。① 联合国《关于律师作用的基本原则》第 6 条规定："任何没有律师的人在司法需要情况下均有权获得按犯罪性质指派给他的一名有经验和能力的律师以便得到有效的法律协助，如果他无足够力量为此种服务支付费用，可不交费。"在法国刑事诉讼中，如果犯罪嫌疑人、被告人没有委托辩护人，警察、检察官、法官等就必须为其指定辩护人。根据美国《联邦刑事诉讼规则》第 11 条 c 款的规定，在刑事诉讼的每个阶段，被告人都有权得到律师的辩护，如果被告人没有聘请律师，法庭将会为被告人指定一名辩护律师。② 在德国，如果被告人被指控犯有重罪或者案件事实和法律适用相当复杂，即使在提起公诉之前，法官也可根据检察官的申请指定辩护人，法官有责任予以批准。《欧洲人权公约》第 6 条第 3c 款也有类似规定。③ 六是随着我国刑事司法文明程度的进步，人权保障水平的提高，刑事辩护也应全覆盖至侦查阶段，因为侦查阶段是犯罪嫌疑人权利最容易被侵犯的阶段，律师介入本身即对侦查权的监督制约，能够促使侦查主体依法规范行使权力。

解决了侦查阶段法律援助辩护律师的介入问题后，随之而来的是辩护律师何时介入的问题。实践中，有人主张待犯罪嫌疑人被逮捕之后再允许辩护律师介入。问题是，在"少捕慎诉慎押"刑事司法政策的影响下，逮捕率将有所下降，不少被追诉人在刑事诉讼过程中根本不会被逮捕，这部分人也许会被判处三年以上有期徒刑，以此标准，他们将不可能获得法律援助辩护律师的帮助。因此，这一思路不具有可行性。笔者认为，自犯罪嫌疑人被采取强制措施或者第一次被讯问之日起，即应通知律师介入，理由如下。一是遵循《刑事诉讼法》规定。2018 年《刑事

① 《关于在刑事司法系统中获得法律援助机会的原则和准则》，中国政法大学国家法律援助研究院官网，https://legalaid.cupl.edu.cn/info/1083/1243.htm，最后访问日期：2022 年 11 月 20 日。
② 参见周玉华《刑事辩护全覆盖制度应然状态及其实现途径》，《中国刑事法杂志》2021 年第 6 期。
③ 参见〔德〕托马斯·魏根特《德国刑事诉讼程序》，岳礼玲、温小洁译，中国政法大学出版社，2004，第 57 页以下。

诉讼法》第 34 条第 1 款规定："犯罪嫌疑人自被侦查机关第一次讯问或者采取强制措施之日起，有权委托辩护人；在侦查期间，只能委托律师作为辩护人。被告人有权随时委托辩护人。"既然都是辩护律师，何必区别对待委托律师与法律援助律师参与诉讼的时间？二者应实行同等待遇。二是辩护律师介入越早，越能发挥辩护的作用，犯罪嫌疑人的诉讼权利和合法利益更容易得到保障，辩护效果越好。三是案件中的证据，随着时间的流逝，可能会毁损、灭失，证人的记忆也会变得模糊，辩护律师及早介入，可以进行必要的调查取证和证据保全，以为后续提出辩护意见之用。四是侦查机关第一次讯问或者采取强制措施是立案后最初的侦查行为。2018 年《刑事诉讼法》第 86 条规定："公安机关对被拘留的人，应当在拘留后的二十四小时以内进行讯问。在发现不应当拘留的时候，必须立即释放，发给释放证明。"刑事拘留强制措施的适用和讯问一般是将一个普通公民识别为"犯罪嫌疑人"的标志，且是刑事诉讼启动的大致起点。没有此标志，辩护律师介入诉讼将变得困难。辩护律师帮助的只能是进入诉讼的被追诉人，而不可能是普通公民。

有公安人员担忧侦查阶段律师辩护全覆盖会引诱、教唆犯罪嫌疑人翻供，从而影响侦查犯罪的效益。但是，法律援助辩护律师毕竟具有一定的职业道德，且补贴标准较低，不可能为区区的补贴费用冒着自己的自由、执业利益受损害的风险而从事违法行为。公安人员的担忧大可不必。

法律援助辩护律师介入后能做什么的问题，也存在一定的争议。有学者主张赋予法律援助值班律师以讯问时的在场权。对此，公安机关的同志大多持反对意见。理由是共同犯罪案件中，律师可能会将其他犯罪嫌疑人的在逃信息透露给该嫌疑人，导致其避重就轻、推卸责任。在律师职业伦理有待提高的情况下，案件信息需要保密。由于值班律师制度的运行成本较高，在讯问次数多、讯问时间长的案件中更是如此。在律师在场权确立之前，可以考虑将全程同步录音录像作为替代措施。鉴于学界与侦查机关之间存在较大争议，这一制度在刑事司法中确立可能需要一定的时日。有学者主张，赋予辩护律师阅卷权。问题是，侦查尚未结束，证据也未完全固定，卷宗尚未装订，何来"卷"可阅？与其说阅卷权，不如说信息知悉权。例如，辩护律师可以查阅、摘抄、复制技术性鉴定材料、物证、书证等稳定性较强的证据。刑事诉讼必须考虑人权保障与追诉犯罪利益之间的平衡。此外，法律援助律师在侦查阶段还可以向侦查人员了解案件情况，会见犯罪嫌疑人，在犯罪嫌疑人合法利益被侵犯时代理申诉、控告，申请进行羁押必要性审查等。

侦查阶段律师辩护全覆盖是未来刑事法律援助制度的发展方向。待审查起诉阶段律师辩护全覆盖实施一段时间，积累经验后，再循序渐进提前至侦查阶段。侦查阶段律师辩护全覆盖不可能一蹴而就，需要注意介入"度"的把握，有所为有所不为。律师在场权是在我国人权保障水平发展到一定阶段和辩护制度成熟发展的必然结果，但是新制度的建立不能不考虑我国社会发展的阶段和法治进程。基于此，在场权近期可能属于辩护律师"有所不为"的事项。即便未来赋予法律援助值班律师在场权，也应当注意配套制度的完善。例如，签订保密协议，以保守案件机密；又如，值班律师24小时常驻看守所和侦查机关制度的建立、律师记录和录音录像权的赋予；再如，值班律师补贴标准的提高；等等。没有这些配套措施的跟进，单单靠确立一个在场权，制度的效果可能会大打折扣。

律师辩护全覆盖至侦查阶段后，侦查机关应保障辩护律师诉讼权利的行使。一项调查研究显示：律师普遍反映他们向侦查机关了解案情非常困难。《刑事诉讼法》虽然要求公安、检察机关在办案过程中应认真听取辩护律师的意见，做到兼听则明，但无论是侦查期间还是审查起诉环节，抑或是审查批捕过程中，公安、检察人员一般都不会主动听取辩护律师意见，即便在律师提出要求时，办案人员通常也不会当面听取意见，而是采取变通方式，要求律师提交书面意见来代替当面的口头陈述。对此，应当通过程序性制裁机制保障侦查机关履行法定义务。对于依法应当介绍案情和听取律师辩护意见而予以拒绝和未予以听取的案件，应明确规定侦查机关不得作出移送审查起诉的决定。[①]

在侦查阶段律师辩护全覆盖实施前，可以通过以下四个方面强化律师辩护权。一是保障辩护律师向侦查人员了解案件信息的权利，即知情权。二是保障辩护律师享有有限的调查取证权，对犯罪嫌疑人不在犯罪现场、未达到法定刑事责任年龄、属于依法不负刑事责任的精神病人的证据材料可以收集，并及时提交侦查机关。三是侦查机关应该常态化地听取辩护律师意见，并且是以口头方式听取。在检察机关进行审查逮捕、羁押必要性审查以及决定犯罪嫌疑人是否应采取刑事拘留的过程中，检察机关和侦查机关应当听取辩护律师意见，并作出回应。四是保障律师会见权的实现。会见权乃辩护权行使的基础。在新冠疫情防控背景下，律师"会见难"问题比较突出，律师普遍反映到看守所会见当事人异常困难。看守所随意剥夺和限制律师会见的现象比较普遍。对此，看守所应充分认识到辩护权乃被追诉人的宪法性权利，不得随意限制行使。公权力机关应恪守"没有法律、行政法规、地方性法规的依据……不得……减损公民、法人和其他组织权利"的《立法法》规定，以法治思维和法治方式行使权力，坚持"法无授权不得为"的公权行使原则。

如果辩护全覆盖提前至侦查阶段，需要在未来《刑事诉讼法》修改时将"获得辩护"作为刑事诉讼法的基本原则。所谓基本原则，是指"法律所规定的贯穿于整个刑事诉讼过程或主要诉讼阶段，对刑事诉讼的进行具有普遍指导意义，为国家专门机关和诉讼参与人进行或参与刑事诉讼必须遵循的基本行为准则"。[②] 既然是一项基本原则，那么侦查作为刑事诉讼的主要阶段，必然要求有律师参与。这是"全覆盖"至侦查阶段的基本原理。

八　应当给予法律援助机构执业律师以办案补贴

据调研，自 2019 年司法部与财政部联合发文不再给予法律援助机构

---

① 参见韩旭《新〈刑事诉讼法〉实施以来律师辩护难问题实证研究——以 S 省为例的分析》，《法学论坛》2015 年第 3 期。

② 王敏远主编《刑事诉讼法》，社会科学文献出版社，2005，第 47 页。

专职律师以办案补贴后，不少地方的法律援助机构律师便不再办理刑事法律援助案件，刑事案件律师辩护全覆盖的任务完全由社会律师承担，由此造成律师辩护全覆盖人力资源的浪费和闲置。作为理性人、经济人的法律援助机构律师由于办案没有补贴，他们便不再办理全覆盖案件，似可理解。法律援助机构受指派从事刑事辩护的律师与社会律师从事的工作一样，在享受的经济待遇上则完全不同，这有违公平公正原则。尽管法律援助机构的律师系参公的事业编制人员，并领取月薪，但是可以考虑在扣除工资后发放补贴，也可以报销其办案的实际支出。省市一级法律援助机构由于拥有对下指导功能，具有一定的行政管理权能，其所属律师办理法律援助案件，下级法律援助机构或者司法局可能会予以接待，取消补贴发放对其影响并不明显。但是区县一级法律援助机构律师办案时没有补贴，则直接影响其工作积极性。

"同工同酬"是补贴发放的基本原则。为了充分调动法律援助机构律师办理全覆盖案件的积极性，可以考虑法律援助专职律师按照办案的实际支出予以报销，如此可提高该类律师办理全覆盖案件的积极性。由于补贴收入与办理的案件数量挂钩，必将激励其办理更多的全覆盖案件。同时，还可考虑该类律师在优先办理法律援助案件的前提下，若有闲暇时间，可以接受社会委托，办理刑事辩护案件，从而解决我国律师资源不足的问题。未来的法律援助机构，应当以办理援助案件为其基本职能，而行使行政管理职能应当逐步弱化。

考虑到法律援助机构律师不能与社会律师一样可以市场化方式接受社会委托，收入也相对较高，建议制定法律援助机构律师有别于社会律师的补贴标准，该标准可以适当高于社会律师补贴标准，毕竟，社会律师可以通过办理委托案件的收入改变法律援助案件补贴低的窘境。法律援助机构律师如果每个月办理案件较少，其所获补贴可能还不抵工资收入。如此一来，一些人宁愿领取工资报酬而不愿办理全覆盖案件。补贴标准的区别对待，看似形式不公，实则体现了实质公正。要充分考虑到法律援助机构工作人员的身份、来源和收入等不同于社会律师之处。

九 律师资源跨区域调配的实现

"推进律师辩护全覆盖试点工作,重在有充足的律师资源和经费保障。"[1] 我国当前面临发展不平衡、不充分的矛盾,律师资源的分布也是如此。刑事案件律师辩护全覆盖试点的实施,虽然可提高律师参与辩护的比例,但是律师资源不均衡、"量大质弱"的问题依旧存在。[2] 在我国经济比较发达的大中城市集中了本区域80%以上的律师,而一些老少边穷地区,律师事务所和律师数量均较少,难以满足律师辩护全覆盖的需求。据笔者近期对 S 省 J 县的调研,该县有 60 多万人口,仅有 15 名(2022 年新增加 2 名)律师,而能够从事刑事辩护业务的律师不足 10 人。据 S 省法律援助中心提供的数据:该省有 57 个律师资源不足的县(市、区)律师年均法律援助案件办案量超过 20 件。其中,有 28 个律师资源不足的县(市、区)律师年均法律援助案件办案量超过 30 件。即便是在经济较为发达的杭州市,律师资源分布不均衡的问题依然存在。"杭州全市有 7000 余名律师,其中社会律师(除公职律师、援助律师、公司律师外)6804 名,但分布很不均匀,如桐庐、建德、淳安,都仅有几十名律师,特别是淳安县仅有 26 名社会律师。"[3] 律师资源分布的不均衡直接制约了律师辩护全覆盖工作的开展。

律师辩护全覆盖给资源稀缺地区的律师群体带来繁重负担,这是律师辩护全覆盖后面临的最大问题。《意见》已经注意到该问题,《意见》第 25 条提出:"解决律师资源不足问题。建立健全法律服务资源依法跨区域流动机制,鼓励和支持律师事务所、律师等到律师资源严重不足的地区服务。建立完善律师资源动态调配机制,律师资源不平衡问题突出

---

[1] 熊秋红:《审查起诉阶段实行律师辩护全覆盖势在必行》,新浪新闻,https://news.sina.com.cn/c/2022-10-27/doc-imqqsmrp3949958.shtml,最后访问日期:2022 年 11 月 16 日。

[2] 参见韩旭:《自行辩护问题研究》,《当代法学》2021 年第 1 期。

[3] 陈凯等:《刑事案件律师辩护全覆盖的实践和思考——以杭州市为例》,《中国司法》2018 年第 11 期。

的地方以省级司法行政机关为主统筹调配，其他地方原则上以地市司法行政机关为主统筹调配，采取对口支援等方式提高法律援助服务能力。引导和规范法律援助机构具有律师资格或者法律职业资格的工作人员、具有律师执业证书的法律援助志愿者参与刑事法律援助工作，深入挖掘刑事法律援助人员潜力，进一步充实队伍力量……"律师的跨区域流动是解决律师资源分布不均的必要举措。

为了鼓励律师跨区域流动，可考虑采取以下措施。一是律师资源匮乏地区应建立跨区域流动律师库，对全覆盖案件法律援助机构可在律师库中指派律师参与。杭州市在全市范围内做好律师资源统筹，以杭州市法律援助志愿律师资源库为基础，甄选一批符合条件、有异地办案意愿的律师，集中办理此类案件。由有需要的区、县（市）法律援助中心直接从库中指派，形成便捷、高效的异地协助机制。通过建立长效机制，有效解决律师资源不平衡问题。① 二是对跨区域流动办案的律师，由来源地和办案地的法律援助机构给予双倍的经费补贴。援助律师跨县（市）办案，会另有一部分额外补贴。"如市本级法援中心指派主城区律师到桐庐、淳安、建德三地，能额外享受 500 元的跨地区补贴。"② 三是鼓励当地退休的法官、检察官从事辩护全覆盖业务。这些人员专业素养好，办案经验丰富，应当充分利用，发挥其"余热"。四是驻地级市的律师事务所与当地法律援助中心合作，轮流选派律师到律师资源比较稀缺的县市工作一年，并由律师事务所给予一定的补贴。五是法律援助机构尽可能指派取得律师执业证书不久的年轻律师跨区域流动办案。因为这类律师案源较少、热情较高，精力和体力均较旺盛，完全能够胜任出差办案的需要，且通过对辩护全覆盖案件的辩护可以增长知识、积累经验、提升技能。六是借鉴美国的公设辩护人制度，在律师资源较少的地区设立公

① 参见陈凯等《刑事案件律师辩护全覆盖的实践和思考——以杭州市为例》，《中国司法》2018 年第 11 期。
② 陈凯等：《刑事案件律师辩护全覆盖的实践和思考——以杭州市为例》，《中国司法》2018 年第 11 期。

· 128 ·

设辩护人办公室，专门向没有律师的被追诉人提供辩护。当前"公设辩护人制度在世界范围内得到广泛采用，如美国刑事法律援助主要通过该制度实施"。[①] 例如，美国新泽西州公设辩护人承担了全州80%刑事案件的辩护任务。[②] 七是除死刑案件的辩护需要有执业经历3年以上的要求外，其他案件所指定的辩护律师不应有执业年限要求。如果一概要求执业年限3年以上，很多愿意做法律援助案件的律师无法参与。事实上，执业较久的律师通常案源较多，不愿办理低收入的法律援助案件，而新执业的年轻律师案源较少，有时间和精力办理法律援助案件，且他们具有工作热情。因此，办理辩护全覆盖案件的律师群体主要以青年律师为主。

十 经费保障的多元化筹措

由于律师辩护全覆盖至审查起诉阶段，必然增加法律援助经费投入。律师辩护全覆盖案件法律援助律师补贴较低，难以产生吸引力，也影响了辩护质量的提高，这已经是一个不争事实。笔者近期的一项调研发现：某县给予办理全覆盖案件律师的补贴为侦查、审查起诉阶段仅700元/件，审判阶段800元/件。如此低的补贴难以激发律师办理全覆盖案件的积极性。在一些法治发达国家，法律援助经费在财政支出中的占比一般为0.1%~1%，如英国和荷兰占1%，日本2001年仅刑事法律援助经费占0.08%。[③] 2018年我国刑事法律援助案件办案补贴平均为1090.6元。[④] 2018年全国法律援助经费总额为26.51亿元，全国财政一般公共预算支出为220906亿元，法律援助经费仅占后者的0.012%。发达国家对于法律援助的经费投入一直处于较高水平：英国是世界上法律援助制度最发达

---

① 吴羽：《论刑事法律援助全覆盖》，《中南民族大学学报》（人文社会科学版）2021年第8期。
② 参见吴宏耀、马潇《试论美国公设辩护人制度及其借鉴意义》，载顾永忠主编《刑事法律援助的中国实践与国际视野——刑事法律援助国际研讨会论文集》，北京大学出版社，2013，第371页。
③ 参见陈永生《刑事法律援助的中国问题与域外经验》，《比较法研究》2014年第1期。
④ 李雪莲、夏慧、吴宏耀：《法律援助经费保障制度研究报告》，《中国司法》2019年第10期。

也是经费投入最多的国家，法律援助费用每年以超过 10% 的增幅增长，仅仅 2000~2001 年度的财政拨款就达 17 亿英镑（约 230 亿元人民币），接近当年英国财政支出的 1%。对于法律援助经费在司法系统经费中的比例，发达国家也整体上居于优先地位（见表 1）。

表 1 2016 年欧洲部分国家和地区法律援助经费占司法系统经费的比例

单位:%

国　家	比　例	国　家	比　例
英格兰与威尔士	39.0	荷兰	22.0
挪威	38.0	芬兰	21.2
爱尔兰	35.1	比利时	8.9
苏格兰	34.7	瑞士	8.8
瑞典	28.0	法国	8.3

资料来源：https://rm.coe.int/rapport-avec-couv-18-09-2018-en/16808def9c，转引自李雪莲、夏慧、吴宏耀《法律援助经费保障制度研究报告》，《中国司法》2019 年第 10 期。

在域外，刑事法律援助办案经费一般占整个法律援助经费总额的 90% 以上。[1] 据调研，我国的这一比例在 65% 左右。2014 年全国财政收入已经达到 140370 亿元，但是法律援助财政拨款仅占财政收入的 0.012%，这与世界上其他法治国家的投入相距甚远。有学者估算这一比例仅仅是日本的 1/10，是丹麦的 1/50，是英国、荷兰等国家的 1/100。[2] 欧洲国家人均法律援助经费比例较高（见表 2）。反观我国人均法律援助经费捉襟见肘。2003 年我国法律援助财政拨款为 1.52 亿元，人均法律援助经费仅 0.1 元多。[3] 2018 年我国人均财政拨款为 1.98 元，[4] 即使是经济较为发达的广东省，2021 年人均法律援助经费也仅为 3.01 元。[5]

---

[1] 参见吴羽《论刑事法律援助全覆盖》，《中南民族大学学报》（人文社会科学版）2021 年第 8 期。

[2] 参见陈永生《刑事法律援助的中国问题与域外经验》，《比较法研究》2014 年第 1 期。

[3] 参见《中国人均法援经费一毛多，法律援助待"援助"》，新浪新闻，http://news.sina.com.cn/o/2004-08-31/02413537183s.shtml，最后访问日期：2022 年 8 月 19 日。

[4] 此处人口数量按照第六次全国人口普查数据计算。

[5] 参见《应援尽援，2021 年广东共办理法律援助案件 236716 件》，搜狐网，https://www.sohu.com/a/548473446_120046696，最后访问日期：2022 年 8 月 19 日。

表 2　2016 年欧洲部分国家人均法律援助经费预算

单位：欧元

国家	人均法律援助经费	国家	人均法律援助经费
瑞典	36.21	芬兰	16.24
英格兰和威尔士	31.00	摩纳哥	9.85
苏格兰	29.26	德国	8.23
荷兰	27.42	比利时	7.32
爱尔兰	19.61	法国	5.06
瑞士	19.07	意大利	3.85

资料来源：https：//rm. coe. int/rapport-avec-couv-18-09-2018-en/16808def9c，转引自李雪莲、夏慧、吴宏耀《法律援助经费保障制度研究报告》，《中国司法》2019 年第 10 期。

　　总体而言，我国用于法律援助的经费极其有限。"权利依赖于税。"如此低廉的经费投入难以换得高质量的法律服务。法律援助经费保障问题是法律援助工作面临的最大困难之一。刑事案件律师辩护全覆盖若要取得良好的效果，仅靠财政拨付款项远远不够，应该采取多元化的资金筹措渠道。一是刑事案件律师辩护全覆盖至审查起诉阶段并不会增加财政太多负担，应持续加大财政经费的支持力度。《办法》第 8 条第 3 款规定："有条件的地方可以开展政府购买法律援助服务。"根据张军检察长2022 年所作的工作报告披露的数字：2021 年共提起公诉 1748962 人。[1]最高人民检察院 2022 年 1~9 月办案数字显示：认罪认罚案件占比高达90%以上。[2] 实践中审查起诉阶段辩护律师的补贴为 1000~1200 元，即便按照最高补贴 1200 元计算，不认罪案件辩护全覆盖的经费补贴为1748962×10%×1200＝209875440 元；可能判处三年以上有期徒刑的案件占比 20%，[3] 以此计算，1748962×20%×1200＝419750880 元；"案情重大

---

[1]　徐日丹：《张军作最高人民检察院工作报告》，中华人民共和国最高人民检察院网站，https：//www. spp. gov. cn/spp/lhyrmwzx/202203/t20220308_ 548263. shtml，最后访问日期：2022 年 11 月 20 日。

[2]　参见《2022 年全国检察机关主要办案数据》，中华人民共和国最高人民检察院网站，https：//www. spp. gov. cn/xwfbh/wsfbt/202303/t20230307_ 606553. shtml#1，最后访问日期：2022 年 11 月 20 日。

[3]　韩旭：《轻罪治理与司法路径选择》，《检察日报》2022 年 11 月 2 日。

复杂和具有社会影响的案件"按 10% 计算，该类案件辩护全覆盖的经费投入为 209875440 元。三项合计增加经费大概为 8.39 亿元。这在我国的财政支出中是一笔很小的费用，政府财政完全可以负担得起。值得欣慰的是，《意见》第 26 条明确提出："解决经费保障不足问题。人民法院、人民检察院、公安机关应当配合司法行政机关加强与财政部门沟通协调，共同推动落实法律援助法有关法律援助业务经费保障相关规定，增加法律援助办案经费，动态调整法律援助补贴标准，切实保障办案工作需要。加大中央补助地方法律援助办案专款总量，发挥好中央补助专款的示范导向作用……"期盼《意见》的规定能尽快落到实处。二是采取社会捐助的方式。通过募捐获得一部分资金，用于补充财政拨付经费之不足。捐款主要来自有社会责任感的企业和高收入群体。法律援助本质上具有社会公益性质，应当在法律援助的资金、机构、人员等方面充分发挥社会力量，且通过慈善基金、社会捐助、平台资金募集等方式，增加法律援助经费的总供给。① 从域外情况来看，法律援助资金主要来源于政府拨款和民间捐助，而我国主要依靠财政拨款。具体情况如表 3 所示。

表 3　法律援助经费来源

单位：亿元，%

年份	经费总额	财政拨款	财政拨款占经费总额的比例
2005	2.8	2.6	93.5
2006	3.7	3.3	90.4
2007	5.3	5.2	98.4
2008	6.8	6.7	98.1
2009	7.6	7.5	98.8
2010	10.2	9.6	93.7
2011	12.8	12.6	98.8
2012	14.0	13.9	99.1
2013	16.3	16.1	98.7

① 参见王迎龙《论刑事法律援助的中国模式——刑事辩护"全覆盖"之实现径路》，《中国刑事法杂志》2018 年第 2 期。

年份	经费总额	财政拨款	财政拨款占经费总额的比例
2014	17.1	16.9	98.8
2015	18.8	18.6	—
2016	21.1	20.9	—
2017	23.5	23.4	—
2018	26.5	26.4	99.4
2019	29.8	29.7	—
2020	31.2	31.1	—
2021	34.6	34.4	99.4

资料来源：笔者根据《政府信息公开条例》向司法部申请公开 2015~2021 年度"全国法律援助经费总额"信息并据此制作；2018 年之前的数据由司法部公共法律服务管理局法律援助处提供，转引自樊崇义、施汉生《中国法律援助制度发展报告 No.1》，社会科学文献出版社，2019，第 67~69 页。

在刑事法律援助形式上呈现多元化态势。美国采取公设辩护人、指派律师和合同律师相结合的方式，英国议会 1999 年通过了《接近正义法》，成立了法律服务委员会（Legal Services Commission），赋予该委员会同律师事务所签订合同的权力，从而引入了法律援助合同制度。我国台湾地区形成了公设辩护人制度、"法律扶助基金会"律师扶助与义务辩护律师的"多元并存"格局，相互之间补充合作，充分发挥了法律援助的作用。①

刑事法律援助既然是关乎一个人自由、财产乃至生命的事业，当然是一项"民生工程"，是国家应尽的法律义务，那么政府就应当保障经费的充足。否则，律师从事全覆盖案件辩护的积极性不高，动力不足，也难以保障辩护质量。增加办案经费，动态调整补贴标准是保障全覆盖案件辩护质量的前提。办案补贴主要由两部分构成，一部分是中央转移支付的费用，另一部分是同级财政的配套资金。据调研，市一级财政大多能给予配套，但县级财政往往配套不能或者不及时，因此县级从事全覆

---

① 参见王迎龙《论刑事法律援助的中国模式——刑事辩护"全覆盖"之实现径路》，《中国刑事法杂志》2018 年第 2 期。

盖案件辩护的律师补贴较少。一些省市司法厅（局）经过努力，通过协调财政部门，提高了补贴标准，但这些标准具有一定的区间。基层司法行政机关希望上级机关在制定文件时也能将区间中的最低标准调高，以便于在向当地财政提出申请时有据可循，从而争取到较高的办案补贴，因为地方政府大都执行区间内最低标准。

提升刑事辩护品质的制度进路：
有效辩护抑或无效辩护

揭　萍*

摘　要：有效辩护与无效辩护是理论与实务界对刑事辩护品质的概括性表述，无效辩护是辩护品质的底线，有效辩护是辩护品质的标杆。有效辩护是一个理想问题，难以设置统一、公认、具体的判断标准，制度上确立有效辩护目标，是现代刑事司法公正的必要内容，指引刑事辩护品质的努力方向；无效辩护是保障刑事辩护品质制度建构的主要进路，在辩护品质的基本要求上要做重点设计，保障刑事被指控人的辩护权。刑事辩护制度自产生以来，就需要从数量与质量两个方面统筹推进。自刑事辩护全覆盖全面展开，我国刑事辩护的数量问题之解决得以大幅提速，提升刑事辩护质量的制度建设理应提上议事日程。为此，在制度构建的意义上梳理无效辩护与有效辩护的性质、功能及其关系的基础上，本着保障刑事辩护的基本质量、提升刑事辩护的品质之目标，应构建无效辩护制度，明确刑事辩护品质的最低要求；同时，应重视认罪认罚从宽案件中值班律师的无效法律帮助问题，推动从有效法律帮助走向有效辩护。

关键词：有效辩护；无效辩护；刑事辩护品质

辩护权是宪法权利，是刑事犯罪嫌疑人、被告人的基本权利，辩护

---

* 浙江理工大学教授，法学博士，硕士生导师。

包括自我辩护与辩护人辩护。尽管犯罪嫌疑人、被告人可以自我辩护或委托律师之外的辩护人如其监护人、亲友等为其辩护，但受知识背景、专业技能、羁押环境等因素限制以及法律上对律师之外辩护人辩护权的限制等因素影响，犯罪嫌疑人、被告人辩护权的有效实现主要仰仗由律师提供的辩护，国家为律师辩护权的有效行使也设置了诸多制度保障。因此，人们普遍肯定，律师辩护是现代辩护权最基本、最核心的内容。律师辩护作为被刑事追诉之人辩护权实现的基本形式，是研究辩护制度的基础内容。从这个意义上说，有无律师辩护以及律师辩护的有效与否，是现代刑事辩护制度的基本问题。我国 1979 年制定《刑事诉讼法》之后，每一次修改都涉及扩大律师辩护权的范围与强化律师辩护权的保障，使刑事辩护制度不断发展。随着刑事辩护全覆盖试点工作的全面推开，辩护率严重不足的问题之解决得以提速，而在刑事辩护的数量问题解决在望之时，刑事辩护的质量问题更加突显，其得到妥善解决更加紧迫。

在解决刑事辩护的质量问题上，历来就有关于无效辩护与有效辩护这两个不同的路径之争。我们应在梳理无效辩护与有效辩护的含义与意义的基础上，分析其在制度意义上保障和促进刑事辩护质量的不同价值，跳出非此即彼的思路，积极探索综合运用无效辩护与有效辩护的作用，使我国刑事辩护品质的保障和提升，能够与刑事辩护全覆盖的进程相匹配。"两高三部"于 2019 年 10 月联合发布的《关于适用认罪认罚从宽制度的指导意见》（以下简称《认罪认罚指导意见》）第 10 条明确规定"应当保障犯罪嫌疑人、被告人获得有效法律帮助"，可以视为提升刑事辩护品质制度层面的突破。但对于什么是有效法律帮助，有效法律帮助与有效辩护之间的关系，《认罪认罚指导意见》并未明确。基于提升刑事辩护品质这一基本功能，在制度层面，有效辩护与无效辩护两个方面如何构建，这些问题都需要解决。本文试图通过梳理有效辩护与无效辩护的理论争论，辨明两者关系，针对现实中的问题，尤其是值班律师的法律帮助在刑事辩护中占据大多数的现实及其问题，强调提升刑事辩护品质中制度考量的重要性，寻求有效辩护与无效辩护的制度设计进路，推动辩护品质问题的解决。

一　有效辩护与无效辩护：争议梳理及辨明

"有效辩护"与"无效辩护"概念引入我国以来，学者在理论上展开了广泛、深入的讨论，相关理论研究成果丰富。早期的研究主要集中于有效辩护或无效辩护的内涵与标准、域外有效辩护或无效辩护制度特点与借鉴，以及我国死刑案件的有效辩护或无效辩护制度构建等方面。随着我国刑事司法改革的推进与刑事司法制度的完善，围绕以审判为中心改革、认罪认罚从宽与值班律师制度下的有效辩护等问题的探讨不断深入。对于有效辩护在刑事诉讼的功能定位，理论上存在刑事诉讼原则、理念、职业标准以及犯罪嫌疑人、被告人基本权利等不同观点；基于不同的功能定位，对于有效辩护的构成要素及其与无效辩护之间的关系等问题，学者们见仁见智。本文将代表性观点整理如下。

观点一：有效辩护是刑事诉讼的基本原则。有效辩护为各国宪法和刑事诉讼法所普遍确认，因而成为刑事诉讼中当然的原则，并提出辩护应当是实质意义上的，而不应当是形式意义上的。有效辩护原则至少包括以下三层意思：一是犯罪嫌疑人、被告人在刑事诉讼过程中应当享有充分的辩护权；二是审前、审判以及执行各阶段应当允许犯罪嫌疑人、被告人聘请合格的能够履行辩护职责的辩护人为其辩护；三是国家应当保障犯罪嫌疑人、被告人自行辩护权的充分行使，设立法律援助机构确保犯罪嫌疑人、被告人获得律师的帮助。[1] 有的学者虽未强调有效辩护是刑事诉讼的基本原则，也从辩护权及保障角度对有效辩护的内容作了类似或者更具体的阐述。[2]

观点二：有效辩护是刑事诉讼中被追诉人的一项基本权利。获得律

---

[1]　参见宋英辉《刑事诉讼原理导读》，中国检察出版社，2008，第 119 页；樊崇义《"以审判为中心"的概念、目标和实现路径》，《人民法院报》2015 年 1 月 14 日，第 5 版。

[2]　参见樊崇义、叶肖华《从有效辩护原则看我国的辩护制度改革》，《中国律师》2007 年第 10 期，第 60 页；卞建林主编《刑事诉讼法学》，法律出版社，1997，第 20 页。

师的有效辩护是获得辩护权的核心，① 有效辩护是为了保障犯罪嫌疑人、被告人的辩护权而生的一项权利。现阶段，我国可将有效辩护分为有效辩护的基本要求和高阶要求，基本要求包括保障性要求与律师履职的要求，高阶要求则是对律师调查取证、无罪辩护等方面较高的辩护质量的要求。有效辩护与无效辩护并非简单的非此即彼的关系，无效辩护制度是有效辩护权的必然组成部分、强制性实行机制。② 有学者从享有充分的辩护权、正确的辩护意见能被办案机关积极接受和采纳、辩护行为达到一定的标准以及实体与程序上获得有利决定或裁判等角度定义有效辩护。③

观点三：有效辩护分为广义上的有效辩护与狭义上的有效辩护。前者主要指辩护权及其保障机制；后者是美国法中的特殊制度安排，主要关注律师辩护的质量并确立了律师有效辩护的行为标准和无效辩护的认定标准。"无效辩护"是与"有效辩护"相对应的概念，广义上的有效辩护侧重于正向规定有效辩护的标准，却没有明确提出对应的"无效辩护"的概念；狭义上的有效辩护则存在相应的无效辩护认定与救济问题，此时被告人承担举证责任。④ 有效辩护应当区分犯罪嫌疑人、被告人认罪认罚案件和不认罪认罚案件，追求"两种刑事诉讼程序"中不同的有效辩护。⑤

观点四：有效辩护是刑事诉讼的理念，同时也是刑事辩护的一项基本准则。我国应将有效辩护确立为刑事诉讼的理念，基于有效辩护理念，

① 尹晓红：《获得律师的有效辩护是获得辩护权的核心——对宪法第 125 条辩护条款的法解释》，《河北法学》2013 年第 5 期。
② 祁建建：《论有效辩护权——作为一种能够兑现的基本权利》，中国政法大学出版社，2018，第 3、182 页。
③ 张佳华：《死刑案件：从"有"辩护到"有效"辩护》，《中国社会科学报》2013 年 7 月 3 日，第 A7 版；张佳华：《有效辩护的法命题解构》，《甘肃社会科学》2018 年第 4 期。
④ 参见熊秋红《有效辩护、无效辩护的国际标准和本土化思考》，《中国刑事法杂志》2014 年第 6 期；魏晓娜《审判中心视角下的有效辩护问题》，《当代法学》2017 年第 3 期。
⑤ 参见熊秋红《"两种刑事诉讼程序"中的有效辩护》，《法律与适用》2018 年第 3 期。

法律应当确立最基本的辩护质量标准，并为律师辩护活动确立一种质量控制体系；作为一种着眼于评价律师辩护过程的概念，"有效辩护"既是一项法律准则，也是一项法律理念，从一定程度上讲，"有效辩护"是辩护律师履行合约义务的基本体现。相比之下，无效辩护只是一项用来确保有效辩护实现的诉讼制度。有效辩护理念可以在合格称职的辩护律师、为辩护所必需的防御准备、与委托人进行的有效沟通交流以及有理有据、精准及时的辩护活动等四个方面得到贯彻和体现。[①]

观点五：有效辩护是辩护质量的评价体系或标准。中国式有效辩护的本义是指有效果辩护，包括尽职辩护与有效辩护，前者关注过程，后者关注结果，二者共同构成高质量辩护体系。[②] 辩护的有效性更为强调的是辩护行为的目的和效果，是指正确的辩护意见或主张被办案机关接受或采纳，在实体上或程序上作出了对犯罪嫌疑人、被告人有利的诉讼决定，无效辩护制度可以为实现辩护的有效性提供保障。[③] 辩护律师有效辩护的评价标准，是律师诉讼程序的过程标准，而不是以案件的司法裁判结果为标准。《刑事诉讼法》第 37 条的规定是有效辩护的评价标准，评价主体是当事人和法律职业者。[④]

与有效辩护的各执己见不同，学者们对无效辩护的认识基本众口一词，认可较早系统研究美国无效辩护制度的林劲松教授的观点：无效辩护是对抗制国家一项保障刑事被追诉人获得律师有效辩护和公平审判的制度，是对侵犯有效辩护权的救济体系。[⑤] 但对于我国是否引入无效辩护制度，学者们又存在截然对立的两种观点。赞同的学者认为，"我国应当

[①] 参见陈瑞华《刑事诉讼中的有效辩护问题》，《苏州大学学报》（哲学社会科学版）2014年第 5 期；陈瑞华《有效辩护问题的再思考》，《当代法学》2017 年第 6 期。

[②] 左卫民：《有效辩护还是有效果辩护？》，《法学评论》2019 年第 1 期。

[③] 顾永忠、李竺娉：《论刑事辩护的有效性及其实现条件——兼议"无效辩护"在我国的引入》，《西部法学评论》2008 年第 1 期。

[④] 朱德宏：《辩护律师有效辩护的评价及其实现》，《时代法学》2022 年第 1 期。

[⑤] 参见林劲松《对抗制国家的无效辩护制度》，《环球法律评论》2006 年第 4 期；林劲松《美国无效辩护制度及其借鉴意义》，《华东政法学院学报》2006 年第 4 期。

借鉴美国的经验，确立无效辩护制度"，① 在《刑事诉讼法》及司法解释中应明确规定无效辩护的法律后果、无效辩护的类型以及适用程序。② 通过构建无效辩护制度，明确其界定标准和救济措施来倒逼辩护律师切实履行有效辩护。③ 也有学者强调，我国应率先在死刑案件中引入无效辩护制度。④ 反对的学者则认为，我国目前"尚不具备引入无效辩护的条件"，⑤ 无效辩护制度尚不宜作为控制辩护质量的支撑制度，⑥ 不宜通过建立无效辩护制度倒逼律师辩护质量的提高以及对被告人的权利进行救济。⑦ 在可预见的未来，中国引入无效辩护制度的可能性很小，确立有效辩护的理念，并建立一套旨在规范律师辩护的质量控制体系，是中国未来刑事辩护制度发展的必由之路。⑧

上述研究围绕有效辩护问题展开了积极而艰难的探索，开拓了研究的视野与路径，独到的见解具有丰厚的理论价值，对于刑事辩护品质的提升有着重要意义。但观点上的迥异说明学者们立足于不同层面、不同视角讨论有效辩护，各有所想，各抒己见。《当代法学》杂志 2017 年第 6 期"有效辩护制度研究专题"的编者按中就指出，对于有效辩护理念的含义、构成要素、理论基础及其与无效辩护的关系，研究者有着各不相同的解释，甚至在有些方面还存在尖锐的争论。⑨ 编者看到了有效辩护的理论争论，但其自身也深陷有效辩护的理论泥沼，既然是"有效辩护制

---

① 林劲松：《美国无效辩护制度及其借鉴意义》，《华东政法学院学报》2006 年第 4 期。
② 参见李本森《美国刑事无效辩护制度及其对我国的借鉴》，《北方法学》2016 年第 6 期。
③ 周鸿飞：《无效辩护制度的反思与构建》，《洛阳理工学院学报》（社会科学版）2021 年第 5 期。
④ 参见申飞飞《美国无效辩护制度及其启示》，《环球法律评论》2011 年第 5 期；吴常青、王彪《论我国死刑案件无效辩护制度构建》，《西部法学评论》2012 年第 2 期。
⑤ 顾永忠、李竺娉：《论刑事辩护的有效性及其实现条件——兼议"无效辩护"在我国的引入》，《西部法学评论》2008 年第 1 期。
⑥ 程雷：《简论刑事辩护质量的控制》，《中国司法》2009 年第 5 期。
⑦ 参见熊秋红《有效辩护、无效辩护的国际标准和本土化思考》，《中国刑事法杂志》2014 年第 6 期。
⑧ 参见陈瑞华《刑事诉讼中的有效辩护问题》，《苏州大学学报》（哲学社会科学版）2014 年第 5 期；陈瑞华《有效辩护问题的再思考》，《当代法学》2017 年第 6 期。
⑨ 参见《当代法学》2017 年第 6 期，第 3 页编者按。

度"研究专题，编者按为何又表述为有效辩护"理念"，理念的"构成要素"与制度的"构成要素"大相径庭。将有效辩护视为刑事诉讼基本原则、理念，或是犯罪嫌疑人基本权利，又或辩护质量评价标准，其内涵与外延必然有不同界定，与无效辩护的关系也不一样。认真梳理会发现，观点一、观点二中学者对有效辩护的内涵或内容与观点三对广义上的有效辩护的界定本质上是一样的，均是基于犯罪嫌疑人辩护权与保障制度、机制来讨论有效辩护，将有效辩护与刑事辩护制度①相提并论，把刑事辩护的数量与质量问题混为一谈。应该说，在我国刑事辩护制度相对落后的早期，辩诉权设置、辩护种类、辩护方式、辩护人的范围等刑事辩护基础性规则不健全，对辩护权保障不重视、相关制度或机制缺乏，在这样的历史背景下，围绕刑事辩护基础性制度的完善来讨论有效辩护问题有着重要意义。《刑事诉讼法》的三次修正极大地推动了我国刑事辩护制度的发展与完善，辩护律师参与刑事诉讼的时间不断提前、律师辩护阶段逐步实现全覆盖、参与刑事诉讼的律师主体地位变化，同时辩护律师的执业权利不断丰富、进步，法律援助案件数量与经费迅猛发展，② 刑事案件辩护全覆盖试点从审判阶段延伸至审查起诉阶段、从有限向全面进一步推进。在我国刑事辩护制度与保障体系不断完善的法治背景下，有效辩护无论作为原则、理念抑或权利，都是立足于对刑事辩护品质的追求。

　　观点三、观点四与观点五中将有效辩护作为刑事辩护的行为标准、准则、评价体本质上是相同意思，均是期待建立有效辩护的评价标准来控制刑事辩护质量。但是，有效辩护能建立统一的、公认的、具体的标准吗？很显然，坚持观点三、观点四、观点五的学者对有效辩护的评价标准不一样，均自说自话。那么，依照法律，将《刑事诉讼法》第37

---

① 刑事辩护制度是法律规定的关于辩护权、辩护种类、辩护方式、辩护人的范围、辩护人的责任、辩护人的权利与义务等一系列规则的总称。参见陈光中主编《刑事诉讼法》，北京大学出版社、高等教育出版社，2021，第147页。

② 祁建建：《"刑事辩护制度四十年的发展、不足与展望"研讨会综述》，《中国司法》2019年第7期。

条作为有效评价的统一、具体标准，即律师只要依法履行了这些责任，就是有效辩护。这一标准虽然更容易实现并且判断标准很明确，但未免太过狭隘地理解有效辩护。即便是从辩护律师角度评价，不仅要有履行职责的行为，更追求履行职责产生什么样的结果，如诸多学者强调的辩护过程与辩护结果的有效，或者称为实质效果与形式效果。"提出材料和意见"有提出的能力和方法问题，材料论证是否充分合理、意见是否恰当都会影响辩护效果；如果辩护律师提交的材料和意见逻辑混乱、随意应付，不可能有效维护犯罪嫌疑人、被告人，毕竟"维护"与"维护了"不是一回事，这些都不是《刑事诉讼法》第37条所能够衡量的。可以这么理解，辩护律师依法履行了辩护职责，一定不是无效辩护，但并不能说就实现了有效辩护。《刑事诉讼法》第37条可以认为是有效辩护的制度起点，但并不能作为实践的终点。

本文认为，"有效辩护"与"无效辩护"两个概念虽是舶来品，诸多国际刑事司法准则与不同国家的立法制度对有效辩护或无效辩护的表述存在差别，但这两个词应当界定为理论与实务界对刑事辩护品质的概括性表述，将有效辩护与无效辩护置于一起讨论必须基于刑事辩护品质这一语境平台，唯此，才能准确定位有效辩护与无效辩护的内涵并清晰两者的关系，也才有意义。所谓"辩护"，是以"辩"的方法、手段来达到"护"的目的，辩护这种活动所追求的就是效果上的辩护。① 无论是委托辩护还是法律援助辩护，犯罪嫌疑人或被告人都不希望自己遭遇无效辩护；对于辩护律师，更是以追求辩护效果为直接目的；对于立法者与司法者，从立法价值与司法质量出发，也不希望存在品质粗劣、滥竽充数的辩护。因此，合格的、高品质的辩护理应是法治社会的共同追求。有效辩护是对高品质辩护的很好概括，从有效辩护提出伊始，体现的就是人们对辩护品质的期待；无效辩护则是被刑事指控人基本辩护权受到根本性或实质性损害的不合格辩护。高品质的辩护并非一个诉讼原则所能

---

① 参见樊崇义、叶肖华《从有效辩护原则看我国的辩护制度改革》，《中国律师》2007 年第 10 期。

抽象或包含，有效辩护作为一项基本权利无法通过制度设计实现程序救济，无救济则无权利。

对于有效辩护与无效辩护的关系，上述研究中代表性观点强调无效辩护制度是实现有效辩护的保障机制，对此，笔者认为并不恰当。被告人提出无效辩护经审查符合可成为案件发回重审的理由，是英美法系国家无效辩护制度的核心内容，这样的制度设计是通过设置无效辩护的判断标准以及相应的程序性法律后果，实现对刑事辩护品质的控制，保障犯罪嫌疑人、被告人的诉讼权利。无效辩护制度是保障刑事辩护品质的重要机制，这种辩护质量控制方式直接将辩护律师的表现与案件的结果联系起来。① 因此，无效辩护制度只能保障辩护品质达到最低要求，为刑事被追诉人提供最基本的辩护权保障，但并不能保障有效辩护的实现。有效辩护与无效辩护并不是硬币的一体两面，两者不是非此即彼的关系。如果一个案件中的辩护构成无效辩护，那么其一定不是有效辩护；但一个案件中的辩护不构成无效辩护，并不意味着就实现了有效辩护。无效辩护是辩护品质的下限，有效辩护则是高品质辩护的标杆，最低限度与最高目标两者之间还有很多履行了最基本的辩护职责但并没有达到有效辩护的中间样态。换言之，在无效辩护与有效辩护之间，还存在较大的不同辩护效果空间。譬如，辩护律师没有阅卷一定是无效辩护，但阅卷了并不意味着就是有效辩护，还必须全面、认真地阅卷，分析案卷中的事实与法律问题、梳理争议焦点，有理有据地提出有利于犯罪嫌疑人、被告人的辩护意见，其中的"认真"是难以度量的，更不可能明确具体的评价标准并将其制度化。

二 提升刑事辩护品质：制度考量的重要性

刑事辩护制度是现代法治文明的重要标志，自其产生以来，就是需要从数量与质量两个方面统筹研究推进的事物。我国自 1979 年《刑事诉

---

① 程雷：《简论刑事辩护质量的控制》，《中国司法》2009 年第 5 期。

讼法》建立刑事辩护制度以来，刑事辩护覆盖范畴不断扩展。从刑事诉讼阶段维度，从审判阶段的辩护到 1996 年确立的审查起诉阶段的刑事辩护与侦查阶段的律师提供法律帮助，再到所有诉讼阶段的律师辩护；从被追诉对象维度，从刑事被告人到刑事犯罪嫌疑人。但是，我国刑事辩护率长期保持在 30% 左右。① 究其原因，早期主要受经济、观念、社会法治文明等因素的制约；后期刑事辩护业务风险高收费低、刑事辩护难以实现效果等因素或许有着重要影响。没有数量，何来质量，因此，提高刑事辩护率曾是理论研究与制度建设需要重点关注的问题。2016 年认罪认罚从宽制度试点，刑事辩护种类在委托辩护与指定辩护基础上增加值班律师法律帮助；2017 年 10 月，我国拉开了刑事案件律师辩护全覆盖工作的帷幕，并不断深化。2022 年 10 月，"两高两部"出台《关于进一步深化刑事案件律师辩护全覆盖试点工作的意见》，将全覆盖试点从审判阶段扩展到审查起诉阶段。各地检察机关制定相关文件推动该项工作的落实，工作成效初步显现。2022 年 4 月 15 日至 9 月 15 日，浙江省试点地区因审查起诉阶段律师辩护全覆盖扩大援助范围新增案件 2940 余件，占总数的 67.3%，② 有的地市审查起诉阶段律师辩护率达到 100%。③ 然而，在刑事辩护数量不断攀升的同时，需要特别关注的是刑事辩护的质量。从实践来看，数量攀升与质量提升并不是成正比的，甚至有成反比之趋势，刑事辩护的数量发展与质量提升并不匹配的矛盾在当前阶段愈发突出。④ 辩护数量与辩护质量是始终交织在一起的两方面问题，既要提高数量也要提升质量。当下，我国在辩护数量问题初步得到解决的情形下，

---

① 王禄生：《4 张图告诉你，这五年，刑事案件辩护率是升是降？》，"法纳刑辩"网易号，https://www.163.com/dy/article/E1D8L2C20514CC4Q.html，最后访问日期：2018 年 11 月 23 日。

② 史兆琨、范跃红：《"这是法治建设的双向奔赴"——从浙江试点看开展刑事案件审查起诉阶段律师辩护全覆盖的成效》，《检察日报》2022 年 12 月 29 日，第 1 版。

③ 钟瑞友：《深化"律师辩护全覆盖"践行为民司法》，《法治日报》2021 年 11 月 18 日，第 5 版。

④ 王敏远、胡铭、陶加培：《我国近年来刑事辩护制度实施报告》，《法律适用》2022 年第 1 期。

提升辩护质量的制度构建理应尽快提上议事日程。有学者提出，美国半个世纪以来的发展经验表明，在对辩护权的范围、时间进行完善规定时，如果无暇顾及辩护质量问题，其后果只能是产生大量低效甚至无效的辩护，使得贫穷的被告人无法享受司法进步赋予他们的权益，甚至会导致无辜者被错误定罪、被错误执行死刑的后果。[①] 随着认罪认罚从宽、值班律师制度的推进，重视提升刑事辩护品质问题的研究，完善相关制度保障，到了前所未有的紧迫时候，刑事辩护品质不能保障与提升，刑事辩护数量上取得的成效及其意义会大打折扣甚至被抹杀。

提升刑事辩护品质需要各方面因素的支撑。40 余年来，随着我国法治化进程的推进，党和国家领导人高度重视辩护工作，国家在刑事辩护权的规范设置、政策指导以及组织落实等层面对于保障刑事辩护权、提升刑事辩护品质作了相应的努力。党的十八大以来，习近平总书记高度重视律师在全面依法治国中的作用，多次对律师工作作出重要指示，提出明确要求，强调律师队伍是依法治国的一支重要力量。[②] 2020 年 8 月 26 日，中央政法委召开政法领域全面深化改革推进视频会，中共中央政治局委员、中央政法委书记郭声琨指出，要健全律师执业权利保障制度，完善侦查阶段听取辩护律师意见的工作制度。[③] 在法律规范层面，提升刑事辩护品质的制度保障一直在完善过程中，可以说，《刑事诉讼法》的每一次修改，都是以规制职权、保障人权、加强刑事辩护权为出发点的。2012 年对《刑事诉讼法》第 35 条的修改使得辩护人的责任发生了重大变化，将原法条中的"证明"两字删除凸显辩护人不承担证明责任，增加"被告人的诉讼权利和其他合法权利"，为律师开展程序性辩护提供了制度保障。《认罪认罚指导意见》第 10 条更明确强调"应当保障犯罪嫌疑人、被告人获得有效法律帮助"。中央政法委以及公检法司各部门多次颁

---

① 吴宏耀、周媛媛：《美国死刑案件的无效辩护标准》，中国政法大学出版社，2014，第 3 页。

② 习近平：《习近平谈治国理政》第二卷，外文出版社，2017，第 123 页。

③ 《中央政法委：完善侦查阶段听取辩护律师意见的工作制度》，"澎湃新闻"搜狐号，https://www.sohu.com/a/415218956_260616，最后访问日期：2020 年 9 月 2 日。

发规范性文件，强调对刑事辩护权的保障。2013 年，中央政法委出台《关于切实防止冤假错案的规定》，要求切实保障律师会见、阅卷、调查取证和庭审中发问、质证、辩论等辩护权利。随后，最高人民法院印发《关于建立健全防范刑事冤假错案工作机制的意见》，最高人民检察院出台《关于切实履行检察职能防止和纠正冤假错案的若干意见》，公安部下发《关于进一步加强和改进刑事执法办案工作切实防止发生冤假错案的通知》，均强调对律师辩护权的保障。2015 年 9 月 16 日，"两高三部"印发《关于依法保障律师执业权利的规定》。2015 年 12 月 29 日，最高人民法院印发《关于依法切实保障律师诉讼权利的规定》。2017 年 2 月，司法部召开律师工作联席会议，研究解决保障律师执业权利工作存在的普遍性、政策性问题；4 月 14 日，"两高三部"与中华全国律师协会联合印发相关通知，进一步明确各部门对律师执业权利和人身权利的保障职责；4 月 26 日，司法部首次召开主题为"保障律师执业权利"的新闻发布会。① 2023 年 3 月 2 日，最高人民检察院、司法部、中华全国律师协会联合印发《关于依法保障律师执业权利的十条意见》。在行业组织层面，中华全国律师协会出台《律师执业行为规范》、《律师职业道德基本准则》与《律师职业道德和执业纪律规范》等规范性文件，加强律师的职业道德、专业培训、奖励惩戒等制度建设；成立刑事专业委员会，搭建总结、交流、提升全国刑事辩护质量的重要平台与组织形式。上述这些因素对于我国刑事辩护品质的提升都有着重要意义。党和国家领导人重视以及职权部门一直以来的政策指引强调律师辩护权保障，是追求有效辩护的前提。有效辩护建立在有水平、有能力、有经验的律师尽心尽责的基础上，如果律师这样做了但其权利得不到保障甚至面临风险，那么律师辩护只会走过场，也不会积累办理刑事案件的经验。但上述所有的努力均不如制度建构更具有持续性与稳定性，这一点是领导重视、政策指引与

---

① 《2017 中国律师行业最受关注事件和人物发布》，司法部官网，http://www.moj.gov.cn/pub/sfbgwapp/bnywapp/202105/t20210527_ 422167.html，最后访问日期：2023 年 5 月 10 日。

组织管理等因素不可比拟与替代的。在这个意义上，对于刑事辩护品质的提升，制度建设是最重要的因素。在制度建设与程序完善方面，在笔者看来，我国刑事诉讼法还有很大努力的空间。

基于刑事辩护品质高低，有效辩护与无效辩护确实是两个相对的概念，有效辩护是相对于无效辩护而言的，两者是对立的；但在提升辩护品质的制度层面，有效辩护是目标，无效辩护是最低标准，两者的共同指向是辩护质量的提升，两者是一体化的。无效辩护，可由辩护律师或职权机关单方面行为构成；有效辩护，则需要诉讼各方共同努力才能达成。在理论研究层面，围绕有效辩护与无效辩护问题研究的意义在于：一是对现实中的刑事辩护活动有积极的推动，促进刑事辩护品质的不断提升；二是在制度意义上有实实在在的推动，通过制度设计，将刑事辩护品质纳入程序规制，使得有效辩护能够有规可循，循序推进。然而，迄今为止，相关的理论研究基本没有引起立法层面的回应，在刑事诉讼法与律师法等制度层面上尚无体现。理论上需要明确的是，在具体制度设计上，是围绕有效辩护展开还是以无效辩护为重点。

从价值意义上看，无效辩护对于保障刑事辩护的最低限度的品质具有重要意义，而有效辩护则对于提升刑事辩护的品质具有重要价值。[①] 因此，在提升刑事辩护品质的法律制度建设上，一方面，随着我国刑事司法文明的持续进步，有效辩护理应作为一个理想设定为制度目标；另一方面，要明确刑事辩护品质的底线标准，在此标准之下即无辩护品质可言，属于无效辩护。法律的三个基本重要的特点是规范性、制度性、强制性。规范性因为它作为一种人类行为的指导，制度性是因为它的适用和法典化在很大程度上是通过特定制度来实现或规定的，强制性是因为法律的适用最终由国家强力提供内在保障。[②] 有效辩护的理想难以在法律上规范化、制度化并强制达到，但不合格的无效辩护则应当通过制度设

---

① 王敏远、胡铭、陶加培：《我国近年来刑事辩护制度实施报告》，《法律适用》2022年第1期。

② 〔英〕约瑟夫·拉兹：《法律体系的概念》，吴玉章译，商务印书馆，2018，第3页。

计明确辩护质量低劣的实体性评价标准、设置相应的程序性法律后果、保障犯罪嫌疑人和被告人的基本辩护权并使其受到公正的审判。

三 有效辩护目标：现代刑事司法公正的必要内容

在刑事诉讼中，有效性是刑事辩护的生存之本，对保证司法公正、实现司法民主具有重要意义。① 我国学者将有效辩护定位于刑事诉讼的原则、理念或被追述人的基本权利，均突显了有效辩护对于提升刑事辩护品质之重要性。同时，"有效辩护"是一个多向度的概念，既可以说按照法律规定履行了职责就是有效辩护，也可以说达到律师或被追诉人的目标就是有效辩护，还可以将有效辩护视为国家及刑事诉讼主体所追求的高品质辩护的理想。

（一）有效辩护是一个理想问题

有效辩护英文表述为"effective assistance of counsel"，《布莱克法律词典》与《元照英美法词典》对有效辩护的含义作了不同解释。在汉语里，有效是指"能实现预期目的，有效果的"。无论称之为"有效辩护"或是"有效果的辩护"，谁的效（效果）？什么样的效（效果）可谓之有效？具体标准是什么？这些问题都需要探究。本文认为，有效辩护是刑事辩护品质的理想状态，而每个人的理想是不一样的。如前所述，学者畅谈理想，对有效辩护的内容或认定标准各持己见，刑事诉讼不同主体对有效辩护也各有追求。犯罪嫌疑人、被告人、辩护律师、侦查人员、检察官、法官基于各自的刑事诉讼目的与身份视角，会设定自己最理想的辩护效果，对有效辩护也有着不同的评价标准。

对于犯罪嫌疑人、被告人来说，有效辩护没有最好，只有更好，他们都希望能最大程度地提高辩护效果。被告人聘请律师辩护的目的是最大程度地维护自己的权益，实现无罪化或刑罚轻缓化，他们对有效辩护

---

① 顾永忠、李竺娉：《论刑事辩护的有效性及其实现条件——兼议"无效辩护"在我国的引入》，《西部法律评论》2008 年第 1 期。

的评价往往以司法裁判结果为直接标准。每个案件的犯罪嫌疑人、被告人的需求不同，对有效辩护设定的理想状态也不同，取保候审、相对不起诉、缓刑、重罪轻判、无罪等都可以成为其聘请律师辩护的目标。如有的民营企业家犯罪，为了不影响企业正常经营，对其辩护律师说"只要能把我放出去，什么罪我都认"，很显然，取保候审是其追求的辩护目标；而对于严重暴力犯罪案件的被告人来说，其或许仅希望能通过有效辩护实现不被判死刑。"胜诉"是大部分刑事诉讼案件当事人的"唯一目的"，就像职业运动员获得冠军一样，他们要的是刑释，或者是尽可能短的刑期。① 如若以当事人的理想意愿为标准，那一旦当事人追求的无罪、适用缓刑目标无法实现，就认为律师是无效辩护，这显然不符合常理。因为很多时候，当事人的意愿是错误的、不符合法律规定或案件实际情况的，当事人提出的有效辩护目标与要求是任何辩护律师都不可能实现的。

对于辩护律师，有效辩护客观上至少可以从程序、实体、律师的职业道德等多维度进行评价。程序维度是按照法律规定充分履行了辩护职责，实体维度是所代理的追诉人获得不起诉、轻缓化刑罚或判无罪，职业道德维度则是"尽己所能，无愧于心"。从辩护律师自身主观上看"什么是有效辩护"？就是"律师竭尽所有的能力，充分运用各种合法的手段，维护当事人最大的权益，然后使他的权益能够接近最大化，最后接近不了，那也接近不了，你只能说那是你的目标"。② 因此，律师们通常会根据案件具体情况设定大、中、小等多个不同程度的有效辩护目标。如果说从实体维度案件受诸多因素影响，难以判断律师是否属于有效辩护，那么辩护律师按照法律要求履行了法律职责是否就属于有效辩护呢？很显然，辩护不是走程序。两个性质、情节相似的案件，一个案件被告人可能被判有罪，另一个案件被告人可能获得无罪判决，在现实中这种情形并不少见，即便是同一个律师代理也可能出现。那么这能认为是辩护律师的

---

① 〔美〕艾伦·德肖维茨：《最好的辩护》，唐交东译，法律出版社，2014，第4页。

② 参见赵运恒《大要案中的有效辩护》，"中外刑事法学研究"微信公众号，https://mp. weixin. qq. com/s/YmJEyOO8r6b03Kz0w0e-LA，最后访问日期：2021年1月24日。

责任吗？能认定被告人被判无罪的案件就是有效辩护，被判有罪的案件必定是无效辩护吗？实际上，一个案件中，辩护能否产生预期的效果以及最后判决结果的形成，受太多因素的影响。如果检察官不够专业，对律师的辩护不能形成有效反驳，辩护观点则可能会被法官采纳；英美法系陪审团审理模式下，陪审团成员如何选择会受到更多因素的影响；法官的正义观、法律素养的高低甚至案件审理当天的心情，都可能影响案件的判决结果。所有刑事诉讼参与人，如刑事被告、被告辩护律师、检察官、警察和法官，都在拼命争夺个人和自身职业上的利益得失。① 在我国，各司法机关的考核指挥棒以及国家打击犯罪模式等因素，对案件的诉讼走向以及辩护效果的影响更是举足轻重。同时，有效辩护并非律师自己能主导，更重要的是国家制度上的保障与救济，如果职权机关不把律师意见当回事、对质疑没有任何回应，制度上没有任何救济，即便是辩护律师尽职尽责，也不可能实现有效辩护。因此，有学者提出，在我国讲有效辩护，首先要正视的是国家责任方面存在的问题。②

对于法官与检察官，有效辩护的内容与意义是不一样的。在前最高人民法院法官黄应生的眼里，"律师辩护，就是沟通，跟当事人沟通，跟检察官沟通，跟法官沟通，跟大家都沟通好了，辩护就有效果"。③ 一线法官认为，"一个健康的有效的庭审，一定是双方、甚至三方能在一个频道上共鸣。辩护的目的一定不是为了表现自己的口才，也不是为了把公诉人按在地上摩擦，而是千方百计，让你的被告人获得一个从轻的处罚，或者一个无罪的判决"。④ 对于认真负责、追求公正的法官来说，辩护律

---

① 〔美〕艾伦·德肖维茨：《最好的辩护》，唐交东译，法律出版社，2014，第5页。
② 《张建伟：独立·强制·有效辩护制度改革的三大议题》，"京都律师"微信公众号，ht-tps://mp.weixin.qq.com/s/ppWongknQec1ezzMGmvsIA，最后访问日期：2019年10月25日。
③ 《黄应生：法官量刑的思路和律师辩护的策略》，"刑事辩护研究"微信公众号，https://mp.weixin.qq.com/s/gnswLQqJiRaWq285JYyAeQ，最后访问日期：2023年1月9日。
④ 《刑事律师如何有效辩护》，微信公众号"乎乎也"，https://mp.weixin.qq.com/s/kOcYua-CDH3-6FrkSd-KeA，最后访问日期：2024年1月11日。

师能够找到控方证据、事实中的问题，帮助其全面正确认识案情，就是有效辩护。在庭审实质化的语境下，律师在法庭上能清晰准确梳理案件的争议焦点、质证控方证据中的实质性问题、基于法理论证当事人罪轻或无罪的依据、对控方形成有力反驳甚至动摇指控的现象，法官并不会排斥，毕竟没有哪个法官有勇气承担错误的裁判。有效辩护是庭审实质化得以实现的关键，也是以审判为中心的应有之义。因此，有学者提出，推进以审判为中心，必然以有效辩护为最终落脚点。[1] 对于检察官来说，什么是有效辩护更是一个仁者见仁、智者见智的主观问题。有的检察官可能希望辩护律师认真负责、精通业务，能真正与自己形成有效对抗；有的检察官会认为辩护律师维护司法公正、为办案机关提出不同意见，有利于全面审查案件是最好的；而有的检察官或许只希望辩护律师充当认罪认罚从宽的见证人。

（二）有效辩护代表着对高品质辩护的追求

如前所述，对于有效辩护，不同的人有不同的界定，试图通过建立有效辩护的具体评价标准并不现实。理论研究应当肯定有效辩护是一个理想，是现代刑事司法公正的必要内容，也是我国刑事诉讼文明需要努力实现的目标。但在制度上，很难对理想、目标或方向作出体系性的规定，也不可能建构明确、统一、公认、具体的有效辩护标准，只能将有效辩护作为倡导性的制度目标与努力方向予以明确。

综观联合国相关刑事司法规则、欧洲人权公约以及其他提倡有效辩护的国家的制度规范，它们对有效辩护也仅能作概括性的表述或原则性的要求。《公民权利和政治权利国际公约》《关于保护面对死刑的人的权利的保障措施》《囚犯待遇最低限度标准规则》《保护所有遭受任何形式拘留或监禁的人的原则》《关于律师作用的基本原则》等联合国刑事司法规则均关涉当事人的辩护权，辩护权的内容、辩诉的职责与义

---

① 魏晓娜：《审判中心视角下的有效辩护问题》，《当代法学》2017 年第 3 期。

务、律师的执业权利与保障等是主要内容，这些内容与有效辩护密切相关，是保障有效辩护的具体制度，但认为相关内容是有效辩护的国际标准却不恰当。① 其中有部分条款明确了有效辩护的要求，但也仅是概括、模糊的要求，而非具体的标准。联合国《公民权利和政治权利国际公约》第14条第三（乙）款规定，受刑事指控者"有相当时间和便利准备他的辩护并与他自己选择的律师联络"是最低限度的保证。联合国《关于律师作用的基本原则》第2条规定"各国政府应确保向在其境内并受其管辖的所有的人……提供关于平等有效地获得律师协助的迅捷有效的程序和机制"；第13条规定律师对其委托人负有的职责应包括（b）"以一切适当的方法帮助委托人，并采取法律行动保护他们的利益"；第15条规定"律师应始终真诚地尊重其委托人的利益"。第14届国际刑法大会决议指出："在刑事诉讼的所有阶段，从侦查刚开始时起，每一个人就均有得到律师的有效帮助的权利。"第17届国际刑法大会决议指出："在纪律程序的全过程，被告人必须有权获得一名由他亲自选定的独立的律师的有效帮助。"②《欧洲人权公约》第6条要求"即便不是绝对的，受到刑事指控的每个人有权得到律师的有效帮助"。③其中大部分条款是将"有效辩护"直接表述，将其作为对律师辩护的目标设定，以表明相关规则的价值立场。有的条款中"相当的时间""便利条件""始终真诚"可以视为有效辩护的抽象要求，但并不能视为可以直接用于量化评价的具体标准。美国联邦最高法院在1932年鲍威尔诉亚拉巴马州一案的判决中首次"提出律师有效帮助"，之后又在多个判例中进一步强调，但均是概括性的表述。美国有学者指出"希望最高法院建立一种律师帮助声明的精确检验方法或者设置一套执行方法，来对刑事案件被告人获得代理的质量进行严格检查，这种想法是

---

① 熊秋红：《有效辩护、无效辩护的国际标准和本土化思考》，《中国刑事法杂志》2014年第6期。

② 《国际刑法大会决议》，赵秉志、卢建平、王志祥主译，中国法制出版社，2011，第104、150页。

③ ECtHR 24 September 2009, NO. 7025/04, §66.

幼稚的"。① 制度上无法设定辩护律师对案件投入的时间算是"相当的时间"，就属于"有效法律帮助"或"有效辩护"，24 小时抑或 48 小时？很显然，制度上不可能如此设定，案件性质与复杂程度不同、律师的业务能力与认真程度不同，律师需要花费的时间自然也不同。为了提高刑事辩护品质，我国应当在制度层面尽快将有效辩护作为刑事辩护品质努力的目标与方向，在《刑事诉讼法》中予以明确。

有效辩护作为刑事辩护品质的理想，可以是达成理想的步骤、方法、组织设计，还可以是提升刑事辩护品质的各种制度体系架构，其中就包括无效辩护制度。将有效辩护设定为制度目标后，相关制度上一步步设计作有效的努力，尽可能实现有效辩护。一方面，动态的、主观性的要求在制度上只能作原则性的要求。对于辩护律师，可以要求办理案件过程中认真阅卷，发现了疑点全面调查，对控方提出的问题能有效应对，运用知识与经验，全面掌握案件信息等。但是，认真是难以衡量的，每个人对疑点的认识也不一样，调查是否全面难以客观判断。对于法官来说，其认为辩护律师申请证人出庭作证没有必要的应当说明理由，不采纳辩护意见要在裁判文书上作出回应等。另一方面，对于静态的、资质性的要求，制度上可以作明确规定，根据案件性质、类型不同，建立对辩护律师外在的客观性约束条件。美国《死刑案件中律师的指派与行为指南》（Guidelines for the Appointment and Performance of Defense Counsel in Death Penalty Cases）对死刑辩护律师团队有相应的资质要求；美国大多数州对指定死刑案件的辩护律师都有从业时间与代理案件数量的具体约束。我国有学者提出，应当从死刑案件开始，分步骤、分层次地设立刑事辩护的准入制度，以实现有效辩护。② 在我国，《刑事诉讼法》明确规定由中级以上人民法院审理死刑案件，除了严格控制死刑适用之外，也与审理死刑案件法官所需要的素养相关，对代理律师也可明确相应的资

① 〔美〕弗洛伊德·菲尼著，岳礼玲选编《美国刑事诉讼法经典文选与判例》，中国法制出版社，2006，第 249 页。

② 参见冀祥德《刑事辩护准入制度与有效辩护及普遍辩护》，《清华法学》2012 年第 4 期。

质条件。例如，对于最高人民法院办理的死刑复核案件，可以对辩护律师设定 10 年以来不间断办理刑事案件、办理过 10 起以上重罪案件及 1 起死刑案件、执业经历从未被当事人投诉等条件，以保证死刑复核案件辩护律师具备必要的素养与经验。再比如，对于未成年人犯罪等特殊类型案件，也可设定辩护律师的资质条件，例如执业 5 年以上、办理过多少起刑事案件等条件，法律援助机构可将具备未成年人犯罪辩护经验作为优先遴选条件。有效辩护的相关制度设定不是一劳永逸的工作，也不可能构建放之四海皆准的标准。最高人民法院、最高人民检察院通过定期开展有效辩护、无效辩护或无效法律帮助十大案件评选，以此明确有效辩护的目标追求、固化无效辩护的底线标准，不断提高刑事辩护品质，从而推进有效辩护的实现。

四　无效辩护制度：刑事被指控人辩护权的基本保障

设定理想，确定刑事辩护努力的目标与方向，对于提升刑事辩护品质有着重要意义。但有效辩护只能是一个理想，法律并不能对什么样的辩护才是有效辩护作出明确界定，制度层面只能倡导而无法形成具体的要求。在向目标努力的过程中，还需要有一个兜底性的制度，即要确立刑事辩护品质的底线标准，保障刑事被指控人最基本的辩护权构建无效辩护制度体系。要实现程序上对刑事辩护品质的控制，构建无效辩护制度显然更加可行，也更具有制度意义。

（一）无效辩护是可构建的制度体系

关于有效辩护与无效辩护的讨论都离不开美国的无效辩护制度。美国联邦最高法院尽管在 1932 年鲍威尔诉亚拉巴马州一案的判决中首次根据《宪法第六修正案》确立了"获得律师有效帮助"的宪法权利，却一直没有对何谓"有效律师帮助"作出解释。一些联邦和州法院在判例中逐渐提出了"无效辩护"的概念，并将律师的无效辩护作为推翻原审判决的重要理由。① 如前所述，有效辩护不可能在制度上建构统一、公认的具体标准，因此，什么情形不是有效辩护也无从认定。但法律可以确定一个底线标准，达不到法律对刑事辩护品质的最低要求，即构成无效辩护，并通过设置相应的程序性法律后果使得犯罪嫌疑人、被告人获得救济，通过程序设计控制刑事辩护品质不低于最低线标准，以保障犯罪嫌疑人的权利。已有学者指出，我国关于律师"有效辩护"的意涵、判断标准、制度规范等讨论一度陷入僵局，法律对有效辩护的认定是要确立一个最低限度的及格标准——底线标准，主张从无效辩护这一面来确立辩护权的保障标准。② 无效辩护是现代法治国家普遍的刑事诉讼制度，没有无效辩护制度，不可能针对辩护品质设置程序性法律后果与救济；没有无效辩护制度，将有效辩护确立为原则、理念、权利抑或是本文所提倡的目标也都毫无意义。

无效辩护是由构成要件、法律后果、程序救济以及启动、审查程序等内容构成的一个制度体系。美国无效辩护制度是基于《宪法第六修正案》在多个判例中形成的一系列规则，包括对有效辩护的强调、无效辩护的启动与审查的主体和程序、成立无效辩护的实体性要件以及具体的判断、无效辩护的法律后果与程序救济以及死刑案件无效辩护标准等内容。1984 年 Strickland v. Washington 案被视为美国"无效辩护"的标志性判例，较为清晰地确立了无效辩护判断依据：律师的行为已经损害了对抗制程序的功能，以至于无法依靠审判获得公正的结果。被指控人必须证实律师的辩护存在缺陷、律师的瑕疵行为损害了其获得公正审判的权利。③ 英国克林顿（Clinton）案与艾伦（Allen）案中，刑事上诉法院认为，如果辩护律师"对正确的辩护规则的蔑视，或者没有依据正确的辩护规则"导致被告人没有获得公平审判，法院有强制干预的义务，可以

---

① 陈瑞华：《刑事诉讼中的有效辩护问题》，《苏州大学学报》（哲学社会科学版）2014 年第 5 期。

② 马勤：《法律系统论视角下的"有效辩护"》，《中国社会科学报》2022 年 3 月 9 日，第 4 版。

③ 参见李本森《美国刑事无效辩护制度及其对我国的借鉴》，《北方法学》2016 年第 6 期。

决定以无效辩护为由取消对被告人的定罪。① 欧洲人权法院 1993 年审理的福歇尔诉法国案认定法国当局违反《欧洲人权公约》第 6 条的规定，侵犯了当事人辩护权导致其未能接受公正的审判；② 德国《刑事诉讼法典》规定，强制辩护案件中的辩护律师没有出庭、法庭的决定是非法的并且明显限制了辩方权利，属于可以导致原判决"自动撤销"的"致命错误"的情形；③《俄罗斯联邦刑事诉讼法典》也有类似规定。④ 我国很早就有学者主张将"剥夺被告人辩护权"作为绝对上诉的理由，⑤ 也有学者从明确无效辩护的法律后果、律师无效辩护的类型，细化律师执业行为规则以及无效辩护的提起与听证程序的建立等维度探讨我国无效辩护制度的构建。⑥ 但这之后的两次《刑事诉讼法》的修正以及《最高人民法院关于适用〈中华人民共和国刑事诉讼法〉的解释》对此未作出任何回应，"第二审程序"与"审判监督程序"中未能体现与刑事辩护品质保障相关的内容。

　　刑事被告人经历无效辩护可以成为上诉法院撤销对被告人定罪判决的理由，这一程序性法律后果是无效辩护制度的核心内容，也是无效辩护制度体系构建与程序设计的重点。通过设定无效辩护的程序性法律后果及对刑事被追诉人的程序救济来实现刑事辩护品质的底线保障，这种消极法律后果既可以是上级法院撤销原判、发回重新审判的后果，也可以是律师协会对律师的惩戒后果。⑦ 无效辩护的制度基础在于在对抗制诉讼模式下，控辩双方基于无罪推定原则，通过平等、有效的对抗与辩论产生公正的判决结果。我国自 1996 年《刑事诉讼法》修正开始，控辩直

① 林劲松：《对抗制国家的无效辩护制度》，《环球法律评论》2006 年第 4 期。
② 施鹏鹏：《法律改革，走向新的程序平衡？》，中国政法大学出版社，2013，第 28~29 页。
③ 〔德〕托马斯·魏根特：《德国刑事诉讼程序》，岳礼玲、温小洁译，中国政法大学出版社，2004，第 225 页。
④ 《俄罗斯联邦刑事诉讼法典》，黄道秀译，中国政法大学出版社，2003，第 256 页。
⑤ 陈卫东主编《模范刑事诉讼法典》，中国人民大学出版社，2005，第 580 页。
⑥ 参见李本森《美国刑事无效辩护制度及其对我国的借鉴》，《北方法学》2016 年第 6 期。
⑦ 参见〔美〕伟恩·R.拉费弗等《刑事诉讼法》，卞建林等译，中国政法大学出版社，2003，第 661 页。

接对抗不断得到强化，进一步强调职权机关对辩护权的保障；2012 年将"尊重和保障人权"写入总则，强职权主义持续被削弱。虽然在《刑事诉讼法》层面尚无明确反映控辩护平等武装原则的规定，但《最高人民法院关于适用〈中华人民共和国刑事诉讼法〉的解释》中"控辩双方可以申请人民法院召开庭前会议""听取控辩双方对案件事实、证据材料的意见"以及庭审中控辩都能举证、质证与辩论等规定，形式上已具备控辩平等对抗的实质。2018 年正式实施认罪认罚从宽制度，立法上虽未使用"协商"这一表述，但《关于适用认罪认罚从宽制度的指导意见》第 33 条明确"人民检察院提出量刑建议前，应当充分听取犯罪嫌疑人、辩护人或者值班律师的意见，尽量协商一致"，"协商"就决定了这一制度应建立在控辩双方平等对抗的基础之上。毕竟，无平等则无对抗，只有压制；无平等则无协商，自愿会沦为强迫。因此，从制度基础与诉讼实践来看，我国具有建构无效辩护制度体系的可行性与必要性。首先需要在《刑事诉讼法》中确立无效辩护制度的核心内容，将被告人经历无效辩护作为撤销原判、发回重审的依据。《刑事诉讼法》第 238 条第 3 项规定的"剥夺或者限制了当事人的法定诉讼权利，可能影响公正审判的"仅针对职权机关的行为，"可能影响公正审判"的立法表述为职权机关规避责任提供了法律依据，也掌握了主动权。司法实践中存在警察、公诉人或法官剥夺或限制当事人辩护权的情形，但因此而撤销原判、发回重审的案件罕见。如果剥夺或限制了当事人的诉讼权利，必然已经影响司法公正，还需要审查吗？建议对《刑事诉讼法》第 238 条第 3 项的表述进行修改并增加律师无效辩护的相关内容，同时在犯罪嫌疑人诉讼权利中增加对辩护质量提出异议、申请无效辩护审查的权利，明确刑事辩护的最低限度标准、审查的主体与程序，将这些内容在《刑事诉讼法》及其司法解释的不同章节里进行规定，形成完整的体系，前后协调。

（二）无效辩护明确了刑事辩护品质的底线标准

底线是指最低的标准、条件、限度。无效辩护制度的建构需要明确所有刑事案件辩护品质的最低保障标准。本文认为，所谓无效辩护，是指在刑事诉讼中，职权机关违反法律规定或辩护律师不当履职，导致刑事被指控人的辩护权受到根本性或实质性损害的情形。并且，这种根本性或实质性的损害是法律已经或者能够明确规定的。之所以如此定义，是基于我国法律渊源与法律体系的特点，以及已有刑事辩护制度、规范性文件已相对完备这一前提。美国通过一系列判例最终明确无效辩护的构成要件并不断丰富具体的判断依据。律师的表现是否具有客观合理性、是否造成被告人权益实质损害通常被视为成立无效辩护的两个实体性要件。一些判例突破了 Strickland v. Washington 案所确立的被指控人的两个举证责任，基于更为具体的行为表现或影响因素来推定无效辩护两个实体要件的符合性。除了律师无故缺席审判、在不清醒状态下出席审判、在整个审判阶段沉默或打瞌睡、站在控方立场作出被告人有罪或罪重的陈述、双重代理利益冲突等情形外，还包括审判法官剥夺律师交叉询问的权利，阻止律师与委托人之间通信，以及警察、公诉人故意侵扰律师与委托人的关系，偷听律师与委托人之间的谈话等对律师帮助的不当干预。① 显然，无效辩护制度不仅仅是对律师辩护行为的约束，同时也限制警察、公诉人与法官的执法或司法行为，不同原因导致无效辩护所触发的程序性法律后果是相同的。

我国成立无效辩护的底线标准，首先应当明确法律赋予犯罪嫌疑人、被告人的基本辩护权不受侵犯。与英美判例法不同，我国是成文法国家，自 1979 年以来，《刑事诉讼法》和相关司法解释的修正完善对犯罪嫌疑人辩护权保障不断加强，相关规定愈发具体清晰。《刑事诉讼法》第 37 条规定了辩护人的责任，如前所述，辩护人履行了这些责任并不意味着就是有效辩护，但一定不是无效辩护。相反，如果辩护律师对案件事实、证据材料不清楚，法律适用错误，提出的材料或意见不利于被指控人，出现"站在控方立场作出被告人有罪或罪重的陈述"等情形，理应属于

---

① 林劲松：《对抗制国家的无效辩护制度》，《环球法律评论》2006 年第 4 期。

无效辩护。同时，法律赋予犯罪嫌疑人、被告人阅卷权和会见权等具体辩护权就是为了保障辩护人能够履行这一责任。如果辩护律师不阅卷、不会见、不调取或收集对被指控人有利的证据，不可能全面掌握案件事实与证据，自然无法提出有利于被指控人的材料和意见，也不可能维护犯罪嫌疑人、被告人的诉讼权利和其他合法权益。这里需要澄清的是，辩护权的主体是被刑事指控之人，而不是辩护律师。辩护律师的权利具有"附属性"，除了与律师的人身权相关的权利之外，其在刑事诉讼中的权利基本上都是附属于刑事被指控人的权利。阅卷权、会见权是犯罪嫌疑人、被告人的权利，而为犯罪嫌疑人、被告人保守秘密，则是律师的义务。因此，辩护律师整个案件代理过程不会见、不阅卷，就是"侵犯"了犯罪嫌疑人、被告人的辩护权，或者说，就是无效辩护。同样，如果职权机关违反法律规定，阻碍辩护律师会见或通信、监听会见过程，不全面展示案卷材料等情形，也是对犯罪嫌疑人、被告人基本辩护权的侵犯，同样构成无效辩护。在此基础上，我国还可借鉴联合国刑事司法准则或其他国家的经验，将律师不能保证必要时间、无故缺席审判或在不清醒状态下出席审判、在整个审判阶段沉默或打瞌睡、双重代理利益冲突以及法官剥夺律师质证权等情形，规定为刑事辩护品质的底线标准，视为无效辩护。由于我国不同诉讼阶段，犯罪嫌疑人、被告人辩护权的内容不同，辩护律师的权利与义务也存在区别，在具体制度构建时可区分侦查、审查起诉与审判阶段设定无效辩护的具体情形。

需要强调的是，无效辩护是底线标准，是值班律师、法援律师与委托律师都应当共同遵循的刑事辩护品质的最低限度。[①] 在认罪认罚从宽案件中，同样不能突破无效辩护的底线。一方面，国家已将法律帮助纳入辩护率统计中，那么在性质与作用上，意味着国家将其作为刑事辩护来

[①] 我国通常将律师从大类上分为值班律师、法援律师与聘请律师三类，从严格意义上讲，值班律师在性质上也属于法援律师。一般意义上的法援律师通常是一对一提供援助服务，值班律师则是为值班期间需要服务的不特定对象提供援助服务，"两高三部" 2020年出台的《法律援助值班律师工作办法》也说明了这一点。

对待。刑事案件律师辩护全覆盖试点工作的相关文件虽冠名为"刑事案件律师辩护全覆盖"，但内容涵盖了委托律师与法援律师的"律师辩护"与认罪认罚从宽案件值班律师的"法律帮助"。根据最高人民检察院 2023 年工作报告数据，认罪认罚从宽制度在检察环节适用率已超过 90%，[①] 虽然官方未公布适用认罪认罚从宽制度的案件中委托辩护、法律援助辩护与值班律师提供法律帮助的具体数据与比例，但从前文所列举的一些地方相关数据中可以看出认罪认罚从宽案件中值班律师提供法律帮助是刑事法律援助的主要方式，也是刑事案件律师全覆盖试点工作的推进重点，值班律师有效法律帮助是律师有效辩护的重要组成部分。另一方面，法援律师、值班律师的职责、权利与委托律师并无实质上的差异。对于一般的法援律师，这一点无须多作说明。对于值班律师，"两高三部"发布的《关于适用认罪认罚从宽制度的指导意见》与《法律援助值班律师工作办法》均在强调值班律师应当维护犯罪嫌疑人、被告人合法权益的前提下，明确了值班律师在认罪认罚案件中应当提供的法律帮助内容。2022 年《关于进一步深化刑事案件律师辩护全覆盖试点工作的意见》进一步明确"充分发挥值班律师在各个诉讼阶段的法律帮助作用"以及"实质发挥值班律师法律帮助作用"。应当说，认罪认罚从宽案件中的值班律师，除了没有调查权，其法律帮助与辩护的基本职责是相同的。因此，无效法律帮助与无效辩护具有共通性，应当有共同的底线标准。司法实践中，法援律师走过场，甚至站在控方立场的"占坑"式辩护饱受诟病，而值班律师不阅卷、不会见，不了解案件事实与证据，批量为犯罪嫌疑人、被告人认罪认罚作背书，配合检察机关走流程的现象，或许是当前我国无效辩护的最突出表现。在美国，有的公设辩护人在正式入职后的第一个四年任期内共承接了 1493 起案件，其中 1479 起是以认罪答辩终结，被质疑平均每起案件花费的时间根本不足以保障有效辩护。相

---

① 《检察环节认罪认罚从宽制度适用率超过 90%》，最高人民检察院网站，https://www.spp.gov.cn/spp/2023qglh/202303/t20230308_ 606847. shtml，最后访问日期：2023 年 12 月 25 日。

应的法律援助制度也被称为"会见与认罪"制度，既公设辩护人在完成简单的会见之后，就立即劝说犯罪嫌疑人作认罪答辩，以期案件能够得到最快速的处理。这样的法律援助系统能够为贫困者提供的，不过是一个辩护人泡影罢了。① 这样的情形，是我国在法律援助值班律师制度实践中应当极力避免的。很多学者关注认罪认罚从宽案件中有效法律帮助问题，② 围绕值班律师法律帮助的有效性进行的探讨有着重要意义。但是，保障认罪认罚从宽案件犯罪人、被告人的基本辩护权，发挥值班律师维护犯罪嫌疑人、被告人合法权益的实质作用，需要在制度上明确值班律师法律帮助不能突破辩护品质的最低限度，无效法律帮助也是底线。

五　结语

有效辩护与无效辩护，是提升刑事辩护品质的两个基本问题，两者有着密切的关系，但确实是不同的两个问题。有效辩护是对刑事辩护品质的目标追求，是上限，是没有顶的；无效辩护是刑事被指控人辩护权的基本保障，是下限，是有底的。有效辩护是理想，无效辩护是底线，制度无法细化理想，但可以明确底线。从制度构建角度讨论，无效辩护无疑更有意义，也更具有可行性。《关于适用认罪认罚从宽制度的指导意见》中"有效法律帮助"的提出对于我国刑事辩护制度有着重要意义，这是我国首次在规范性文件中明确刑事辩护品质的要求，为今后《刑事诉讼法》设定有效辩护的制度目标提供了一个范本，也为我国无效辩护制度的构建提供了前提与契机。我国应当吸取世界现代法治国家的经验，总结多年来诸多学者的相关研究成果，摆脱提升刑事辩护品质在制度上难以推进的困境。在《刑事诉讼法》总则中明确将有效辩护设定为刑事辩护品质的努力目标，为高品质辩护理想的实现迈进一步。同时，体系

---

① 参见程滔《美国公设辩护人制度研究》，中国政法大学出版社，2019，第135页。
② 参见刘泊宁《认罪认罚案件中值班律师有效法律帮助制度探究》，《法商研究》2021年第3期；韩旭《首发｜韩旭：如何保障认罪认罚案件中被追诉人获得有效法律帮助》，"中国政法大学刑事辩护研究中心"微信公众号，http://mp.weixin.qq.com/s/0mr5AQdl0MQMCWKbdlRy1Q，最后访问日期：2023年4月19日。

化地构建无效辩护制度，设置刑事辩诉品质的最低限度及无效辩护的程序性法律后果。没有无效辩护制度，刑事辩护品质难以得到基本保障，有效辩护作为理想就只能是空中楼阁。无效法律帮助与无效辩护并无实质区别，具有共同的辩护品质底线标准，刑事辩护要实现《关于进一步深化刑事案件律师辩护全覆盖试点工作的意见》中要求的"从有形覆盖转向有效覆盖"，首先要通过无效辩护制度消灭值班律师无效法律帮助。

刑事辩护全覆盖背景下值班律师的
身份归属与功能拓展

张　袁[*]

摘　要：刑事辩护全覆盖背景之下，身份归属上的"辩护人"差异化与权利范围上的"辩护人"等值化成为值班律师制度推进的主要障碍。以"案件代理"为重心的刑事法律援助机制以及刑事案件律师辩护全覆盖推进的功利化导向使值班律师的处境更加艰难。在宏观设计上，应秉持有权获得法律帮助的基本原则与有效获得法律帮助的核心理念，前者是明确值班律师身份的基本前提，后者是发挥值班律师价值的重要手段；在制度架构上，需要明确值班律师"帮助者+辩护人"的复合属性与角色，构建除委托代理、法律援助代理以外的第三层次法律援助类型。

关键词：值班律师；法律援助；刑事辩护全覆盖；身份归属

刑事法律援助，从西方国家律师群体的自发性慈善行为，[①] 演变为 20 世纪中叶的国家专门性援助机制，再到 20 世纪末期在中国的首次试点与制度引入，[②] 已逐渐成为刑事诉讼法律制度中不可或缺的一部分。2017 年 10 月，最高人民法院、司法部印发《关于开展刑事案件律师辩护全覆盖试点工作的办法》，在北京等 8 个省（直辖市）开展刑事案件审判阶段律

---

* 法学博士，中南财经政法大学法学院讲师、硕士生导师。

① 最早起源于英国苏格兰的穷人登记册制度，在册人员若提起诉讼可免费享受法律咨询服务和代理服务。

② 1994 年，中国司法部首次提出法律援助设想并开启相应的试点工作，1996 年《刑事诉讼法》与《律师法》正式规定了法律援助的具体内容。

师辩护全覆盖试点工作。2021 年，《法律援助法》正式出台，将"刑事辩护与代理"与"值班律师法律帮助"作为两种并列的法律援助服务类型。2022 年，最高人民法院、最高人民检察院、公安部、司法部联合出台了《关于进一步深化刑事案件律师辩护全覆盖试点工作的意见》，将刑事案件律师辩护全覆盖从审判阶段推进到审查起诉阶段。其中，值班律师成为刑事辩护全覆盖推进工作中的重要力量，明确其身份归属与功能作用，具有重要的现实意义。

一 刑事法律援助二元格局下的值班律师

根据刑事法律援助工作的开展阶段、具体方式与实质内容，刑事法律援助形成了刑事法律帮助与刑事案件代理并列的二元格局。从工作机制与援助方法上来看，世界各国的刑事法律援助制度均无法脱离"刑事法律帮助"与"刑事案件代理"这两大模式[1]。具体在我国，对于刑事案件代理，通过 1996 年与 2012 年对《刑事诉讼法》的两次修正，刑事法律援助在范围的扩展上已取得一定成果，[2] 实践状况也受到越来越多的关注与重视；[3] 而在刑事法律帮助方面，从 2006 年河南省修武县的值班律师首次试点，到 2014 年刑事速裁程序、2016 年认罪认罚从宽制度对值班律师的明确要求，再到 2017 年最高人民法院、最高人民检察院、公安部、国家安全部、司法部联合发布的《关于开展法律援助值班律师工作的意见》，值班律师制度作为刑事法律帮助的典型体现，在中国逐渐萌芽

---

[1] 刑事法律帮助主要表现为以值班律师为主体，侧重提供法律咨询与建议；刑事案件代理主要表现为律师以正式辩护人身份受理案件，无偿且义务地为当事人提供法律帮助、进行辩护。加拿大、澳大利亚、英国以及中国香港均设置了专门的值班律师制度，具体称谓有所不同，但重点均在于向当事人提供在案件处理前期所需要的法律疑问解答和法律帮助服务，有些国家或地区还将值班律师的权限扩展到一定的程序性辩护事项。参见郭婕《法律援助值班律师制度比较研究》，《中国司法》2008年第 2 期。

[2] 顾永忠、杨剑炜：《我国刑事法律援助的实施现状与对策建议——基于 2013 年〈刑事诉讼法〉施行以来的考察与思考》，《法学杂志》2015 年第 4 期。

[3] 张袁、胡婧：《刑事法律援助实施情况总结研讨会综述》，《中国司法》2014 年第 11 期。

并壮大起来。实现刑事案件律师全覆盖的目标，[1] 应当从刑事法律帮助与刑事案件代理这两条路径同时入手，并驾齐驱。刑事法律帮助对于法律援助工作开展的前期，在衔接刑事案件代理工作上具有显著的优势。与此同时，在刑事辩护全覆盖背景之下，身份归属上的"辩护人"差异化与权利范围上的"辩护人"等值化成为值班律师制度推进的主要障碍。

（一）身份归属上的"辩护人"差异化

根据相关文件，刑事法律援助中的值班律师是指定期驻守在法院或看守所，为刑事案件中的犯罪嫌疑人、被告人或其家属，及时提供法律咨询和法律帮助的律师群体。[2] 传统刑事辩护律师的工作模式，决定了其往返于司法机关、执法机关或其他办案场所之间的常态，办公地点与时间的不固定性因此决定了律师并不需要按时、按点值班。随着法律援助制度的发展，"值班律师"这一概念才逐渐出现，值班律师通过"铁打的时间地点、流水的律师"这种工作样态，侧重保障审前阶段尤其是辩护人正式介入案件之前当事人的相关诉讼权益。在我国刑事速裁程序与认罪认罚从宽制度改革的背景下，值班律师逐渐开始走上制度性构建的道路。[3]

从我国改革试点地区[4]的值班律师工作经验来看，值班律师提供法律服务的常见方式有三种：一是传统意义上的值班律师，也就是驻守在固定办公地点并且按时、按点上班的律师，驻守的场所可能是社区，也可

---

[1] 左卫民：《都会区刑事法律援助：关于试点的实证研究与改革建言》，《法学评论》2014年第6期。

[2] 2014年8月最高人民法院、最高人民检察院、公安部、司法部联合发布的《关于在部分地区开展刑事案件速裁程序试点工作的办法》规定："建立法律援助值班律师制度，法律援助机构在人民法院、看守所派驻法律援助值班律师。犯罪嫌疑人、被告人申请提供法律援助的，应当为其指派法律援助值班律师。"

[3] 顾永忠、李逍遥：《论我国值班律师的应然定位》，《湖南科技大学学报》（社会科学版）2017年第4期。

[4] 目前刑事速裁程序与认罪认罚从宽制度改革在北京、上海、广州等18个直辖市和省会城市进行试点。

能是法院、看守所，一般采取轮流值班方式；① 二是以电话为媒介、通过
固定的法律服务专线电话提供帮助的值班律师，目前有 12348 法律服务热
线；② 三是网络值班律师，这类律师通过互联网用视频或在线聊天等方式
在线上为需要帮助的人解答问题、出谋划策③。在以上三种方式中，第二
种与第三种在帮助效果上与第一种存在一定差别，但对于人力资源的协
调、工作时间的分配以及帮助范围的扩展能发挥积极作用。目前各项制
度改革中所涉及的刑事法律援助值班律师制度，以第一种方式为主，同
时也在逐步落实第二种与第三种方式。

从值班律师的衍生机制与主要工作方式可以看出，值班律师的服务
以刑事法律帮助为主，即他们提供法律咨询或简单的法律帮助，在这一
点上，他们与刑事案件的直接辩护人和代理人有身份差异。首先，值班
律师的工作实质是以值班为途径的法律帮助。这不仅直接表现为"值班
律师"这一称谓，也通过 2017 年《关于开展法律援助值班律师工作的意
见》体现，该文件规定值班律师的基本职责在于解答法律咨询问题，引
导和帮助犯罪嫌疑人、被告人及其近亲属申请法律援助，转交申请材料，
等等。该意见还强调法律援助值班律师不提供出庭辩护服务。对于符合
法律援助条件的犯罪嫌疑人、被告人，可以依申请或通知由法律援助机
构为其指派律师提供辩护。其次，在刑事案件代理中，值班律师的身份
缺乏存在空间。我国《刑事诉讼法》的几次修改，对于刑事法律援助的

---

① 传统意义上的值班律师不仅包括对刑事案件提供咨询援助的值班律师，还有走进社区、
工会等场所义务提供法律常识普及或其他法律帮助等工作面更广的值班律师，所涉工作
均属于传统法律援助工作的范畴。

② 全国大部分省（区、市）均设置了 12348 法律服务热线，也是各地区法律援助的常见方
式之一，其中，江苏、广东、新疆等对此有丰富的实践经验，在服务方式、工作时间、
语言种类等方面提供全方位优质服务。参见董红民、麻伟静《构建法律援助值班律师制
度实证探析》，《中国司法》2006 年第 10 期。

③ 作为 12348 法律服务热线的升级模式，杭州、青岛等地已开始积极探索网络直播律师平
台，通过各种途径招募线上值班律师，拓展法律援助的工作渠道。参见戴谦《设专职网
络值班律师　升级 12348 专线平台》，搜狐网，http://www.sohu.com/a/126998959_
115421；杭州市律师协会业务部《关于招募公共法律服务网线上值班律师的通知》，杭
州律师网，http://www.hzlawyer.net/news/detail.php?id=13694。

范围进行了一定扩充，但仍以刑事案件代理为主，① 这就对值班律师的帮助范围与指派辩护律师的帮助范围进行了划定，因此，值班律师与《刑事诉讼法》明确规定的指派辩护律师有所不同：值班律师的服务不设任何门槛，不限于有特殊案情需要、经济困难或其他弱势群体，无论是依申请还是强制性的指派辩护案件的律师，其工作范围与值班律师的工作范围均不能等同。最后，辩护人身份的确立只能基于委托授权与法院指派两种途径。值班律师虽然能发挥一定的程序性辩护帮助作用，但其既没有接受正式委托，也并不针对指派辩护案件提供帮助，故而其身份并非正式的辩护人。值班律师既承担一定辩护功能，却又不具有辩护人身份的矛盾为许多学者诟病。②

（二）权利范围上的"辩护人"等值化

从河南省修武县开始，刑事法律援助值班律师的试点工作已开展十余年，但值班律师制度正式作为改革目标，则始于 2014 年刑事速裁程序、2016 年认罪认罚从宽制度的配套性成果。其确立初衷在于：配合以诉讼效率为目标的刑事速裁程序与认罪认罚从宽制度，帮助自愿认罪的轻微刑事案件当事人，削减部分程序，在不改变刑事证明标准③的前提下，走上一条高速、快捷的诉讼道路。虽然值班律师制度与上述两种改革密切

---

① 2012 年《刑事诉讼法》对于法律援助的修正主要体现在：在保留原有三类（当事人系盲聋哑人、系未成年人、可能判处死刑）案件的基础上，对于尚未完全丧失辨认或控制自己行为能力的精神病人的案件、当事人可能判处无期徒刑的案件，人民法院也应当指派法律援助律师；法律援助的实施阶段从审判阶段提前到审前阶段；在通知方式中，法律援助机构的地位得到进一步明确；当事人或其亲属享有申请法律援助的权利。

② 辩护这种诉讼活动不只发生在审判阶段，就实体活动展开而言，当事人在审前阶段也可就相关事宜进行程序性辩护。因此，有学者主张值班律师应当拥有辩护人的身份，方能更好地发挥其制度功能。参见谭世贵、赖建平《"刑事诉讼制度改革背景下值班律师制度的构建"研讨会综述》，《中国司法》2017 年第 6 期。

③ 学界主流观点认为，刑事速裁程序与认罪认罚从宽制度并不会改变刑事案件的证明标准。参见陈光中、马康《认罪认罚从宽制度若干重要问题探讨》，《法学》2016 年第 8 期；陈瑞华《认罪认罚从宽制度的若干争议问题》，《中国法学》2017 年第 1 期；陈卫东《认罪认罚从宽制度研究》，《中国法学》2016 年第 2 期。

相关，但目前有两个问题应当明确：其一，对于值班律师在刑事诉讼活动中功能与作用的认识，不应局限于刑事速裁程序、认罪认罚从宽类型的案件之中，值班律师应当是对任何犯罪嫌疑人、被告人均能提供服务的值班律师；其二，值班律师功能虽主要定位于刑事法律咨询帮助，但其在当事人与办案人员之间、法律援助律师与援助对象之间，在审判阶段与审前阶段援助工作的衔接、值班律师到辩护人身份的转化等环节上，构筑了顺畅通道，具体表现为以下三个方面。

1. 枢纽：作为"当事人—值班律师—辩护律师"辩方构造中的纽带

控审分离原则与控辩平等原则的前提，是保证三方力量的均衡对抗。[①] 在国家机器支配下控诉与审判职能之权力运用，会给被指控者带来难以抵抗的压力，[②] 为解决此问题，增强能与国家机关相匹配的专业辩护力量是其一，构建多渠道、全方面提供法律服务与帮助的机制是其二。值班律师的设置，开辟了审前阶段到审判阶段辩方力量的三元空间，刑事案件中的辩方角色正式从二元（当事人+辩护律师）走向三元（当事人+值班律师+辩护律师）。犯罪嫌疑人、被告人或其近亲属不用费时费力向法律援助机构或律师事务所咨询，通过看守所和法院法律援助工作站的设置，无偿提供帮助与建议、固定地点与时间坐班的值班律师直接成为犯罪嫌疑人、被告人的有力后盾，也填补了犯罪嫌疑人、被告人坐等法律援助机构指派律师的"空窗期"。首先，值班律师的帮助具有及时性。值班律师是最早接触、了解案件的人，他们能在第一时间提供建议与帮助，安抚涉案人员，壮大抗辩力量，对侦查阶段和审查起诉阶段的司法行为形成一定制约与监督。其次，值班律师能帮助当事人接受刑事案件代理援助。值班律师的介入并不意味着其成为相应案件的正式辩护律师。在介入刑事案件、了解案情以后，值班律师可以分析此案是否属于法定法律援助的案件范围，如果确定此案具有能够指派辩护的情形（当事人系盲聋哑人、系未成年人、可能判处死刑或无期徒刑、系尚未完全丧失

---

① 宋英辉等：《刑事诉讼原理》（第三版），北京大学出版社，2014，第175~178页。

② 林钰雄：《刑事诉讼法》（上），台北元照出版有限公司，2013，第210页。

辨认能力的精神病人），则可以与法律援助中心或者人民法院联系，帮助符合条件的法律援助律师顺利接案，并对法律援助律师与援助对象在案情信息的沟通上提供一定帮助；如果确定此案符合酌定法律援助的条件，也就是具有依申请进行法律援助的情形（当事人经济十分困难或难以委托辩护人），值班律师可以建议或直接帮助当事人向法律援助中心或人民法院申请法律援助律师。最后，由于值班律师的介入，法律援助工作能从审判阶段有效地扩展至审前阶段。迟来的辩护，往往就不是实质有效的辩护。[①] 迟来的律师帮助，亦是如此。2012 年修改后的《刑事诉讼法》将法律援助的实施阶段从审判阶段提前到侦查阶段与审查起诉阶段，不过这仅仅针对刑事案件代理的范畴。值班律师能够在犯罪嫌疑人被羁押于看守所的第一时间，提供咨询服务等法律帮助，通过刑事咨询法律援助的提前介入实现法律援助工作向审前阶段扩展的有效性。

2. 转化：从值班律师到辩护律师在身份转化上的天然优先性

在值班律师制度的问题上，一个核心争论点是值班律师的职权范围。《法律援助法》第 30 条规定："值班律师应当依法为没有辩护人的犯罪嫌疑人、被告人提供法律咨询、程序选择建议、申请变更强制措施、对案件处理提出意见等法律帮助。"其中值班律师的权利与辩护律师的权利存在一定重合。学界对值班律师的身份定位有两种观点：一是主张明确值班律师作为辩护律师、特殊辩护律师或"准辩护人"的身份，从身份入手解决值班律师的权限问题；[②] 二是从值班律师制度与指派辩护制度这两种法律援助方式的衔接点出发，主张将值班律师纳入指派辩护律师的范畴之内或实现值班律师、辩护律师等多种身份的合并[③]。从保障控、辩、

---

① 林玉雄：《刑事诉讼法（总论编）》，台北元照出版有限公司，2013，第 222 页。

② 参见顾永忠、李逍遥《论我国值班律师的应然定位》，《湖南科技大学学报》（社会科学版）2017 年第 4 期；吴小军《我国值班律师制度的功能及其展开——以认罪认罚从宽制度为视角》，《法律适用》2017 年第 11 期；程衍《论值班律师制度的价值与完善》，《法学杂志》2017 年第 4 期。

③ 参见陈瑞华《认罪认罚从宽制度的若干争议问题》，《中国法学》2017 年第 1 期；赵恒《认罪认罚从宽制度适用与律师辩护制度发展——以刑事速裁程序为例的思考》，《云南社会科学》2016 年第 6 期。

审三方势力均等以及充分发挥辩护权功能的角度出发，赋予值班律师更多的权限无疑对犯罪嫌疑人、被告人有利。刑事速裁程序与认罪认罚从宽制度为值班律师增加了两项有别于过往试点探索阶段的特殊功能：程序选择与量刑协商。不过，根据2017年《关于开展法律援助值班律师工作的意见》的表述，值班律师在程序选择与量刑协商上的主要作用是"帮助"，这种定位与具有独立诉讼权利、义务的辩护人的定位相比，仍有一定差异。值班律师主要是以值班为途径的法律咨询服务群体，帮助当事人进行程序选择与量刑协商也不会扭转这一身份属性。要实现保障当事人辩护权益、增强其对抗力量的目的，在现有体制下，应当在值班律师与辩护律师身份转换机制上"下功夫"。如果当事人自行委托了其他辩护人，或者法院指派了其他法律援助律师介入案件，则值班律师的职责仅仅在于完成前期的咨询等法律帮助工作，在该案正式辩护人介入后，可以告知或移交相关案情、资料等内容；而如果值班律师作为刑事法律援助工作的直接承担者，即为便于诉讼效率的提升与司法资源的优势利用，在各种条件均符合法律规定的情况下，人民法院或法律援助中心直接指定该值班律师为该案的刑事辩护律师，那么值班律师就转变为该案的辩护律师，也就因此享有和承担一般刑事辩护律师的权利与责任。

3. 过渡：为刑事法律帮助向刑事案件代理过渡提供便利

刑事法律援助的最终目标是实现全覆盖刑事法律援助，而全覆盖刑事法律援助，又可以包括普遍性法律帮助与普遍性案件代理。值班律师制度设置的目标应当是保证普遍性法律帮助，即任何犯罪嫌疑人、被告人都有权在看守所或人民法院的值班律师办公室进行咨询或获得其他法律帮助。一方面，刑事速裁程序与认罪认罚从宽制度配套实施的值班律师制度，不仅是在提供法律咨询的方式、场所、时间上进行了扩展，刑事法律帮助的案件范围也进一步拓宽。在帮助地点上，从以前社区、工会或法律援助中心的自设机构扩展到看守所、人民法院的值班律师办公室；在帮助方式上，值班律师不再僵化地局限于提供法律咨询，还可以进一步提供确认当事人意愿、建议程序选择、进行量刑协商等法律帮助内容，这在事实上已经正式迈入了刑事法律帮助全覆盖的时代。另一方面，刑事辩护律师的全覆盖目标[①]依赖于刑事案件代理的全覆盖，而后者受制于法定法律援助范围的局限，在时间与空间上实现起来颇有困难。作为刑事法律援助机制重要内容之一的刑事法律帮助制度——值班律师制度，相较而言，所需的人力、物力成本较低、难度较低。通过实现全面的刑事法律帮助，渐次过渡到刑事案件代理全覆盖与刑事辩护律师全覆盖，不失为一种选择方案。

二　值班律师的身份困境与局限归因

法律援助二元格局之下，值班律师的地位与身份对于诉讼活动与当事人权益的意义不容忽视。然而，由于刑事法律援助机制的僵化与偏斜，以及刑事辩护律师全覆盖改革推进的功利化导向，值班律师的功效发挥以及值班律师服务质量的保障目前面临一定障碍。

（一）表层困境：刑事法律援助机制的僵化与偏斜

1. 以刑事案件代理为重心的援助机制

对于刑事法律帮助与刑事案件代理区分的认识不足，导致理论研究与立法均存有一定的偏向性：以刑事案件代理的实际状况为单一标准判断援助机制的好坏，检视制度的实践效果。我国《刑事诉讼法》对于法律援助规定了"法定法律援助"与"酌定法律援助"[②] 两类情形，这两种法律援助方式，均以辩护人介入案件为援助实现的判断标准。在此机制中，只有正式受理了刑事案件才算进行了法律援助。在相关调研报告中，刑事法律援助实践的好坏也直接依赖于刑事案件代理的运行状况。这种偏斜造成值班律师的身份缺少法律渊源与应有的重视。在刑事速裁程序与认罪认罚从宽制度的改革背景下，值班律师制度不免给人

[①] 此目标的设置始于 2017 年 10 月，标志是最高人民法院与司法部共同出台的文件——《关于开展刑事案件律师辩护全覆盖试点工作的办法》。

[②] 事实上是法定案件代理援助与酌定案件代理援助。

"凭空而降"之感。此外,律师帮助权(right to counsel)① 与辩护权
(right to defense)② 的实质也被混为一谈。法律援助的机理在于律师帮
助权,虽然刑事法律援助机制能够保障犯罪嫌疑人、被告人的辩护权,
但辩护权的实现并不直接依赖于法律援助机制。我国理论界一般将辩
护区分为自行辩护、委托辩护与指定辩护,除指定辩护以外,辩护权
还可以通过自行或委托辩护方式来实现。律师帮助权之所以能体现刑
事法律援助的实质,是因为其一方面是以咨询、建议的方式提供法律
帮助,另一方面是以直接受理案件为途径、以律师充当辩护人的方式
提供帮助。以律师帮助权为权益源头,刑事法律援助区分为刑事法律
帮助与刑事案件代理则不言而喻,以往偏斜的重心也有理由回归至
"水平线"。

2. 值班律师的僵化身份与有限职权

在法律援助机制中,值班律师与辩护律师有身份之别、职权之差,
这属于值班律师的先天障碍。服务方式的僵化与职权范围的局限是值班
律师发挥法律援助功能存有障碍的两大原因。值班律师提供的服务有法
律咨询、引导法律援助申请、建议程序选择、进行量刑协商、代为申诉
控告这五种主要类型。③ 法律咨询与引导法律援助申请,是"背后性"帮
助,意味着律师只能告诉当事人可以怎么做、最好怎么做、建议怎么做
等,但实际的诉讼行为只能由当事人自行作出;建议程序选择与进行量
刑协商、代为申诉控告,是"主动性"帮助,值班律师可以介入诉讼活
动,帮助犯罪嫌疑人、被告人配合公安司法人员进入刑事速裁程序与认

---

① 有关律师帮助权的经典案例是 *Powell v. Alabama*, 287 U. S. 335(1932); *Johnson v. Zerbst*, 304 U. S. 458(1938); *Giffin v. Illinois*, 351 U. S. 12, 19(1956); *Gideon v. Wainwright*, 372 U. S. 335(1963)。起因均在于未为当事人指派免费律师提供帮助。
② 有关辩护权的经典案例是 *Strickland v. Washington*, 466 U. S. 668(1984); *Nix v. Whiteside* (1986)。这些案例均与有效辩护有关,侧重保障当事人辩护权实现的有效性。虽然广义的有效辩护原则也包含律师帮助权的实现,但这不能改变辩护权与律师帮助权的权益核心范畴。
③ 参见 2017 年最高人民法院、最高人民检察院、公安部、国家安全部、司法部联合发布的《关于开展法律援助值班律师工作的意见》。

罪认罚从宽制度。主动性法律帮助虽然丰富了值班律师提供法律服务的形式，但仍然无法改变值班律师制度暂时性、短期性、多变性等特点，也无法改变值班律师在法律援助工作站的值班室被动接受通知的服务开启方式。加上轮换坐班的固有模式，这种制度构造使刑事法律帮助开展的实质效果大打折扣。与辩护律师相比，值班律师在刑事案件中发挥的作用十分有限，除了在刑事速裁程序与认罪认罚从宽制度适用的案件中，其拥有专属的功能空间以外，对于其他类型的刑事案件，以建议与咨询服务为主的职能对当事人来说，实质作用实属不大。

3. 刑事法律咨询服务的实质效果局限

服务质量与帮助效果是评估法律援助工作的重要标准。实质效果的局限使值班律师制度的运作举步维艰，这不仅与身份僵化下的职权范围有关，也与补贴与惩处等后置性机制、律师个人职业道德密切联系。值班律师实质效果的不理想主要体现在律师配备的敷衍化、法律帮助的形式化以及驱动机制的虚无化这三个方面。为响应司法部设置值班律师的要求，并顺应刑事速裁程序与认罪认罚从宽制度改革的趋势，各地区一般以从律师事务所和法律援助中心选挑律师，并在当地建立值班律师库，安排值班时间与地点。北京、上海、广州、杭州、西安、武汉、厦门等地均采取了对应措施，虽然值班律师库中的人员数量不等、值班机制也有区别，但这并不影响改革试点工作的开展。[①] 规范性文件的约束与大势所趋使在看守所、人民法院设置值班律师成为必需，2016 年以来，随着刑事速裁程序在 18 个城市的试点运行，我国在 2000 多个看守所设立了法律援助工作站，以配合值班律师制度的运行；[②] 有的地区还在人民检察院

[①] 参见孟绍群《法律援助值班律师"北京模式"的形成》，《法制日报》2017 年 9 月 5 日；甘权仕《法律援助律师值班制度调研报告——以厦门市法律援助中心为蓝本》，《中国司法》2015 年第 11 期；董红民、麻伟静《构建法律援助值班律师制度实证探析》，《中国司法》2016 年第 10 期；李本森《刑事速裁程序试点的本地化差异：基于北京、上海、广州和西安试点的地方文本分析》，《中外法学》2017 年第 2 期。

[②] 《2016 年全国法律援助工作概况》，中国法律援助网，http://www.chinalegalaid.gov.cn/China_ legalaid/content/2017-06/23/content_ 7216792. htm?node=40884。

配备法律援助工作站①。但个别地区以执业年限较短、经验不丰富的实习律师、年轻律师为值班律师主要群体，有敷衍了事之嫌。同时，值班律师主要群体经验的缺乏，导致提供的咨询服务等法律帮助往往以应付为主，加上值班律师受职权所限，无法深入了解案情，刑事法律帮助的功效趋于形式化。另外，在值班律师的工作补贴畸低、奖惩与考评机制匮乏等后置驱动不足，以及律师法律帮助活动意愿的缺失等因素作用下，值班律师制度功能的发挥极为有限。

（二）深层困境：刑事辩护全覆盖改革的功利化导向

刑事法律援助机制在形式上的僵化与倾斜，实则取决于法律援助理念。目前我国刑事法律援助理念有追求数量而非质量的功利化导向，造成的结果是援助主体的服务工作与其实质利益相冲突，公安司法人员可能为追求诉讼效率而限制当事人的律师帮助权或消极履行告知义务。

1. 追求数量而非质量的功利化导向

现阶段，从 2015 年刑事法律帮助的全覆盖到 2017 年刑事案件代理的全覆盖，刑事法律援助机制始终以实现全面普及为最终目标。② 这种追求对于指定辩护率的提升与被指控者的权益保障无疑是有利的，有更多的人会得到值班律师的帮助，也有更多犯罪嫌疑人、被告人能够接受法律援助律师的代理。但由于全覆盖的目标仅停留在数量层面，如果援助质量被忽视，这种法律援助也只能归于形式。正如有效辩护是实现辩护权的最佳方式一样，法律援助也必须保障援助活动的有效性、帮助行为的实质化。刑事法律援助，在我国缺乏原生土壤，与西方慈善组织、律师

---

① 武汉市东湖新技术开发区在武汉市法律援助中心的帮助下，在看守所、人民检察院和人民法院的法律援助工作站均配备了值班律师，建立了 111 名律师在内的值班律师库。参见《武汉市东湖新技术开发区认罪认罚从宽，试点值班律师工作推进成效显著》，湖北省司法厅门户网站，http://www.hbsf.gov.cn/wzlm/tjgcs/sflhczx/fhxx/54835.htm。

② 2015 年，中共中央办公厅、国务院办公厅印发《关于完善法律援助制度的意见》，提出"实现法律援助咨询服务全覆盖"；2017 年 10 月最高人民法院、司法部出台《关于开展刑事案件律师辩护全覆盖试点工作的办法》，在北京、上海、浙江、安徽、河南、广东、四川、陕西等省市试行。

团体的自发演进有所不同，这种带有国家强行规制色彩的制度，在保障有效帮助实现方面比较困难。观察我国现状，接受委托、收取费用的刑事辩护律师的辩护质量尚且难以保证，更别提提供义务性劳动的法律援助律师了。^① 是故，刑事法律援助理念不仅应关注为更多的人提供法律帮助，更应强调为所有对象提供具有实际效用的帮助。当然，从全覆盖的帮助到全覆盖的有效法律帮助，需要循序渐进，这可以理解；但不可忽视诸如考评、绩效、奖惩、补贴等在提升服务质量上的配套机制。

2. 援助主体的服务工作与实质利益相冲突

刑事辩护律师的综合素养也是目前我国刑事法律援助工作的一大问题。刑事辩护律师本身的业务能力与专业知识水平，面临挑战；以何种心态来面对无偿咨询与案件代理，则拷问着他们的良心。对于值班律师群体，目前多数地区的方式是建立律师库，从各地法律援助中心与律师事务所中挑选，安排定时定点值班。对于高收入的律师来说，这种安排设置是否会导致律师不愿值班最后被强迫值班的情形？是否会存在律师把时间分配给高额诉讼费案件还是低额补贴案件的选择问题？是否会存在律师为节省时间而对法律援助案件敷衍了事的情形？值班工作与自身工作的时间如果存有一定冲突，无偿咨询等法律服务会造成职业律师实质利益的被剥夺与机会成本的增加，也会影响律师进行法律援助的积极性，进而影响到援助质量。这种矛盾也体现了功利性法律援助理念的弊端。法律援助的本质应当是无偿且义务的，这种自发性不仅应在国家层面体现，也应成为律师自身的使命。法律援助工作必然要求律师舍弃部分实质利益，对此，国家只能从宏观层面予以激励或驱动，而要真正保证援助工作的实质化和有效，还必须依赖律师自身。

3. 为保障诉讼效率而导致告知义务的缺失

告知义务是值班律师制度落实的重要一环。只有犯罪嫌疑人、被告人知晓值班律师的存在，且申请途径是便捷、畅通的，值班律师的存在

---

① 陈瑞华：《有效辩护问题的再思考》，《当代法学》2017 年第 6 期。

才有意义。在世界各国律师帮助权的发展过程中，都存在侦查人员为追求诉讼效率、尽快破案而逃避告知义务的行为，为此各国的法律与判例确立了相应规则。加拿大的律师帮助权及警察人员相应的告知义务在1990年布里奇斯案中得到最高法院判决的明确，"任何人在遭到逮捕或者拘留的时候都享有告知权，警察应当告知其法律援助和值班律师服务的可获得性"①，这一判决赋予《加拿大权利和自由宪章（1982）》第10条第2款②新的意义；《德国刑事诉讼法》第136条第1款③也明确赋予刑事案件被指控者律师咨询权，联邦最高法院通过1992年10月29日BGHSt38，374案明确，对于违反告知义务或侵犯律师在场权的情形，适用证据使用禁止规则④（此口供不得作为定案依据），以程序性制裁手段督促告知义务的履行。在我国刑事速裁程序试点过程中，有些地区的权利通知书未写明须告知的内容。据学者相关实证调研，北京、广州两地的刑事速裁程序权利告知清单并未包含"辩护与获取法律援助的权利"相关项，⑤ 这也体现了司法实践对于告知义务的忽视。告知义务对于侦查人员是约束，但对于犯罪嫌疑人、被告人来说是权利与利益，其具有两层含义：一是应当告知犯罪嫌疑人、被告人相应的权利；二是应当为其权利的实现提供必要的帮助，不得有意妨碍与阻拦。就律师帮助权的告知而言，公安司法人员不仅应保证当事人知晓，还必须及时帮助其联系值班律师，提供必要的电话等。告知义务及其违反制裁机制作为不可或缺的桥梁，其空缺会让值班律师成为单纯的"摆设"。

---

① 朱昆、郭婕：《论加拿大犯罪嫌疑人的律师帮助权》，《中国刑事法杂志》2012年第10期。

② 该条款原文："任何人在遭到逮捕或拘留的时候，享有即时聘请律师和向律师发出指示的权利，以及享有被告知该权利的权利。"

③ 该条款原文："第一次讯问被指控者时，应告知其所犯罪行和可能的法律后果，告知其有权拒绝回答问题、有权在被讯问前向辩护人进行咨询，在特定情形下也应当提示其存在犯罪人与被害人和解的可能性。"

④ 张袁：《德国证据禁止的理论与实践及对我国的启示》，载卞建林主编《诉讼法学研究》（第21卷），中国检察出版社，2017。

⑤ 李本森：《刑事速裁程序试点的本地化差异：基于北京、上海、广州和西安试点的地方文本分析》，《中外法学》2017年第2期。

三 身份厘清下值班律师的功能拓展

刑事速裁程序与认罪认罚从宽制度赋予了值班律师新的功能，但并未改变值班律师的身份本质。在诉讼效率与繁简分流刑事政策的作用之下，值班律师的主体权限进一步拓宽，随着值班律师制度与繁简分流改革的衔接，探索更为广泛的律师帮助客体、构建相应的客观保障机制成为当下制度改革面临的新挑战。

（一）主体权限的适度拓宽

1. 明晰权益源头：从辩护权到律师帮助权

如前所述，过去以刑事案件代理为偏重点的法律援助模式将辩护权视为核心，而以刑事法律咨询服务为内容的值班律师制度之构建，意味着刑事法律援助工作开始从辩护权的保障回归到律师帮助权的保障。值班律师促进律师帮助权的实现体现为两个方面：其一，对于犯罪嫌疑人、被告人来说，值班律师使其抗辩力量得以扩充，在审前阶段，值班律师虽然并不拥有实质的辩护权，但可就程序性事项提供法律建议，可就案件情况发表意见，可告知犯罪嫌疑人、被告人相应的诉讼权利与利益；其二，值班律师可以通过权利告知、帮助建议实现安抚功能，律师帮助权应当是最及时的，公安司法人员应在第一时间告知当事人他们有权向值班律师请求帮助，并随时为他们提供联系方式或见面的机会，以使当事人在辩护律师出现之前从值班律师身上获取一颗"定心丸"。明确犯罪嫌疑人、被告人的律师帮助权是值班律师制度构建的首要前提。

2. 保证灵活、高效的法律帮助

保证法律帮助的有效性，虽直接依赖于律师个人职业道德与素养，但也需要借助与绩效挂钩的考评机制、律师协会的监督力量、法律援助中心的专门培训、帮助渠道多元化等。一方面，实现值班律师灵活的法律帮助。在方式上，可以尝试发展值班律师的非现场模式，即以电话和网络为媒介的值班，这种方式的值班应以零门槛、全时段为基本准则，

保证电话 24 小时随时有人接听、网络终端全程有人应答。在帮助内容上，在不改变值班律师的本职身份前提下，可进一步拓宽其权限。例如，赋予侦查人员讯问犯罪嫌疑人、被告人时值班律师的在场权，以防止强迫自证情形发生；又如，对于刑讯逼供或其他非法行为，帮助当事人及时提出申诉与控告。另一方面，为实现高效的法律帮助，需要从援助主体入手，既要在值班律师配备阶段尽量吸纳有经验的值班律师加入，也要律师协会充分发挥行业监督机制与信用记录管理方式的作用，实现有效督促；同时，法律援助中心应对值班律师或其他法律援助律师积极进行专业技能培训与援助意识培养，配合法律援助的考评机制，从内外两个层面促进实现法律帮助的高效性。

（二）援助客体的全面覆盖

2017 年 10 月设定的刑事案件辩护律师全覆盖目标仍然不是刑事法律援助普遍率最大化的最终理想目标，原因在于，不论是辩护律师，还是值班律师，都仅以犯罪嫌疑人、被告人为援助对象。全覆盖不仅应是援助阶段的全覆盖、援助内容的全覆盖，还应当是援助对象的全覆盖。由于刑事速裁程序与认罪认罚从宽制度的改革，值班律师的重心放在了轻罪案件中认罪意愿确认、程序选择建议之上，因此，我们所理解的援助对象仅限于犯罪嫌疑人、被告人，而没有被害人的存在空间。对于在刑事案件中遭受重大权益损害的被害人来说，如果其没有经济能力聘请诉讼代理人为其争取附带民事诉讼赔偿，如果其家属无法寻求有效途径了解案件进展以获得心理慰藉，在刑事诉讼构造领域难免有失公允。在目前看守所与人民法院设置值班律师为犯罪嫌疑人、被告人提供服务的背景下，可以考虑在与被害人一方持相似立场的人民检察院，设置为被害人服务的法律援助值班律师，提供相应帮助。

（三）明确"帮助者+辩护人"的复合属性

值班律师可以是刑事案件单纯的帮助者，也可以是刑事案件正式的辩护人。值班律师本身是一种单一的身份，但由于刑事案件的推进以及刑事诉讼中各方主体关系的改变，其可能会演变出新的身份。对于被安排在固定时间、固定地点值班的律师而言，值班是他们的一种工作形态和工作任务。面对当事人的咨询、来访以及各种渠道的联系，值班律师可以成为法律帮助者；在尊重当事人与律师双方意愿、遵循办案机关的流程和法律规定前提下，值班律师又可以成为刑事案件的辩护人。单纯以某一标准来界定值班律师的身份并不准确，应当视具体情况和案件进展赋予值班律师不同的角色定位与功能。

（四）客观保障机制的构建

构建告知义务机制、疏通身份转化通道以及在制度构建过程中兼顾刑事法律帮助与刑事案件代理，能够为破解当下值班律师难题提供客观保障。

1. 告知义务机制：律师帮助的及时实现

公安司法人员积极履行告知义务是实现值班律师及时提供法律帮助的前提。对此，构建专门约束机制与制裁机制有利于扭转实践中告知义务落实不到位的态势。值班律师制度需要明确配套告知义务机制，告知义务不仅应当在刑事速裁程序与认罪认罚从宽制度适用的案件中得到履行，在全覆盖目标的追求下，更应保证在所有刑事案件中，侦查人员或其他司法人员在第一次讯问犯罪嫌疑人或对其采取强制措施之日起，告知其有请求值班律师帮助的权利及值班律师在场的权利；当事人自己申请或请求值班律师帮助的，应当为其提供值班律师的联系方式和见面机会；如果当日没有律师值班或值班律师临时不在场，应当及时转达当事人的需求。对告知义务机制还应有救济渠道与违反惩戒机制：犯罪嫌疑人、被告人对侦查人员或其他司法人员未及时履行告知义务，导致其未及时获得值班律师法律帮助的，可向自己所在的羁押场所进行申诉，对于此种情形下获取的犯罪嫌疑人、被告人口供，应当认定为非法言词证据，不得作为定案的依据，以产生程序性制裁效果。由此，通过告知义务机制的构建，值班律师帮助权的落实才有可能实现。

2. 疏通转化渠道：从帮助者到辩护人

值班律师具有转化为辩护律师的天然优先性，这种优势不可抹灭，因此从帮助者到辩护人角色的转化机制应当尽可能快捷、便利。疏通值班律师从帮助者向辩护人转化的渠道，符合法律援助工作的便民服务理念。① 尽早让值班律师拥有辩护律师的身份与职权，其就能更快为犯罪嫌疑人、被告人进行实质辩护。接受刑事案件代理，一般需要向人民法院或法律援助中心提交相关申请材料，在批准之后辩护人接受指派，方能正式代理案件，身份才得以成立；如果值班律师在提供法律帮助服务的过程中发现案件属于法定法律援助或依申请法律援助的情形，可以免去将材料移送法律援助中心的程序，直接由法律援助工作站对案件进行处理，如此一来，能进一步提前刑事法律援助辩护律师介入刑事案件的时间。

3. 刑事法律帮助与刑事案件代理的共同覆盖

实现刑事法律帮助与刑事案件代理的共同覆盖是刑事法律援助的最高理想。刑事法律帮助与刑事案件代理的关系可归纳为：二者共同组成我国目前刑事法律援助，刑事法律帮助对于刑事案件代理的开展有一定的推动作用，刑事法律帮助在一定条件下可转化为刑事案件代理，刑事案件代理工作的进行也离不开刑事法律帮助的前期工作。在刑事法律援助理念上，应当逐渐矫正对于刑事法律帮助的忽略，通过提升值班律师制度的地位，实现刑事法律帮助与刑事案件代理并重与兼顾，最终达成二者双赢目标。

---

① 2015 年 6 月，中共中央办公厅、国务院办公厅印发《关于完善法律援助制度的意见》，其中规定，"完善法律援助便民服务机制"，在实施法律援助工作中，尽可能简化程序、手续，紧急情况的，可以先行受理，事后补办材料和手续。

无效辩护：制度正当性、认定标准与救济程序

杨杰辉*　　陈美如**

摘　要： 无效辩护制度表面上是针对辩护人不尽职不尽责辩护的制度，但其实质是对国家没有履行公正审判义务的制裁与救济。无效辩护的判断标准是，辩护存在缺陷，且该缺陷损害了辩护的基本功能。作为一种程序性救济机制，无效辩护的救济程序，既有一般程序性救济程序的共同特征，又有其自身的特殊性。

关键词： 无效辩护；有效辩护；公正审判；辩护功能

辩护权是犯罪嫌疑人、被告人最重要的诉讼权利，甚至是其所有诉讼权利的总和，辩护权的保障问题至关重要。[①] 对辩护权的侵害，既可能来自公检法等公权力干扰、阻碍辩护权行使的行为，也可能来自辩护人不尽职不尽责的辩护。但是，在世界各国，前者均更易引起重视，而后者则更易被忽视。"法院不愿介入，检察官见猎心喜，而被告没有自我保护的能力，律师怠忽职守的不良代理行为成了对抗制下律师权保障的灰色地带，其可能是影响被告权益最大的问题来源，却是最少被着力讨论的一个区域。"[②] 我国对于辩护权的保障，也更重视前者而忽视后

---

*　法学博士，浙江工业大学法学院教授。

**　浙江工业大学法学院法学硕士研究生。

①　熊秋红：《刑事辩护论》，法律出版社，1998，第6页。

②　林志浩：《是公平的保障还是一袭国王的新衣？论对抗制下律师失职行为与被告律师权的保障》，《月旦法学杂志》2006年第10期。

者，辩护人不尽职不尽责而侵害辩护权的问题，已经成为我国辩护权保障的灰色地带。[①] 本文对这一问题进行研究，主要围绕无效辩护制度展开。

一　无效辩护制度的内涵与正当性

辩护权的发展经历了享有辩护权、享有律师辩护权、享有有效辩护权三个阶段，[②] 无效辩护制度的出现，正是辩护权发展到第三个阶段的重要标志。无效辩护制度起源并普遍适用于英美法系对抗制诉讼国家。早在一个多世纪以前，美国就出现了以辩护人不尽职不尽责构成无效辩护为由提起上诉的案例，只是那时候对辩护权的保障还处于努力保障被告人"有"辩护人的阶段，而辩护的质量、辩护人的表现问题，尚未被认为是重要而迫切需要解决的问题，因此也就不可能引起重视，更不可能成为制度建设的重点，对于无效辩护的认定标准、救济程序等，根本不可能形成统一的规定和做法，实践中被认定为无效辩护的情形，更是罕见。[③] 这种状况一直持续到 20 世纪 60 年代，在美国正当程序革命浪潮的席卷下，随着"有"辩护人的问题得到解决，辩护的质量、辩护人的表现问题开始引起重视，实践中以辩护人不尽职不尽责构成无效辩护为由提起的上诉呈井喷之势，成为人身保护令申请中被援引最多的理由，[④]不过联邦最高法院迟迟不愿介入该问题，因此没有形成全国统一的判断标准、救济程序，联邦下级法院和各州法院在此问题上各行其是，无效辩护的判断标准和救济程序五花八门、形态各异。[⑤] 直到 1984 年，联邦

---

① 近年来，我国出台了一系列保障辩护权的措施，但是这些措施都是针对防止公检法干扰、阻碍辩护人行使权利的，而几乎没有针对防止辩护人不尽职不尽责辩护的。

② 陈瑞华：《刑事辩护的理念》，北京大学出版社，2016，第 101 页。

③ James A. Strazzella, "Ineffective Assistance of Counsel Claims: New Uses, New Problems," *Ariz. L. Rev.* 19(1977): 484.

④ Justin F. Marceau, "Remedying Pretrial Ineffective Assistance," *Tex. Tech L. Rev.* 45 (2012): 277.

⑤ 吴宏耀、周媛媛：《美国死刑案件的无效辩护标准》，中国政法大学出版社，2014，第 58~61 页。

最高法院才开始介入该问题，在斯特里克兰案^①中，确立了无效辩护的分析框架、判断标准和救济程序，至此无效辩护制度最终形成。^② 同属英美法系对抗制诉讼的英国、加拿大等国，也形成了类似的无效辩护制度。^③

（一）无效辩护制度的内涵

虽然各国无效辩护的判断标准、救济程序不尽一致，但无效辩护制度的内涵是一致的，即当被告人认为辩护人不尽职不尽责辩护时，他可以以其有效辩护权没有得到保障为由提起上诉，请求上诉法院撤销原判，上诉法院经过审查认定辩护人的辩护构成无效辩护后，应当将原判决撤销并发回重审。^④ 对于无效辩护制度的内涵，可以从以下几个方面理解。

首先，它是一种专门针对辩护人表现的救济机制。赋予被告人辩护权，不只是赋予被告人形式上的辩护权，而且是赋予其实质上的有效辩护权，享有辩护权的实质就是享有有效辩护权。^⑤ 而有效辩护权的实现，需要内外两方面的保障：外部需要公检法等公权力保障辩护权的行使环境，尤其不得干扰、阻碍辩护权的行使；内部则需要辩护人尽职尽责地辩护。因此，对于辩护权的侵害，既可能来自公检法等公权力，也可能来自辩护人。辩护权是一种程序性权利，对程序性权利的救济，采用的是不同于实体性权利救济的程序性救济机制，^⑥ 无论是对于公检法等公权

---

① *Strickland v. Washington*, 466 U. S. 688, 691(1984) .

② James A. Strazzella, "Ineffective Assistance of Counsel Claims: New Uses, New Problems," *Ariz. L. Rev.* 19(1977) : 484.

③ 英国的无效辩护制度参见 Marcus Procter Henderson, "Truly Ineffective Assistance: A Comparison of Ineffective Assistance of Counsel in the United States of America and the United Kingdom," *Ind. Int'l & Comp. L. Rev. 13* （2002）: 352。加拿大的无效辩护制度参见 Dale E. Ives, "The Canadian Approach to Ineffective Assistance of Counsel Claims," *Brandeis L. J.* 42 （2003）。

④ 林志浩：《是公平的保障还是一袭国王的新衣？论对抗制下律师失职行为与被告律师权的保障》，《月旦法学杂志》2006 年第 10 期。

⑤ 熊秋红：《有效辩护、无效辩护的国际标准和本土化思考》，《中国刑事法杂志》2014 年第 6 期。

⑥ 陈瑞华：《程序性制裁制度的法理学分析》，《中国法学》2005 年第 6 期。

力侵害辩护权，还是对于辩护人侵害辩护权，采用的都是程序性救济机制，但是由于两者侵权主体不一样，采用的程序性救济机制的具体模式也不一样。对于前者的救济，采用的是程序性制裁机制；① 而对于后者的救济，采用的则是无效辩护制度。虽然两者的后果都是撤销原判发回重审，但是两者在判断标准、救济程序等方面，存在显著差异。

其次，它是一种上诉救济机制。由于辩护人的表现直接关系到有效辩护权的实现，对其进行监管不可或缺。对于辩护人的表现，主要有事前预防、事中监督、事后救济这三种监管方式。事前预防主要是在辩护开始前，由法官对辩护人的辩护资格、专业能力、职业道德等进行审查，如果认为其明显不可能提供尽职尽责辩护，则将其排除于辩护人之外。② 事中监管主要是在辩护过程中，由法官对辩护人的表现进行同步监督，当发现辩护人有不尽职不尽责表现时，当场提醒、警告甚至强令辩护人退出辩护等。③ 事后救济主要是在一审判决后，当发现辩护人的辩护有不尽职不尽责情形时，由上诉法院以此为由将原判决撤销并发回重审。无效辩护制度正属于这种事后救济机制。三种监管方式各有利弊。事前预防可以将明显不符合有效辩护人条件的辩护人排除在外，有助于保障诉讼的效率，但它也只能将明显不具备条件的辩护人排除在外，而无法保证形式上符合条件的辩护人在辩护过程中尽职尽责地辩护。事中监管有助于法官第一时间发现并纠正辩护人的不尽职不尽责行为，也有助于保障诉讼的效率，但由于辩护尚在进行中，辩护人的行为属于辩护策略还是辩护缺陷，难以判断，如果法官贸然介入，容易侵害辩护人的独立辩护权，扭曲诉讼的正当构造，在法官权威不高的地方，还容易引发审辩冲突等问题。④ 而事后救济中，由于辩护已经结束，上诉法院能够综合考

---

① 陈瑞华：《程序性制裁制度的法理学分析》，《中国法学》2005 年第 6 期。

② Donald A. Dripps, "Ineffective Assistance of Counsel: The Case for an Ex Ante Parity Standard," *J. Crim. L. & Criminology* 88(1997).

③ Heidi Reamer Anderson, "Qualitative Assessments of Effective Assistance of Counsel," *Washburn L. J.* 51(2012).

④ 熊秋红：《有效辩护、无效辩护的国际标准和本土化思考》，《中国刑事法杂志》2014 年第 6 期。

察辩护人的整个辩护行为，客观评估辩护人的表现，因而相对容易识别辩护人的行为属于辩护策略还是辩护缺陷，而且因为是事后评估，也不会直接侵害辩护人的独立辩护权。但是，事后救济将辩护人表现的监管责任赋予上诉法院，而非一审法院，这会导致一审法院对于一些明显的、严重的不尽职不尽责辩护也视而不见或束手无策，而只能留待上诉法院处理，不仅会损害一审法院的公正形象，而且会损害整个诉讼的效率。①

最后，它是一种程序内的救济机制。对于侵害辩护权的，既有程序内的救济机制，又有程序外的救济机制。程序内的救济机制是指通过启动本案诉讼程序而不是另行启动其他程序进行救济，其直接后果不是针对侵权行为人，而是本案诉讼程序，不是追究侵权行为人的个人责任，而是改变本案诉讼程序的进程和结果。而程序外的救济机制与程序内的救济机制正好相反，它是另行启动新的程序，直接针对侵权行为人，通过追究侵权行为人的个人责任进行救济。行政纪律惩戒、民事侵权诉讼属于程序外的救济机制，而无效辩护制度属于一种典型的程序内的救济机制，它是在作为本案诉讼程序组成部分的上诉程序而非本案诉讼程序之外的其他新的程序中进行的，它不是追究辩护人失职失责的个人责任，而是试图撤销原判发回重审。②

（二）无效辩护制度的正当性

根据无效辩护制度，无效辩护的后果是撤销原判发回重审，这意味着辩护人不尽职不尽责的后果与公检法等公权力侵害辩护权的后果是一样的，都是撤销原判发回重审，而且在两种情形中，撤销原判发回重审的性质也完全一样，都是对公权力不利、对被告人有利，因而在性质上

---

① Galia Benson-Amram, "Protecting the Integrity of the Court: Trial Court Responsibility for Preventing Ineffective Assistance of Counsel in Criminal Cases," *N. Y. U. Rev. L. & Soc. Change* 29 (2004): 458.

② Anneii Soo, "An Individual's Right to the Effective Assistance of Counsel Versus the Independence of Counsel," *Juridica Int'l* 17(2010).

属于对公权力的制裁、对被告人的救济。① 两种情形中侵害辩护权的主体不同，而后果完全相同，这必然会导致对两者正当性的不同认可。在公检法等公权力侵害辩护权时，由于侵权的是公权力，被侵权的是被告人，因此通过撤销原判发回重审对公权力进行制裁、对被告人进行救济，这种制度设置既符合制裁与救济的基本原理，也有助于威慑侵权行为，因而具有正当性。但是在辩护人不尽职尽责辩护时，侵害辩护权的是与被告人处于同一阵营且作为其仰赖对象的辩护人，而非公检法等公权力，那么为什么也要撤销原判发回重审，并导致被制裁的不是作为侵权者的辩护人，而是与此无关的公检法等公权力？该问题直接关系到无效辩护制度的正当性。对于无效辩护制度正当性的质疑，依据的主要是两个理论。

一是欠缺政府行为理论，该理论的核心含义是政府不必对其无法控制的行为承担责任，否则对政府不公平，而且也无助于防止该行为的发生。② 根据该理论，公检法等公权力是否有义务和能力干预辩护人的辩护行为，就决定了公检法等公权力是否应对辩护人的不尽职不尽责辩护承担责任，如果答案是肯定的，那么即使公检法等公权力没有以作为的方式干扰、阻碍辩护人的辩护，也会因为其有义务干预辩护人的辩护却没有干预这一不作为而需要承担责任。无论是法院还是检察院，都负有维护审判公正的义务，而有效辩护则属于审判公正的构成要素，因此在理论上法院和检察院都是有权以维护审判公正为名对辩护人的辩护进行干预的，但由于辩护人的辩护不尽职不尽责难以识别，法院和检察院贸然介入辩护人的辩护，很容易侵害辩护人的独立辩护权甚至扭曲审判的正常构造，因此除了利益冲突辩护这种较容易识别的情形，法律并未赋予

---

① 在我国，撤销原判发回重审既可以针对事实问题，也可以针对程序问题。针对事实问题的撤销原判发回重审，既可能对被告人有利，也可能对控诉一方有利。但针对程序问题的撤销原判发回重审，则只可能对被告人有利。辩护人不尽职不尽责与公检法等公权力侵害辩护权，都属于程序问题，因而这两种情形下撤销原判发回重审都是对被告人有利的。

② *McQueen* v. *Swenson*, 498 F. 2d 207(8th Cir. 1974).

法院和检察院干预辩护人辩护的职责。① 正因为法院和检察院没有义务对辩护人的辩护进行干预，其自然不用对辩护人的不尽职不尽责辩护承担责任。而反之，如果让法院和检察院对辩护人的不尽职不尽责辩护承担责任的话，则必然会促使法院和检察院为了防止判决因为辩护人的表现被撤销而频繁地介入辩护人的辩护，这势必会侵害辩护人的独立辩护权甚至扭曲审判的正常构造，这种做法得不偿失。② 正因为法院和检察院没有义务对辩护人的辩护进行干预，也不应该介入辩护人的辩护，所以让其承担辩护人辩护不尽职不尽责的后果的做法不具有正当性。

二是代理理论，该理论的核心内容是被代理人授权代理人对外代理其行使权利，代理人对外以被代理人的名义行使权利，代理的后果由被代理人承担，代理人与被代理人之间的内部关系，不会影响代理行为的效力，因此即使代理人在代理过程中损害被代理人的利益，该代理行为对外仍然有效，被代理人不得主张代理行为无效而拒绝承担代理的后果，即使需要追究代理人的责任，也只能通过行政或民事的方式，而不得对代理行为本身的效力提出怀疑。③ 被告人与辩护人之间就属于代理关系，因此应该遵循代理的基本原理：辩护人的表现属于被告人与辩护人之间的内部关系问题，该问题不应该影响代理行为的对外效力，即使辩护人的辩护不尽职不尽责，也只能追究辩护人的个人责任，而不应该否决辩护行为的对外效力，该辩护仍然是有效的，被告人不得主张辩护无效而请求撤销原判发回重审。因此，无效辩护制度对一种本是内部关系的关系施加否决对外效力的效果，这种做法违反了代理原理，不具有正当性。

上述质疑无效辩护制度所依据的两个理论，质疑的角度不同，但它们分享同一个基础问题，即辩护权是一种什么性质的权利。辩护权的性

---

① Bruce Andrew Green, "A Functional Analysis of the Effective Assistance of Counsel," *Colum. L. Rev.* 80(1980).

② Bruce Andrew Green, "A Functional Analysis of the Effective Assistance of Counsel," *Colum. L. Rev.* 80(1980).

③ Charles H. Whitebread & Christopher Slobogin, *Criminal Procedure* (Foundation Press, 1993), p. 870.

质不同，辩护人在诉讼中的定位也不同，政府对辩护权保障的责任也不同，因此该问题的答案，决定了应该由谁承担辩护人不尽职不尽责辩护的程序后果，进而决定了无效辩护制度有无正当性。关于辩护权的性质，上述质疑无效辩护制度的两个理论都是以辩护权属于私权利为基础的。该观点认为，辩护权只是一种事关被告人个人利益的私权利，因为被告人通常不懂法律且人身自由受到限制等，被告人通过订立契约的形式委托辩护人帮助其行使权利，被告人与辩护人之间属于民法上的契约关系，辩护人在诉讼中属于被告人的代理人，代理被告人处理事务。① 由于辩护权属于被告人的私权利，辩护人属于被告人的代理人，因此被告人与辩护人如何行使辩护权，完全由被告人决定，进而后果也完全由被告人承担。对于国家来说，因为辩护权只是被告人的私权利，国家对辩护权保障的责任，只是一种消极责任，即一种不得干扰、阻碍辩护权行使的责任，除此之外，国家不需要再承担其他任何责任。② 本文认为，将辩护权定位于私权利是错误的，辩护权不只是事关被告人个人利益的私权利，还是关系到公共利益的公权力，因此上述对辩护人的定位是错误的，对国家的辩护权保障责任的理解也是错误的，对无效辩护制度的质疑更是站不住脚的，无效辩护制度具有正当性，具体理由如下。

追诉和定罪属于国家的权力，但由于被追诉和被定罪的后果非常严重，国家必须确保追诉和定罪的程序是公正的，这是国家在行使追诉和定罪的权力时必须承担的职责。③ 而辩护权则是程序公正的构成要素，要保障程序公正，则必须保障辩护权。"政府启动并展开刑事审判，宪法要求政府确保审判公平进行。而公平最重要的要素之一就在于律师的帮助。"④ 由此可见，赋予被告人辩护权，不只是为了保障被告人的人身、

---

① Charles H. Whitebread & Christopher Slobogin, *Criminal Procedure* (Foundation Press, 1993), p. 871.

② Charles H. Whitebread & Christopher Slobogin, *Criminal Procedure* (Foundation Press, 1993), p. 871.

③ 林钰雄：《刑事诉讼法》（上册），中国人民大学出版社，2005，第158页。

④ 〔美〕詹姆斯·J. 汤姆科维兹：《美国宪法上的律师帮助权》，李伟译，中国政法大学出版社，2016，第158页。

财产、名誉等个人利益，还是为了履行国家保障程序公正的义务。"第六修正案律师帮助权与其说是为了保障被告人的个人利益，不如说是为了保障实现审判的公平公正。"① 而设立辩护人这个角色，也不只是为了让其代理被告人以保障被告人的利益，同时还有让其代理国家履行保障程序公正义务的考虑，因此辩护人不只是被告人的代理人，也是国家的代理人。② "不管是聘请的还是指定的，律师都扮演着确保公平审判的角色。"③ 欧陆法系国家将辩护人定位为立于被告人之侧的司法人员正是基于这个考虑。正因为辩护权不只是私权利，还是公权力，辩护人不只是被告人的代理人，还是国家的代理人，因此国家对辩护权的保障义务就不只是消极义务，不只是不去干扰、阻碍辩护权的行使，还有积极义务，必须积极作为，增强辩护权的行使能力，促使辩护人尽职尽责地辩护。而如果辩护人不尽职不尽责辩护，就不只是辩护人违反了对被告人的契约义务，而且是国家违反了追诉和定罪必须按照公正程序进行的义务，因此不只辩护人需要对此承担责任，国家也需要对此承担责任，由于追诉和定罪不是建立在公正程序基础上的，该定罪必须被撤销并进行重审。由此可见，当辩护人不尽职不尽责辩护时，表面上侵害辩护权的是辩护人，实际上还有国家，因此撤销原判发回重审，不只是对辩护人的制裁，也是对公权力的制裁，不是让国家承担辩护人的个人责任，而是让公权力承担它自身的责任。"因为政府有义务提供公平的、对等的对抗制诉讼程序，所以'第六修正案要求政府不得进行这样的审判，被监禁的人在没有称职法律帮助的情况下自己辩护'，并且'要求政府承担律师缺陷帮助的风险'。因此，如果律师未能称职辩护，政府还是根据审判判决被告人有罪并剥夺其自由或生命，那就违反了宪法。"④

---

① 〔美〕詹姆斯·J. 汤姆科维兹：《美国宪法上的律师帮助权》，李伟译，中国政法大学出版社，2016，第47页。
② 林劲松：《对抗制国家的无效辩护制度》，《环球法律评论》2006年第4期。
③ 〔美〕詹姆斯·J. 汤姆科维兹：《美国宪法上的律师帮助权》，李伟译，中国政法大学出版社，2016，第159页。
④ 〔美〕詹姆斯·J. 汤姆科维兹：《美国宪法上的律师帮助权》，李伟译，中国政法大学出版社，2016，第159页。

二 无效辩护的判断标准

（一）确立无效辩护的判断标准是个棘手问题

无效辩护的判断标准是无效辩护制度的核心问题，也是最为棘手、争论最为激烈的问题。棘手的主要原因在于如下三方面。

其一，与公检法等公权力干扰、阻碍辩护权是有和无的问题不同，辩护人不尽职不尽责不只是有和无的问题，还是轻和重的程度问题。有和无的问题是一个客观性问题，判断标准较为客观，相较而言易于判断；而轻和重的问题则是一个主观性问题，判断标准较为主观，较难以判断。对于公检法等公权力，其只要实施了干扰、阻碍辩护权的行为，而不论其轻重程度如何，就都构成对辩护权的侵害，都应该承担撤销原判发回重审的不利后果。但是对于辩护人，其即使有不尽职不尽责的行为，也并一定就构成无效辩护，不尽职不尽责必须达到一定程度，才会构成无效辩护。因此，对于无效辩护的确认，不仅要判断辩护人是否有不尽职不尽责行为，还要判断辩护人不尽职不尽责达到什么程度，而达到什么程度才构成无效辩护是个难以确定的问题。

其二，判断辩护人的辩护是否构成无效辩护，首先必须判断辩护人是否有不尽职不尽责的辩护行为，虽然这也是一个有关有和无的客观性问题，但与公检法等公权力是否干扰、阻碍辩护权的行使问题相比，该问题更难以识别、判断，公检法等公权力是否有干扰、阻碍辩护权的行为，通常一目了然、容易识别，但是辩护人的行为是否属于不尽职不尽责的行为，则因为案件千差万别而难以识别，不同辩护人有不同的辩护风格，在有些人看来属于不尽职不尽责的行为，可能在另一些人看来却是绝妙的辩护策略，同样的辩护行为，在有些案件中属于明显的不尽职不尽责的行为，换到另一些案件中却是极高明的辩护策略。[①]

---

① 林志浩：《是公平的保障还是一袭国王的新衣？论对抗制下律师失职行为与被告律师权的保障》，《月旦法学杂志》2006 年第 10 期。

其三，辩护人的不尽职不尽责达到何种程度才构成无效辩护，是比辩护人有无不尽职不尽责的行为更难判断的问题。就像医疗问题一样，这一问题不能完全取决于当事人的评价以及最终的结果，不能说只要当事人不满意、判决结果不如意，辩护人的行为就构成无效辩护。[1]"很难对法律工作的质量进行评估，尤其是刑事辩护工作。最终结果并不能确切地反映出工作的努力程度。在这个市场的力量完全不起作用的系统中，当事人的满意度也无关紧要。"[2]划定构成无效辩护的辩护人不尽职不尽责的标准，既要考虑被告人有效辩护权的实现、判决的终局性、诉讼效率等问题，又要防止辩护人通过故意不尽职不尽责辩护来获得二次审判的机会以及避免降低律师接受指定辩护甚至从事辩护工作的意愿，因此过高或过低都不行，而必须尽力平衡各种利益，但这并非易事。

（二）美国的无效辩护判断标准

美国无效辩护虽然实践历史悠久，但在无效辩护的判断标准问题上经历了曲折发展，至今仍然存在激烈争论。考察美国无效辩护判断标准的变迁及争论，有助于为我国确立无效辩护的判断标准提供启示。美国早在一个多世纪以前就形成了无效辩护制度的雏形，但是无效辩护的判断标准一直处于变化之中。在早期，美国采用的是"正义的闹剧"标准，即自司法正义角度观察，辩护人的无能致审判成为一场闹剧，那么该辩护就构成无效辩护。根据该标准，无效辩护的认定主要不在于辩护人的行为，而在于整个审判程序，如果审判程序还没有沦落到闹剧的程度，那么即使辩护人再无能，其辩护行为再荒谬，该辩护仍然不属于无效辩护，当事人也不能获得上诉救济。因为该标准设定得过高，只有极少数极端的案件才能符合该标准，才能被认定为无效辩护，而很多明显的、

① Barbara R. Levine, "Preventing Defense Counsel Error an Analysis of Some Ineffective Assistance of Counsel Claims and Their Implications for Professional Regulation," *U. Tol. L. Rev.* 15(1984): 1275.

② Saundera D. Westervelt, John A. Hunphery, *Wrongly Convicted — Perspectives on Failed Justice* (Rutgers University Press, 2001), p. 230.

严重的不尽职不尽责辩护，也不会被认定为无效辩护，该标准对辩护权保障的作用微乎其微。正因如此，该标准没有存续多少年就被废除了。[①]随后联邦下级法院和许多州法院开始采用"合理胜任"标准，即辩护人提供的辩护必须符合一个能够胜任案件辩护的辩护人提供的水平，否则构成无效辩护。但是对于什么是合理胜任，该标准并不明确，不同司法区域有不同理解，有的认为必须达到"当时当地通行的标准"，有的认为必须符合"一个合格辩护人提供的辩护"，等等。[②] 但是这些解释并未解决该标准不明确的问题，标准不明确导致实践中无效辩护的判断完全取决于法官的自由裁量权，法官出于种种顾虑而不愿意介入审查辩护人的行为，对无效辩护从严认定，从实践情况来看，该标准与"正义的闹剧"标准相比，被认定为无效辩护的情形并未有显著变化，仍然非常罕见。[③]但是该标准的象征意义大于实际意义，它要求辩护人的辩护必须合理胜任，这传递了一个非常强烈的信号，即法院开始关注辩护人的行为，开始要求辩护人提供符合基本要求的辩护。[④]

　　无论是"正义的闹剧"标准还是"合理胜任"标准，都是在联邦下级法院或州法院相关司法实践中形成的标准，而作为最高司法机关的联邦最高法院，却在该问题上长期保持沉默，不愿介入该问题。直到1984年，联邦最高法院终于开始着手解决无效辩护的问题，在斯特里克兰案中确立了无效辩护的判断标准，即斯特里克兰标准。根据该标准，要构成无效辩护，必须同时满足两个条件：一是行为缺陷标准，即辩护人的辩护行为存在缺陷，且程度严重到未能发挥辩护人应有的功能；二是损害标准，即辩护人的缺陷辩护行为对审判造成了损害，且严

---

① William J. Genego, "The Future of Effective Assistance of Counsel: Performance Standards and Competent Representation, "*Am. Crim. L. Rev.* 22(1984) : 181.

② 吴宏耀、周媛媛：《美国死刑案件的无效辩护标准》，中国政法大学出版社，2014，第61页。

③ William J. Genego, "The Future of Effective Assistance of Counsel: Performance Standards and Competent Representation, "*Am. Crim. L. Rev.* 22(1984) : 181.

④ William J. Genego, "The Future of Effective Assistance of Counsel: Performance Standards and Competent Representation, "*Am. Crim. L. Rev.* 22(1984) : 181.

重到剥夺了被告人获得公正审判的权利。联邦最高法院在判决中还对这两个条件的具体判断作出了详尽的指导：对于行为缺陷的判断，联邦最高法院认为，法院应综合一切情状，以当时通行的辩护规范为标准，判断辩护人的行为是否具有合理性，并且在判断时，应该高度尊重辩护人的行为及决定，假设辩护人已经提供了符合要求的辩护，或者辩护行为属于辩护人的合理策略，则应该避免"事后诸葛亮"的判断；对于损害的判断，联邦最高法院认为，法院应该审查是否存在合理可能性，即若无辩护人的缺陷行为，审判结果就会不一样，而所谓合理可能性，只要足以动摇对审判结果的信心就可以了。被告人要主张辩护人提供的辩护构成无效辩护，必须同时证明这两个条件的存在，否则辩护不会被认定为无效辩护。斯特里克兰案是美国联邦最高法院判决的最为重要的案件之一，它成为联邦最高法院众多判决中被引用最多的判决，影响深远。① 它确立了无效辩护的分析框架，统一了无效辩护的判断标准，该标准沿用至今，且尚无要更改的迹象，其意义再怎么强调都不为过。

但是，该标准自产生之时，便遭到学术界与实务界的激烈批评，批评的理由主要包括：该标准过于关注辩护行为导致的后果而忽视辩护行为本身，尤其是对两个标准不需要按照顺序判断，这导致只要结果是正确的，对辩护人的行为可以完全不管，它也给外界传递了一个有害的信号，即越是证据充分的案件，辩护人越可以不尽职尽责辩护，而常理应该是越难的案件，越需要辩护人尽职尽责辩护；② 该标准将损害要求理解为损害结果要求，限缩了辩护权的功能，辩护权的功能不只在于保障实体公正，也在于保障程序公正，所有涉嫌犯罪的人，不管其实际上有罪与否，都享有有效辩护权，但是该标准却导致只有实际无罪的人才能享

① Donald A. Dripps, "Ineffective Assistance of Counsel: The Case for an Ex Parity Standard," *J. Cimi. L. & Criminology* 88(1997).

② Gary Goodpaster, "The Adversary System, Advocacy, and Effective Assistance of Counsel in Criminal Cases," *N. Y. U. Rev. L. & Soc. Change* 14(1986).

有有效辩护权，而实际有罪的人无法享有有效辩护权；① 损害标准根本就不应该有，因为在当事人主义诉讼中，辩护人应倾全力在法律和道德允许的范围内为当事人进行辩护，争取对当事人最有利的结果，而至于该结果对社会来说是否公正，则并非辩护人的任务，因此该标准混淆了辩护制度的功能与辩护人的作用这两个问题；② 等等。

虽然上述批评的角度不一样，但其基本观点都是一样的，即认为联邦最高法院确立的无效辩护判断标准过高，使无效辩护的证明成为难以完成的任务。事实表明，批评者的担心并非杞人忧天，在司法实践中，提出无效辩护请求的比例是很高的，但是最终被认定为无效辩护的比例是非常低的。③ 那么，为什么联邦最高法院在无效辩护问题上保持长时间的沉默，最终却确立了一个对被告人来说"高不可攀"的标准呢？可能的原因包括：尊重辩护人的独立辩护权，不愿意轻易介入评价辩护人的辩护行为；担心标准过低会导致过多的无效辩护请求被提出，导致过多的判决被推翻，从而损害判决的终局性和降低诉讼效率；担心会降低辩护人接受指定辩护的意愿；担心辩护人通过故意犯错来获得二次审判的机会；等等。这些原因表明，联邦最高法院在确立无效辩护的判断标准时，面对诸多需要权衡的利益，选择的是优先保护国家的利益（诉讼效率、判决的终局性等）、辩护人的利益（辩护人的独立辩护权等），而非被告人的利益（有效辩护权），因而它确立了一个对国家和辩护人有利而对被告人不利的标准。④

但是，对于该标准的评价，也没有必要过于悲观。虽然该标准相对于"正义的闹剧"标准和"合理胜任"标准更为明确，但其本质上仍是

---

① Bruce Andrew Green, "A Functional Analysis of the Effective Assistance of Counsel," *Colum. L. Rev.* 80(1980).

② William J. Genego, "The Future of Effective Assistance of Counsel: Performance Standards and Competent Representation," *Am. Crim. L. Rev.* 22(1984) : 181.

③ Martin C. Calhoun, "How to Thread the Needle: Toward a Checklist—Based Standard for Evaluating Ineffective Assistance of Counsel Claims," *Geo. L. J.* 77(1988) : 462.

④ Gary Goodpaster, "The Adversary System, Advocacy, and Effective Assistance of Counsel in Criminal Cases," *N. Y. U. Rev. L. & Soc. Change* 14(1986).

一个不甚明确的标准，其具体内涵有待于法官在个案中运用裁量权进一步阐释，并且为了适应情势变化，其内涵也会不断变化。"这些'约定俗成的''合理的'词语不过是空空的容器，需要我们给它们填充内在的含义，否则这些标准就没有起到将原来'闹剧'标准具体化客观化的作用，不过是将原来的问题变成了什么是约定俗成的、什么是合理的这样的问题。"① 因此，虽然联邦最高法院暂时不可能放弃该标准，但是它如果认识到无辜者被定罪与辩护质量有关的话，则必定会放松对该标准内涵的严格理解，而更多地认定无效辩护，比如将辩护人的不尽职不尽责行为更多地认定为造成了严重损害，或者将更多的辩护人的不尽职不尽责行为认定为严重缺陷行为而直接推定造成了严重损害。② 美国无效辩护的实践已经证实了这一判断，虽然无效辩护的判断标准未变，但无效辩护认定成功率在明显提高，以前没有被认定为无效辩护的，同样的情形现在却被认定为无效辩护。因此，对于美国无效辩护判断标准的评价，不能拘泥于静态的文字表述，而应该同时考察其具体适用的变化。③

（三）我国无效辩护判断标准的确立

虽然美国联邦最高法院在斯特里克兰案中确立的无效辩护判断标准备受质疑，但其采用的分析方法值得我们借鉴。联邦最高法院在该案中指出，"判断任何有效性主张的基本点必须是律师的行为损害了对抗式诉讼的基本功能，以至于难以依赖审判得到一个公正的结果"。④ 可见，其采用的是功能分析法，这种方法是正确的。一方面，享有辩护权的目的是享受辩护权的功能，只要辩护权的功能未受损，则被告人享有的辩护权未受损；另一方面，出于制度成本等的原因，法律不可能保障完美无

---

① Adele Bernhard, "Exonerations Change Judicial Views on Effective Assistance of Counsel," *Crim. Just.* 18(2003).

② Adele Bernhard, "Exonerations Change Judicial Views on Effective Assistance of Counsel," *Crim. Just.* 18(2003).

③ Richard Klein, "The Constitutionalization of Ineffective Assistance of Counsel," *Md. L. Rev.* 58 (1999):1433.

④ *Strickland v. Washington*, 466 U. S. 688, 691(1984).

瑕的辩护。这两方面的原因决定了法律保障的只能是具有基本辩护功能的辩护，而不可能是没有缺陷的辩护。因此，对无效辩护的判断，不能离开辩护权的基本功能。① 美国联邦最高法院的主要问题在于，其在要求"损害对抗式诉讼的基本功能"之外，再要求"难以依赖审判得到一个公正的结果"，这就是画蛇添足，而且其将对抗式诉讼的基本功能矮化为结果公正，是对对抗式诉讼功能的错误理解，对抗式诉讼的基本功能不只在于保障结果公正，也在于保障程序公正。②

无效辩护制度是保障辩护人提供的辩护能够满足基本辩护的制度，因此，无效辩护的判断标准就是辩护存在缺陷，且该缺陷损害了辩护的基本功能。根据该标准，构成无效辩护必须满足两个条件：一是辩护存在缺陷，二是该辩护缺陷损害了辩护的基本功能。关于辩护是否存在缺陷的判断，存在逐案审查与清单审查两种观点，两者的分歧主要在于是否存在适合于所有案件的有效辩护行为清单，或者是否应该设立该清单。③

逐案审查观点认为，案件千差万别，不同辩护人有不同的辩护风格，不同案件有不同的辩护策略，因此不存在对所有案件都适用的有效辩护行为清单。"没有一套律师行为的具体详细规则能够令人满意地考虑到辩护律师面临的各种情况或者关于如何最好地代理刑事被告人的各种合理判断。""详细列举律师必须做什么或不能做什么的任何尝试都不可能囊括职业上可接受的、有效的帮助的所有形式。"④ 而且辩护人的职责是在法律和职业道德允许的范围内，尽一切所能，采取一切手段最大限度地维护和争取被告人的利益，如果设立有效辩护行为清单的话，反而会束缚辩护人的手脚，影响其独立辩护，因此也不应该试图设立该清单，"这

① Barbara R. Levine, "Preventing Defense Counsel Error an Analysis of Some Ineffective Assistance of Counsel Claims and Their Implications for Professional Regulation, "*U. Tol. L. Rev.* 15(1984) : 1275.
② Gary Goodpaster, "The Adversary System, Advocacy, and Effective Assistance of Counsel in Criminal Cases, "*N. Y. U. Rev. L. & Soc. Change* 14(1986) .
③ Martin C. Calhoun, " How to Thread the Needle: Toward a Checklist – Based Standard for Evaluating Ineffective Assistance of Counsel Claims, "*Geo. L. J.* 77(1988) :462.
④ *Strickland* v. *Washington*, 466 U. S. 688, 691(1984) .

些固定的标准的危险就在于可能既是律师辩护的最低标准，也是律师辩护的全部内容"。① "任何这种详细规则都会干扰到宪法保护的律师的独立性，同时也会限制律师在决定辩护策略时的自由。事实上，任何详细指导都会使律师分心，使他无法精力充沛全力以赴地为被告人准备辩护。"② 因此，法官对辩护是否存在缺陷的审查，只能依据个案的具体情形进行。

清单审查观点认为，告诉辩护人应该尽职尽责地辩护，而不告诉具体应该怎样做才算尽职尽责地辩护，等于什么都没有说，而且虽然案件各异，律师需要独立辩护，但辩护存有共性，这些共性要么是有助于实现有效辩护的，要么甚至是实现有效辩护不可或缺的，它们构成有效辩护的共同规则，这些共同规则可以编制为有效辩护行为清单。③ "虽然辩护工作需要灵活与独立，但是辩护中有很多内容是最基本的，是可以接受司法审查的。"④ "在与被告人协商、反对重要的可能错误的裁定和提交上诉声明这些问题上，可以有一些细化的统一规则。"⑤ 法官在审查辩护是否存在缺陷时，应该参考该清单。笔者认为，一方面，辩护之间存在共性，这些共性是有效辩护的重要保障，甚至是其前提和基础，因而可以设立有效辩护行为清单；另一方面，设立有效辩护行为清单，既有助于为辩护人的辩护提供指导，又有助于为法官的辩护缺陷审查提供指引。这两方面的原因决定了应该设立有效辩护行为清单。但是，为了防止损害辩护的独立、自由、灵活等，该清单原则上只具有指导效力，而无强制效力，不是说只要按照该清单辩护，就一定是有效辩护，也不是说只要没有按照该清单辩护，就一定是无效辩护，该清单只是判断有效辩护、无效辩护的重要参考，甚至是最重要参考，但并非唯一标准，在判断时

① *Strickland* v. *Washington*, 466 U. S. 688, 691(1984).

② *Strickland* v. *Washington*, 466 U. S. 688, 691(1984).

③ Martin C. Calhoun, "How to Thread the Needle: Toward a Checklist—Based Standard for Evaluating Ineffective Assistance of Counsel Claims," *Geo. L. J.* 77(1988): 462.

④ *Strickland* v. *Washington*, 466 U. S. 688, 691(1984).

⑤ *Strickland* v. *Washington*, 466 U. S. 688, 691(1984).

还需要考虑其他因素。① 比如对于辩护人没有调查取证是否构成辩护缺陷的判断，首先应该参考有效辩护行为清单，如果该清单要求辩护人调查取证的话，那么该辩护很可能会被认定为有缺陷，但也只是很可能而非一定，是否属于辩护缺陷，还需要调查其他信息，比如他为什么没有调查取证。为了体现对律师行业自治的尊重，以及避免司法干涉独立辩护权，有效辩护行为清单应该由律师协会制定。②

关于辩护缺陷损害了辩护基本功能的判断，作为一项诉讼制度，辩护服务于诉讼，因此必须从其所服务的诉讼价值目标出发来考虑。"刑事辩护制度与刑事诉讼价值目标之间的关系显然应当成为我们研究刑事辩护制度价值问题的着眼点。"③ 而刑事诉讼的价值目标在于实现实体公正和程序公正，这已经是理论和实践上的共识，辩护制度的目的也正是服务于这两个价值目标。对于实体公正，在对抗式诉讼中，控辩双方的平等对抗被认为是实现实体公正的最有效装置，而辩护制度的设置正是实现控辩平等不可或缺的基础条件。而在职权主义诉讼中，虽然检察机关和审判机关的职权调查被认为是实现实体公正的最佳装置，但"在被告人有利方面督促国家机关实践其应然的客观性义务，并且动摇其不利于被告人事项之判断，以便保证无罪推定原则能在具体个案中实现"也正是设立辩护制度的目的。对于程序公正，刑事诉讼被认为是国家和个人之间的纠纷，这种纠纷的后果对被告人来说非常严重，因此除了确保实体公正外，还必须确保程序公正，而辩护制度属于程序公正最重要的保障。虽然对程序公正的具体标准尚未形成一致意见，但是被告人能够有意义地参与诉讼以使控诉案件接受严格的对抗式检验以及被告人在诉讼过程中得到公平的对待是程序公正的两个不可或缺的标准。由于被告人

---

① William J. Genego, "The Future of Effective Assistance of Counsel: Performance Standards and Competent Representation, "*Am. Crim. L. Rev.* 22(1984) : 181.

② Barbara R. Levine, "Preventing Defense Counsel Error an Analysis of Some Ineffective Assistance of Counsel Claims and Their Implications for Professional Regulation, "*U. Tol. L. Rev.* 15(1984) : 1275.

③ 熊秋红：《刑事辩护制度之诉讼价值分析》，《法学研究》1997 年第 6 期。

大多不懂法律且程序日益复杂、专业等，被告人能否真正有意义地参与诉讼，控诉案件能否得到严格的对抗式检验，必然取决于被告人能否获得有效的辩护。而在公平对待方面，为了防止可能的权力侵害，法律赋予了被告人一系列程序性权利，这些权利成为监督国家权力、获得公平对待的工具，但是这些权利如果没有辩护人的协助，则难以实现。"律师的帮助让被告人得以保护和行使作为公平的对抗制审判关键要素的其他权利。"① 正因为辩护制度的功能不只在于保障实体公正的实现，也在于保障程序公正的实现，所以在判断辩护人的辩护缺陷是否损害了辩护的基本功能从而是否构成无效辩护时，就不能仅审查它是否损害了实体公正，还需要审查它是否损害了程序公正，不管辩护缺陷损害的是实体公正还是程序公正，都属于损害了辩护的基本功能，因而都构成无效辩护。

对于损害实体公正的判断，相对来说较为容易，主要通过审查全案证据判断是否存在合理可能性，若无辩护缺陷，审判结果就会不一样，如果答案是肯定的，则属于损害了实体公正。而对于损害程序公正的判断，则因为程序公正较为抽象，较为不易，但至少可以通过上述程序公正的两个标准进行判断。一是被告人能够有意义地参与诉讼方面，如果辩护缺陷导致被告人没能有意义地参与诉讼，控诉案件没能接受严格的对抗式检验，则程序不公正。那么具体怎么判断呢？与上述辩护缺陷的判断类似，有些辩护行为属于有效辩护不可或缺之要素，因为辩护人没有实施这些辩护行为，故被告人不可能有意义地参与诉讼，控诉案件不可能接受严格的对抗式检验，则这些行为就不只属于辩护缺陷，还应该被直接认定为损害了辩护的基本功能，构成无效辩护。比如，辩护人从未会见被告人、从未阅卷、在庭审中未发表任何实质的辩护意见等，都不可能让被告人有意义地参与诉讼，不可能让控诉案件接受严格的对抗式检验，因而构成无效辩护。二是公平参与方面，如果由于辩护人的原

---

① 〔美〕詹姆斯·J. 汤姆科维兹：《美国宪法上的律师帮助权》，李伟译，中国政法大学出版社，2016，第159页。

因，程序性权利没有得到保障，那么这意味着辩护人没有维护程序公正而损害了辩护的基本功能，因而构成无效辩护。比如，法律赋予了被告人申请回避的权利、反对强迫自证其罪的权利、向证人对质询问的权利、申请排除非法证据的权利等，但出于辩护人的原因，被告人没能行使这些权利，该辩护就损害了辩护的基本功能，构成无效辩护。

三　无效辩护的救济程序

（一）救济程序的重要性

无效辩护的救济不仅取决于无效辩护的判断标准，而且取决于无效辩护的救济程序，救济程序的设置直接影响无效辩护获得救济的难易。以美国为例，当事人既可以直接在上诉程序中也可以在定罪后的附随程序中提出无效辩护请求，但两种程序的设置阻碍了无效辩护请求，之所以会出现无效辩护申请率很高但成功率很低的问题，是因为程序的设置在其中起了很重要的作用。[①] 在上诉程序中，美国规定只有一审审判记录中记载的事实才能成为上诉的对象，但无效辩护通常是辩护人没有干什么而不是干了什么的问题，因此审判记录上通常不会有记载，虽然在重审中可以补充审判记录，但重审的时间很短，重审阶段的辩护人通常是原审阶段的辩护人，他不可能自己对自己提出无效辩护请求，所以重审时很难在审判记录中补充无效辩护的信息。因此，在上诉程序中提出无效辩护请求很难得到法院的支持。在定罪后的附随程序中，虽然可以进行广泛的调查，可以补充审判记录，但由于附随程序的启动通常距原审时间很遥远，当事人多已经没有提出无效辩护请求的动力。即使提出，由于附随程序中当事人没有获得法律援助律师的权利，在无律师帮助的情况下，他也很难克服无效辩护的判断困难，即使他自己有能力聘请律师，但由于距离原审时间久远，很多证据都已经灭失，律师也很难找出

---

① Amy Knight Burns, "Insurmountable Obstacles: Structural Errors, Procedural Default, and Ineffective Assistance," *Stan. L. Rev.* 64(2012) : 727.

证据来证明原审辩护属于无效辩护。① 正是考虑到无效辩护的救济程序太不利于被告人，许多学者都呼吁美国应该对无效辩护的救济程序进行改革，允许在上诉程序中补充审判记录，赋予附随程序中的被告人法律援助权，等等。②

（二）救济程序的独立设置

无效辩护属于程序问题，在许多国家和地区，为了保障程序的独立价值，都设立了独立于事实问题的程序性上诉救济机制，该机制只解决程序问题的救济，而不解决事实问题的救济。如在美国，原则上不允许对事实问题提起上诉，而只能对法律问题提起上诉，因此其上诉程序主要是一种专门针对法律问题尤其是程序问题的救济程序。德国、法国和我国台湾地区，实行三审终审制，第二审程序处理事实问题的救济，第三审程序处理包括程序问题在内的法律问题的救济。在这些国家和地区，无效辩护的救济问题是在专门的程序性上诉救济机制中解决的。程序性上诉救济机制实行事后审的审查方式，上诉法院原则上只审查上诉理由所指摘的程序违法是否成立，而不得涉及案件的事实认定问题，也不得涉及上诉理由未涉及的其他程序问题。我国大陆地区实行二审终审的审级制度，没有设立独立的程序性上诉救济机制，对事实问题的上诉和对程序问题的上诉，都是在二审中解决的，二审实行复审以及全面审查，实际上是对全案的重新审理。这种程序设置貌似既能对事实问题进行救济，又能对程序问题进行救济，救济的范围很广，但是在重实体轻程序的氛围下，这种设置必然会导致二审滑向重实体救济轻程序救济的境地，程序问题救济必定会沦为实体问题救济的附庸。很难想象，如果二审法院发现一审判决认定事实和适用法律没有问题，仅因为辩护人不

---

① Eve Brensike Primus, "Structural Reform in Criminal Defense: Relocating Ineffective Assistance of Counsel Claims," *Cornell L. Rev.* 92(2007): 679.

② Eve Brensike Primus, "Structural Reform in Criminal Defense: Relocating Ineffective Assistance of Counsel Claims," *Cornell L. Rev.* 92(2007): 679.

尽职不尽责辩护就将原判决撤销并发回重审。现实的情况很可能是，即使有被告人提起无效辩护的上诉，二审法院也会在审查一审判决认定事实是否正确的基础上认定辩护是否属于无效辩护，而不大可能在事实认定问题之外单独对辩护人不尽职不尽责的表现进行审查，更不大可能在事实认定正确的情况下仅以辩护人的表现为由撤销原判。事实上，不要说在将事实问题与程序问题的救济放在一起解决的国家或地区，程序问题的救济必定会以事实认定是否准确为基础，即使是在那些设置独立的程序性上诉救济机制的国家或地区，只要存在重实体轻程序的观念，也难逃程序问题的救济要受事实认定问题影响的命运。比如在我国台湾地区，第三审属于专门的程序性上诉机制，但台湾学者王兆鹏调查后发现，事实理由是将原判决撤销并发回重审的真正动机与原因，法律理由只是发回的名目与依据而已。一名法官表示："我们先看全部卷宗资料，如果觉得没有冤枉被告，原则上就不发回；如果觉得被告可能是冤枉的，就会找一个法律理由撤销发回。"[1] 因此，在这种将事实与程序的救济放置在一起解决的模式下，无效辩护基本是不可能获得救济的，只有设置独立于事实问题的程序性救济程序，才可能实现对无效辩护的救济。

（三）无效辩护上诉的提起

提起程序性上诉，需要提出明确的上诉理由，需要在上诉理由中明确指出哪一程序违法，而不能笼统地表述为"程序违法"，之所以作此要求，一方面是因为程序性问题较为复杂，原审法院对任何一项证据的调查行为，理论上都可能存在多种程序违法情形，如果没有上诉理由的明确指向，笼统地对原审程序合法性进行事后审查几乎是不可能的；另一方面是因为对程序问题，上诉法院主要是基于庭审笔录审查，庭审笔录是对审判必要手续的完整记录，是庭审手续的唯一证明，但由于它通常

---

① 王兆鹏：《刑事救济程序之新思维》，台北元照出版有限公司，2010，第54页。

不会对庭审的所有内容进行完整记录（比如有的庭审笔录不反映证人作证的内容），它也就不能对发生在审判中的所有事项作出完整的说明。因此，上诉法院要确定是否发生了一项程序性错误，它就需要上诉理由的指引，从上诉人处得到准确的信息。与其他程序性上诉相比，无效辩护的上诉更需要明确的上诉理由，主要原因有以下几点。其一，辩护行为繁杂，甚至辩护人的一言一行，都可能属于辩护行为，如果没有上诉理由的明确指向，上诉法院要对辩护人的所有活动进行审查，几乎是不可能的。其二，庭审笔录只能记录发生在庭上的事情，无法记录发生在庭外的事情，而辩护，不只是庭上的辩护，还包括庭外的诸多辩护，没有庭外的辩护，庭上的辩护也难以产生效果，但是，庭审笔录只记录庭上的辩护，没有记录庭外的辩护。因此，如果没有上诉理由的明确指向，上诉法院不仅基本不可能对庭外的辩护进行审查，甚至基本不可能对庭上的辩护进行全面客观评价。其三，庭审笔录只记录发生了的事情，不会记录没有发生的事情，对于辩护人的辩护，庭审笔录只会记录辩护人在庭上做了什么，不会记录他没有做什么，而无效辩护上诉，大多是针对辩护人没有做什么的问题，这种问题不可能出现在庭审笔录中，如果不在上诉理由中予以明确，上诉法院基本不可能对此进行审查。因此，提起无效辩护上诉，需要在上诉理由中明确指出辩护的具体缺陷，以及该缺陷可能对该案实体和程序产生的不利影响，如"辩护人没有调查本案的证人某某，而该证人可能提供有利于被告人的证言而改变判决结果"，而不能笼统地表述为"辩护人在辩护中不尽职不尽责"。

虽然同属程序性上诉，但提起无效辩护上诉要比提起其他的程序性上诉更难。其一，被告人几乎没有能力提出。无效辩护上诉是被告人针对辩护人的，在两者的关系上，虽然法律上被告人是当事人，辩护人只是其辅助人，但实际上辩护人相对于被告人处于压倒性的优势地位，被告人是赤裸裸的弱者，辩护几乎完全是由辩护人控制、主导的，被告人并没有多少话语权。在这种信息不对称的情况下，被告人要指出辩护的具体缺陷几乎是不可能的，因此单凭被告人，基本不可能提起包含具体理由的无效辩护上诉。[①] 其二，其他辩护人不愿意提出。虽然被告人可以聘请新的辩护人，但出于维护职业共同体利益、个人利益等考虑，新辩护人通常不愿意对原审辩护人提起无效辩护上诉。[②] 其三，即使新辩护人愿意提起无效辩护上诉，他要找出具体的无效辩护上诉理由也是很困难的。庭审笔录记录了审判程序的整个过程，因此要找出程序性上诉的具体理由，基本依靠庭审笔录就可以了。但是无效辩护上诉大多是针对辩护人应该做什么而没有做的问题，因此无法依靠庭审笔录找出无效辩护上诉的具体理由，而只能从被告人、原审辩护人等处收集信息，但被告人基本不掌握辩护信息，原审辩护人也不大可能配合新辩护人提起针对自己的无效辩护上诉。[③]

（四） 无效辩护的证明

提起无效辩护上诉之后，应该由谁来证明呢？ 这涉及无效辩护的证明问题。对辩护存在缺陷的证明由被告人负责，这一点基本不存在异议，但对于辩护缺陷损害了辩护基本功能的证明由谁负责，则存在分歧，主要有两种观点。一种观点认为应该由检察机关负责，其主要理由是在刑事诉讼中，证明有罪的责任由检察机关承担，如果辩护缺陷损害了辩护基本功能的证明责任由被告人承担的话，则等于让他自证其罪；由于被告人能力的局限，他对此很难证明。另一种观点认为应该由被告人负责，其主要理由是积极辩护事由的证明责任由被告人承担，无效辩护正属于积极辩护事由；对于辩护人的表现，检察机关既无能力预防，也无义务干涉，因此其不应该对其无法控制的事情承担责任。[④] 两种观点各有理由，体现了不同价值的侧重。笔者认为，在本文提出的无效辩护判断标

---

① Scott A. Hancock, "Ineffective Assistance of Counsel: An Overview, "*Army Law* 41(1986) .

② Anneii Soo, "An Individual's Right to the Effective Assistance of Counsel Versus the Independ-ence of Counsel, "*Juridica Int'l* 17(2010) .

③ Anne M. Voigts, "Narrowing the Eye of the Needle: Procedural Default, Habeas Reform, and Claims of Ineffective Assistance of Counsel, "*Colum. L. Rev.* 99(1999) : 1137.

④ David Charles Kent, "Ineffective Assistance of Counsel: Who Bears the Burden of Proof, "*Baylor L. Rev.* 29(1977) .

准基础上，可以通过以下方式解决无效辩护的证明问题：如果该辩护行为属于有效辩护行为清单上列举的实现有效辩护所不可或缺的，那么就直接推定其损害了辩护的基本功能，构成无效辩护；而如果该辩护行为属于其他情形，则被告人必须证明其缺陷损害了辩护的基本功能，否则不构成无效辩护。由于庭审笔录记录了审判程序的整个过程，对于程序是否违法的证明，通常依靠该笔录就可以完成，但由于庭审笔录很少记录有关无效辩护的信息，单靠该笔录很难完成无效辩护的证明，而必须依靠其他途径，主要有专家证人和原审辩护人这两方面。就专家证人而言，主要是指被告人为了证明原审辩护属于无效辩护，可以申请法庭通知具有丰富辩护经验的辩护人作为有专门知识的人出庭，就原审辩护人的辩护提出意见，[①] 比如对于原审辩护人没有调查取证的行为，要判断该行为属于辩护策略还是辩护缺陷，可以申请具有丰富辩护经验的辩护人，就该案是否应该调查取证提出意见。就原审辩护人而言，由于无效辩护制度实质上是对公权力的制约，而非对辩护人的制裁，在无效辩护上诉审中，原审辩护人的角色并非当事人。[②] 由于原审辩护人对自己的辩护行为最为清楚，由他就辩护问题进行解释说明，有助于查清辩护行为是属于策略还是属于缺陷，他有出庭就辩护进行解释说明的义务。虽然无效辩护的后果不直接针对原审辩护人，但会间接损害其利益，因此他有出庭就辩护进行辩解的权利。无论是履行出庭进行解释说明的义务，还是行使出庭进行辩解的权利，原审辩护人出庭都有助于无效辩护的审查判断。比如对于原审辩护人没有调查取证的行为，当时为什么没有调查取证，是疏忽还是策略考虑，当时是怎么考虑的等问题，原审辩护人最为清楚，由其解释说明有助于法官对无效辩护作出判断。

原审辩护人在解释说明时，很可能涉及当事人的秘密，而为当事人

---

① Charles M. Sevilla, "Investigating and Preparing an Ineffective Assistance of Counsel Claim," *Mercer L. Rev.* 37(1986) : 927.

② Joseph H. Ricks, "Raising the Bar: Establishing an Effective Remedy Against Ineffective Counsel," *BYU L. Rev.* (2015) : 1115.

保密是辩护人的一项基本义务，因此辩护人既有对辩护进行解释说明或辩解的义务和权利，又有为当事人保密的义务，两者之间存在冲突。笔者认为，化解该冲突的基本方式是，原审辩护人在对辩护进行解释说明或辩解时，为了证明自己的辩护是有效辩护，可以陈述当事人的秘密，但仅限于与无效辩护有关的事项，而绝对不能超出该范围，而且只能在法庭上在法官的监管之下进行陈述。[①] 比如被告人以原审辩护人没有申请某证人出庭作证构成无效辩护为由提起上诉，原审辩护人辩解之所以没有申请该证人出庭作证，是因为被告人曾经告诉他，该证人目睹了其作案的经过，因此虽然该证人能够提供部分有利于被告人的证言，但可能会暴露对被告人更不利的证言，正是基于这种考虑，他才选择不申请该证人出庭作证。在该案中，证人目睹了被告人作案的经过，这是被告人与辩护人之间的秘密，辩护人有义务保密，但是为了证明自己的辩护不是无效辩护，辩护人可以在法庭上将该秘密陈述出来，这不会违反辩护人保密的义务。

---

① Charles M. Sevilla, "Investigating and Preparing an Ineffective Assistance of Counsel Claim, " *Mercer L. Rev.* 37(1986) : 927.

刑事诉讼中退回补充侦查制度
有关问题研究

汪少鹏[*]

摘　要：我国《刑事诉讼法》及相关司法解释对补充侦查制度作了较为详细的规定，2020年，最高检、公安部联合印发的《关于加强和规范补充侦查工作的指导意见》，以及公安部新修改的《公安机关办理刑事案件程序规定》相继颁布并施行，对补充侦查制度进行了一定程度的完善。但是，刑事诉讼法学理论与实务界对于退回补充侦查的阶段属性等问题依然存在认识上的不一致，以及退回补充侦查制度在司法实践中的运用还存在一些问题与不足。笔者从辩护律师的视角出发，对刑事诉讼程序中退回补充侦查的性质、意义及实务中依然存在的问题，谈一些认识与思考。

关键词：退回；补充侦查；检察；侦查

一　《刑事诉讼法》及相关司法解释对退回补充侦查的规定

（一）关于退回补充侦查的基本规定

我国《刑事诉讼法》及相关司法解释对退回补充侦查（以下简称"退查"）作出了较为明确的规定，相关规定是退回补充侦查制度得以存在的正当性与合法性的依据与基础。

---

* 一级律师，湖北立丰律师事务所首席合伙人，立丰（上海、海口）律师事务所总顾问，西北政法大学刑事辩护高级研究院副院长。

《刑事诉讼法》第 175 条第 2 款至第 4 款规定了"审查起诉阶段"的补充侦查："人民检察院审查案件，对于需要补充侦查的，可以退回公安机关补充侦查，也可以自行侦查。对于补充侦查的案件，应当在一个月以内补充侦查完毕。补充侦查以二次为限。补充侦查完毕移送人民检察院后，人民检察院重新计算审查起诉期限。对于二次补充侦查的案件，人民检察院仍然认为证据不足，不符合起诉条件的，应当作出不起诉的决定。"

《最高人民法院关于适用〈中华人民共和国刑事诉讼法〉的解释》第 274 条对"审判阶段"的补充侦查作出了规定："审判期间，公诉人发现案件需要补充侦查，建议延期审理的，合议庭应当同意，但建议延期审理不得超过两次。人民检察院将补充收集的证据移送人民法院的，人民法院应当通知辩护人、诉讼代理人查阅、摘抄、复制。补充侦查期限届满后，人民检察院未将补充的证据材料移送人民法院的，人民法院可以根据在案证据作出判决、裁定。"第 277 条第 2 款规定："审判期间，被告人提出新的立功线索的，人民法院可以建议人民检察院补充侦查。"

《人民检察院刑事诉讼规则》规定了两种情形的退回补充侦查。第 299 条规定了"审查批捕阶段"的补充侦查："对犯罪嫌疑人决定不予逮捕的……需要补充侦查的，应当制作补充侦查提纲……"第 342 条规定了"审查起诉"阶段的补充侦查："人民检察院认为犯罪事实不清、证据不足或者存在遗漏罪行、遗漏同案犯罪嫌疑人等情形需要补充侦查的，应当制作补充侦查提纲，连同案卷材料一并退回公安机关补充侦查。人民检察院也可以自行侦查，必要时可以要求公安机关提供协助。"

依据上述规定，退回补充侦查在侦查（审查批捕）阶段、审查起诉阶段和一审法院审判阶段均有可能发生。其实体条件为"事实不清""证据不足"或者"遗漏罪行""遗漏同案犯罪嫌疑人"。

（二）《关于加强和规范补充侦查工作的指导意见》《公安机关办理刑事案件程序规定》对退回补充侦查的完善

2020 年 3 月 27 日，最高人民检察院、公安部联合印发《关于加强和规范补充侦查工作的指导意见》（以下简称《指导意见》）。随后，公安部于 2020 年 7 月 20 日颁布修改后的《公安机关办理刑事案件程序规定》（以下简称《规定》），并于同年 9 月 1 日起施行。两者对开展补充侦查工作应遵循的原则、补充侦查提纲的要点、不予退回补充侦查的情形、退回补充侦查的方式、检察机关自行侦查的情形、办案方式以及退查后的处理方式和法律监督等方面作出了详细规定。其目的主要是从制度层面积极治理以往司法实践中补充侦查活动所出现的功能异化、程序失范等顽疾，进一步加强和规范补充侦查工作。应当说，《指导意见》和《规定》触及长久以来补充侦查工作的痛点，通过明晰补充侦查工作主导力量、细化补充侦查工作方法、明确补充侦查工作要求等方式，对退回补充侦查制度作出了富有重塑性、科学性的制度设计。这一变化，对公安机关取证和检察机关指导取证均提出了更高要求，对律师辩护权在退查阶段行使的方式和介入的空间也产生了重大影响。

就退查后的处理方式而言，《指导意见》和《规定》对补充侦查后公安机关的处理方式作出了调整，具体包括不逮捕、不起诉、事实发生重大变化不再移送的情形。最具创设性的是，《指导意见》第 18 条规定："案件补充侦查期限届满，公安机关认为原认定的犯罪事实有重大变化，不应当追究刑事责任而未将案件重新移送审查起诉的，应当以书面形式告知人民检察院，并说明理由。"而《规定》第 296 条第 3 项则进一步规定，"发现原认定的犯罪事实有重大变化，不应当追究刑事责任的，应当撤销案件或者对犯罪嫌疑人终止侦查，并将有关情况通知退查的人民检察院"。

这些条文的变化，意味着在审查起诉阶段的退回补充侦查期间，当发生《刑事诉讼法》第 16 条规定的不应当追究刑事责任的情形时，公安机关拥有对案件进行"实体性处置"的法定权力，即对案件依法进行撤案处理或决定终止侦查，而无须将案件重新移送审查起诉。笔者认为，这一变化意味着在审查起诉阶段，检察机关对补充侦查活动不再享有全面的主导权，也意味着因事实不清、证据不足而退回补充侦查，变成了彻底的"程序回转"。进言之，在此情形之下，补充侦查的阶段性质脱离了传统所依附的审查起诉阶段，退回补充侦查似乎应限定于"侦查阶段"。

综上，尽管刑事诉讼程序中的补充侦查"在立法体系上属于常规侦查制度之例外"[1]，但它仍是我国刑事诉讼中一项法定的诉讼程序，其目的主要是弥补原侦查活动在事实与证据方面存在的瑕疵，它在性质上是一种补救措施。同时，退回补充侦查的适用范围极其广泛，几乎可以贯穿一审法院法庭审理并作出判决的全过程各环节。

二 关于退回补充侦查的性质界定

（一）理论与实务界对退回补充侦查性质界定的争议

1. 退回补充侦查的性质之争及其意义

从规范层面上审视，现行法律法规对补充侦查的启动主体、执行主体、适用程序、适用次数和行使方式及期限等程序要素，都作出了较为明确的规定。但令人遗憾的是，法律法规对退回补充侦查的性质这一重要问题却语焉不详。针对这一问题，学界也是争论不断，尚未形成令人接受与信服的通说。比如，有学者认为，退回补充侦查制度在功能上属于"二次侦查"，是一种用以弥补初次侦查办案质量瑕疵的补充性质的侦查制度。[2] 还有学者认为，退回补充侦查的权力不是侦查权，而是检察机关的公诉权在特定情况下的合理延伸，是检察引导侦查取证的具体表现。

---

[1] 万毅：《退回补充侦查须建立跟踪监督机制》，《检察日报》2019 年 12 月 23 日。

[2] 万毅：《退回补充侦查须建立跟踪监督机制》，《检察日报》2019 年 12 月 23 日。

因而，退回补充侦查在性质上应当属于公诉权的行使。[①] 还有部分学者认为，审查起诉阶段补充侦查权的启动是检察机关行使法律监督权的具体表现，目的是对侦查活动的合法性进行监督，因而，诉讼阶段的补充侦查权在性质上从属于法律监督权。

理论和实务界对补充侦查阶段性质的持续争论，并非毫无意义。相反，对退回补充侦查阶段属性的界定，关乎各诉讼主体权利义务的享有和承担，关乎诉讼行为的效力认定，也关乎辩护权的行使与介入的尺度。

首先，退回补充侦查的阶段属性影响诉讼主体权利义务的享有和承担。以审查起诉阶段的退查为例，如果将其阶段定性为侦查阶段，那么，当发生公安机关认为原认定的犯罪事实有重大变化，不用追究刑事责任之情形时，公安机关是否可以直接作出撤销案件的实体性处理？抑或在发现新的犯罪事实的情形下，公安机关在起诉意见书中能否增加新的罪名？如果将其阶段定性为审查起诉阶段，那么是否意味着退查期间，检察机关可以不经过公安机关，而径行作出批捕决定或将案件提起公诉？如此等等。

其次，退回补充侦查的阶段属性影响诉讼主体诉讼行为的效力。以审查起诉阶段的退查为例，依照《刑事诉讼法》的相关规定可知，律师在审查起诉阶段依法享有调查取证权。那么在审查起诉之日起至案件退回补充侦查前这一期间内，律师所获取的证据是否继续有效？同时，律师在审查起诉部门将案件退回公安机关补充侦查期间是否仍继续享有调查取证权？审查起诉部门将案件退回公安机关补充侦查期间，是否可以同时行使自行补充侦查权？人民法院将案件退回审查起诉部门补充侦查期间，是否可以同时行使自行补充调查权？如此等等。可见，对退回补充侦查的阶段属性进行界定不仅必要，而且意义重大，是界定各诉讼主体诉讼行为效力的关键一环和重要节点。

---

① 易劲松：《退回补充侦查的问题和改革——兼论警检关系的调整》，硕士学位论文，四川大学，2007，第2页。

最后，退回补充侦查的阶段属性影响辩护权行使的空间。当在审查起诉阶段发生退查情形之时，如果我们将其阶段定性为审查起诉阶段，那么依照《刑事诉讼法》的相关规定，检察机关将案件退回公安机关补充侦查的整个期间，辩护律师应当享有包括会见权、阅卷权在内的各种辩护权能。这也就意味着在退查期间，律师能为被追诉人提供的法律服务的内容更多，空间也更大。相反，如果将审查起诉阶段发生的退查阶段定性为侦查阶段，那么律师为履行刑事辩护职能所倚重的重要支点——阅卷权，依照现有《刑事诉讼法》的规定将无法行使，这将对退查期间辩护权行使的空间产生一定程度的影响。

2. 判定退回补充侦查阶段性质标准的认识

笔者认为，补充侦查是首次侦查终结后，案件进入下一诉讼阶段，由于案件事实不清或证据不足，无法达到后续审查起诉或审判的标准，而依照既定程序对原侦查活动的"返工"和事后补正。① 补充侦查是区别于原侦查活动的，两者在适用条件、启动主体、适用目的、程序主导权等方面有较大差异。② 特别是，鉴于自身所具有的依附性、补救性、限定性等特点，退回补充侦查的阶段性质，"原则上应当与其所依附的诉讼阶段的性质相一致③"。

笔者认为，退回补充侦查阶段性质的具体判断标准，主要应该包括两个维度。

一是形式上阶段性诉讼文书的属性标准。从"形式"的视角审视，即便在以审判为中心的刑事诉讼制度改革的背景下，我国的刑事司法程序整体仍呈现出"流水线"作业的特点，在具体的案件办理过程中，无论是侦查程序导入后续的审查起诉阶段中，还是审查起诉阶段并入后续的法庭审判阶段中，其主要标志均在于前一阶段诉讼文书的移交和被接

---

① 杨正万：《中国侦查监督研究四十年》，《贵州民族大学学报》（哲学社会科学版）2019年第3期。
② 杨正万、单鹏：《补充侦查的性质分析》，《贵阳学院学报》（社会科学版）2017年第2期。
③ 谢财能、王瑞：《退回补充侦查的阶段性质》，《检察日报》2010年3月26日。

收。比如在司法实践中,判断某一案件正式进入审查起诉阶段的标准,就在于公安机关侦查终结之后,将案件材料和侦查终结报告、起诉意见书移送检察机关审查起诉。换言之,从公安机关将刑事案件移送审查起诉之日起,案件就正式进入了审查起诉阶段,公安机关也就失去了终结诉讼活动的权力,诉讼活动的终结只能后续由检察机关或审判机关主导进行。这不仅是尽量避免程序反复、提升诉讼效率的内在要求,也是国家机关应依照法律规定的程序终结相应诉讼进程这一程序法定原则的应有之义。[①]

二是内容上补充侦查程序的主导权标准。从"内容"的视角审视,刑事诉讼各阶段是刑事诉讼过程中既相互独立又相互联系的各个部分,因而判断某一诉讼行为或者诉讼程序的阶段性质,应主要结合阶段的特定任务和该行为或程序的启动权、主导权等因素综合考量。以审查起诉阶段的退回补充侦查为例,尽管在退查之后,补充侦查执行主体仍然是公安机关,但是如前文所述,基于补充侦查与"一次侦查"存在诸多不同,尤其是在具体任务上,前者是为了完成所依附的审查起诉阶段或者庭审阶段的任务,而后者则是为了查明案情、收集证据、抓获犯罪嫌疑人以完成侦查任务,即便发生退查之情形,退回补充侦查的阶段属性也应当区别于"一次侦查"的阶段属性。

同时,在审查起诉阶段,补充侦查程序的主导权,基本还是掌握在检察机关手中。对于退回公安机关补充侦查的案件,检察机关在正式补充侦查前、补充侦查过程中和补充侦查结束后,均有主导权。[②] 具体而言,对于退回公安机关补充侦查的案件,在正式补充侦查前,依照 2018 年新修正的《刑事诉讼法》第 175 条、2019 年发布的《人民检察院刑事诉讼规则》第 257 条关于"退回补充侦查"的规定可知,出现"犯罪事实不清、证据不足或存在遗漏罪行、遗漏犯罪嫌疑人"等情形的,检察

---

① 谢财能、王瑞:《退回补充侦查的阶段性质》,《检察日报》2010 年 3 月 26 日。
② 侯亚辉:《正确认识和把握补充侦查可择性、主导性、说理性》,《检察日报》2019 年 12 月 23 日。

机关可以依照法定职权启动补充侦查程序或开展自行侦查。而公安机关是无权自行启动该程序的，只能依据检察机关补充侦查决定和提纲，"被动"地开展补查补证工作。在补充侦查过程中，依照《人民检察院刑事诉讼规则》第342条、第345条以及最高人民检察院、公安部联合出台的《指导意见》之规定，公安机关是补充侦查活动的具体执行机关，依照"提纲"开展相关侦查工作，但检察机关仍可实时了解和掌握补充侦查工作的进度，引导和指导公安机关按照要求开展补充侦查工作。在补充侦查结束后，依照《人民检察院刑事诉讼规则》第347条、第349条、第367条之规定，检察机关要依据补充侦查情况，自行决定对案件作出四种情形的程序处理：对于符合条件的，决定提起公诉；对于不符合条件的，可以要求公安机关再次补查，经两次补查仍然认为证据不足的，经检察长批准后依法作出不起诉决定；对于补查期限届满、公安机关未将案件重新移送起诉的，应当要求其说明理由；对于发现公安机关违法撤销案件的，应当提出纠正意见。可见，即便在补充侦查结束后，检察机关依然起着主导作用。

综上可知，鉴于补充侦查程序启动的依据以审查起诉阶段文书或者庭审中延期审理的文书为准，补充侦查在任务上所具有的"审查起诉阶段"的依附性，以及检察机关对补充侦查程序在启动、终结、实体处理等方面的主导权等重要因素，笔者认为，退回补充侦查的阶段性质原则上应当与其所依附的诉讼阶段的性质相一致。也就是说，在审查逮捕阶段发生的退回补充侦查，其阶段性质原则上仍然是审查逮捕阶段；在审查起诉阶段发生的退回补充侦查，其阶段性质原则上仍然是审查起诉阶段；在法庭审判阶段发生的退回补充侦查，其阶段性质原则上仍然是审判阶段。

三 关于退回补充侦查的诉讼程序价值

（一）有利于保障与实现检察机关对侦查活动的切实监督

检察机关是我国《宪法》明确规定的法律监督机关，检察是"国家为实现对司法活动和诉讼程序进行监督与控制而设立的一项专门职能"①。依照《刑事诉讼法》第 8 条的规定，检察机关依法对刑事诉讼全流程各阶段进行监督，当然也包括对退回补充侦查行为进行监督。

从以往司法实践来看，退回补充侦查并未完全发挥其纠正和弥补"一次侦查"办案质效瑕疵等作用，而是存在功能异化、程序失范等问题。这突出表现在三方面：一是退回补充侦查的案件数量多、占比高；二是退回补充侦查质量不高、效果差，部分案件经过"一退"仍不能满足起诉要求，导致案件"二退"的情况较多；三是退查行为缺乏程序控制和监督，部分案件侦查人员办案不规范、取证程序违法，退查程序异化为司法机关争取办案时间的一种常用手段，办案期限被明显拉长，这侵犯当事人的合法权益。②

为了遏制这一现象，并进一步规范补充侦查行为，《规定》通过制度性的设计强化了退查阶段法律监督的实效。这表现在两个方面。一方面，在监督模式上，变事后监督为事前、事中监督。比如，《规定》要求公安机关开展补充侦查工作，应当按照检察机关制定的补充侦查提纲的要求进行，且应当接受检察机关的"指导"，在补充侦查完毕之后，应当单独立卷移送检察院，等等。另一方面，在监督实效上，变"弱效"监督为"强效"监督。《规定》规定，对于公安机关怠于开展补充侦查的，检察机关应当"口头督促"，必要时可以提出"检察建议"；对于非法取证的，检察机关可以要求公安机关对证据收集的合法性作出书面说明或自行调查核实，或是依法发出纠正违法通知书，对涉嫌犯罪的，依法进行侦查；对于不应当撤案而撤案的，检察机关应当立案监督；对于应当移送审查起诉而未移送的，检察机关应当要求公安机关说明理由，认为理由不成立的，应当要求侦查机关重新移送。

这些规定的本意就在于进一步强化法律监督的实效，矫正或根治补充侦查阶段可能存在的"补充侦查案件数量过多""补充侦查行为违法"

---

① 杨宗辉、周虔：《检察权结构探微》，《法学评论》2009 年第 1 期。

② 万毅：《退回补充侦查须建立跟踪监督机制》，《检察日报》2019 年 12 月 23 日。

"补充侦查程序功能异化"等问题。《规定》的这些变化，应当说契合了以审判为中心的刑事诉讼制度改革的内在精神，即通过发挥法律监督权"控权"与"制约"的机能，加强对公权力运行的监督和制约，从而规范退回补充侦查阶段侦查权力的运行，防止公权力的恣意对司法公正的可能损伤和对人权的可能侵害。综上可知，《规定》作出的诸多调整，有利于保障与实现检察机关对侦查活动的切实监督。

（二）有利于保障与实现侦查机关充分履行侦查职能

在《规定》作出调整前，当发生审查起诉阶段的退查情形之时，对于该类案件的处理，"检察机关在正式补充侦查前、补充侦查过程中和补充侦查结束后，均具有主导性"[①]。这就意味着，在补充侦查阶段，即便公安机关经过补查，发现原认定的犯罪事实有重大变化而不应当追究刑事责任等情形，侦查人员也不具有实体性处置权，无法依照《刑事诉讼法》相关规定，对案件作撤案处理，仍然需要将相关材料移交给检察机关处理。

这一规定有悖于侦查程序的独立价值。这是因为，我国刑事诉讼划分侦、诉、审三项职能分工的根本意义就在于，"通过严格的程序步骤限制，对程序相对人的涉嫌犯罪事实进行分层、逐级推进的审查和过滤，以保证刑事实体法律最终被公正和准确地适用"[②]。就侦查程序而言，它是刑事司法系统中的一环，其根本任务就是调查案件真相、收集案件证据以证明是否有涉嫌犯罪的事实存在。若有，则移交证据材料至检察机关审查起诉，反之则终止案件侦查，这一原理同样应该适用于补充侦查阶段，唯有如此，才能有效实现无罪推定、保障司法公正之目标。

也许是由于多年来学者的强烈呼吁，抑或是基于司法实务部门的积极反思，现在我们能欣喜地看到，新近出台的《规定》及《指导意见》，

[①] 侯亚辉：《正确认识和把握补充侦查可择性、主导性、说理性》，《检察日报》2019 年 12 月 23 日。

[②] 杨宗辉、周虔：《检察权结构探微》，《法学评论》2009 年第 1 期。

明确赋予了公安机关在退查阶段的实体性处置权，这也是为了更好地发挥侦查程序的纠错功能。比如《规定》第 296 条第 3 项规定，当发现原认定的犯罪事实有重大变化而不应追究刑责，侦查机关应当撤销案件或者对犯罪嫌疑人终止侦查，同时将有关情况通知检察机关即可。《规定》的这一变化，让公安机关在退查阶段享有更为充分的自由裁量权，能够更好地发挥侦查程序的"审查"和"过滤"功能，这对于贯彻无罪推定原则、有效防范冤假错案、提升司法保障人权的能力和水平都大有裨益。

（三）有利于保障与实现辩护律师充分、有效地行使辩护权

辩护权是法律赋予犯罪嫌疑人、被告人的诉讼权利，它在保障刑事被追诉人合法权益、促进司法公正等方面发挥着积极作用。然而在以往，无论是在一次侦查阶段，还是在退回补充侦查阶段，律师辩护权的行使空间都受到一定限缩。具体而言，律师在侦查或退查阶段，一般只享有会见、提供法律咨询、代理申诉控告、申请变更强制措施等权利，而依照法律规定，不能调查取证，也不能查阅案卷材料，无法全面地掌握当事人涉嫌犯罪的事实和证据材料。特别是，在退查期间，即便发生原认定的犯罪事实有重大变化而不应追究刑事责任等情形，律师也缺乏推动将案件作"撤案"处理的法定渠道。

但这一情况，随着《规定》的出台而发生了实质性变化。如前所述，《规定》第 296 条第 3 项对"当发现原认定的犯罪事实有重大变化，不应追究刑责的"，赋予了公安机关实体性处置权——"应当撤销案件或者对犯罪嫌疑人终止侦查"。对此，《指导意见》第 18 条事实上重申和确认了这一权限。相关规定的转变，意味着在退查阶段，法律法规实际上也扩充了辩护权行使的空间，进一步丰富和完善了辩护权的理论与实践。之所以这么说，原因在于：一方面，退回补充侦查程序回转前，无论是审查起诉阶段，还是法庭审判阶段，律师一般都已经行使了阅卷权，对案件的事实和证据都有了较为全面的认识和掌握，因而在补充侦查阶段，阅卷不足的问题基本上已经解决了，律师能够较为精准地把握案件辩护

的切入点和方向，能够更好地维护当事人的合法权益；另一方面，在退查阶段律师可以充分理解并熟练运用上述规定，以司法机关通过"程序倒流"方式消化无罪案件为契机，对符合"撤案"要求的案件，积极为当事人争取撤案决定书，为相关案件在退查阶段的实体性处理贡献辩护人的力量和智慧，从而实现有效辩护。

四 关于退回补充侦查的实务问题及建议

（一）退回补充侦查在实务中的问题

1. 退回补充侦查成为常态

退回补充侦查从制度设计上看，是弥补初次侦查办案质量瑕疵的补充性措施，应当是"例外"，而非"常态"。但实践中正好相反。究其原因，主要是侦查人员收集证据通常存在以下几方面误区，这些误区使初次侦查收集证据的质量不高：一是重口供、轻物证，注重犯罪嫌疑人供述，但不重视其他相关证据；二是重直接证据、轻间接证据，在缺乏直接证据而间接证据无法形成证据锁链时，难以达到起诉的证据标准；三是重实体、轻程序，侦查程序不合法或存在重大瑕疵，如指供诱供、疲劳审讯、复制粘贴讯问笔录等；四是对应当作司法鉴定的事项未作鉴定。"捕诉一体"之后，虽然检察人员从侦查人员提请批准逮捕开始进行常规介入，引导取证的时间向前移，这在一定程度上有利于提升证据收集的质效，但并不能从根本上改变和纠正侦查人员收集证据的思想观念和办案理念偏差，以至于其"初次"收集的证据仍难以达到直接起诉的证据标准。

2. 退回补充侦查具有随意性

实践中，不乏一些案件经过侦查后，检察人员经审查认为存在存疑不起诉的情形，于是将案件退回公安机关补充侦查，在第一次退查后没有更多侦查空间的情况下，又将案件第二次退查，使检察人员从"形式上"看，已经"穷尽了"一切可能。此外，补充侦查提纲过于粗陋、笼统、模糊，未能发挥其引导侦查取证的功能。补充侦查提纲在补充侦查程序中处于核心地位，对于指导发现事实真相具有重要的意义，是检察人员与侦查人员沟通的重要媒介，其说理性、明确性、指导性、规范性和可操作性的程度以及退查时检察机关是否与侦查机关进行充分沟通交流，都直接影响退回补充侦查的效果。[①] 上述现象产生的根源在于部分检察人员没有正视退回补充侦查的目的与意义，将退查当作规避责任的方式或者完成任务的手段。

3. 存在"退而不查"的现象

相对于辩护人来讲，检察机关与公安机关虽然同为"大控方"，但在案件起诉标准的尺度把握上，二者常常也会出现分歧。如针对某个具体案件，侦查人员认为事实和证据已经达到起诉标准，但是检察人员却认为事实不清、证据不足，并将案件退查，侦查人员则认为是检察机关吹毛求疵，甚至故意刁难，从而对退查抱持抵触情绪，以找不到证人、证据已经灭失等理由，出具几份"情况说明"应付了事。一些重大复杂案件或者专案，多是从不同公安机关抽调侦查人员组成临时专班，在案件移送审查起诉后，专班可能就解散或者大幅削减人手。在案件退查后，专班不足以完成补充侦查提纲所列举的事项。而当新的侦查人员进入专班以应对退查时，又不了解案件的基本情况，导致退回补充侦查流于形式。

4. 存在所谓"技术退查"现象

根据《刑事诉讼法》的角色设定，侦查机关与检察机关在刑事诉讼中应为相互配合、相互监督的关系。但在实践中，"相互配合"可能更常见，退回补充侦查成为侦、检二机关变相延长办案时间的"合法理由"。

实务中，有一种被检察机关广泛采用的退查模式——"技术性退查"，其通常出现在两种情形之下：第一种是案情复杂、案卷量大、涉案犯罪嫌疑人众多，即便检察人员提前介入侦查了解案情，也难以在一个

[①] 林红宇、林昇：《退回补充侦查工作情况分析与对策》，最高人民检察院官网，https://www.spp.gov.cn/spp/llyj/202007/t20200721_ 473447. shtml。

半月内完成审查起诉的相关工作；第二种是案件定性甚至是否构成犯罪存在重大争议，检察人员需要逐级向上级检察机关请示或者向政法委等部门汇报案件情况（甚至由政法委牵头召开公、检、法联席会议），这就导致一个半月的审查起诉时间根本无法满足请示与汇报的需要。面对上述情况，检察人员"形式上"将案件退回侦查机关补充侦查，实则案卷材料仍然在检察人员手中，检察人员借此时间慢慢"消化"案件。同样，亦不乏侦查机关在办案期限届满而案件的证据又有缺失、证据体系尚未夯实的情况下，将案件移送检察机关审查起诉，同时协调检察人员退回补充侦查，以此来延长侦查期限。这些方式看似符合法律规定，却背离了《刑事诉讼法》规定侦查、审查起诉以及退回补充侦查时间限制的初衷，人为地延长了犯罪嫌疑人的羁押期限，损害了其合法权益。

5. 检察机关自行补充侦查形同虚设

《刑事诉讼法》和《人民检察院刑事诉讼规则》都规定了检察机关对需要补充侦查的案件自行补充侦查的职权，其制度价值在于检察机关行使侦查活动监督权的同时，可以避免案件在侦、检二机关之间往返，提高诉讼效率。但相关规定基本上是"僵尸条款"，极少有人民检察院对案件直接补充侦查。其原因可能有三方面：一是检察机关长期以来主要履行公诉和侦查监督职能，对于自行补充侦查的方法与经验都存在明显不足；二是检察机关"案多人少"，难以像公安机关那样出外勤调查取证；三是法律法规并没有明确规定检察机关自行补充侦查的范围和适用条件，对检察机关自行补充侦查缺乏有效的指导。

退回补充侦查既可能发生在侦查（批捕）阶段和审查起诉阶段，也可能发生于法院审判阶段。而实践中存在一种现象：审判机关将案件退回检察机关补充侦查，检察机关又将案件退回侦查机关补充侦查，或者要求侦查机关代行检察机关自行补充侦查的职权。笔者认为，虽然法律及相关司法解释没有对这种方式作出明确否定，但这种做法显然是与诉讼制度的设计初衷相悖的。一方面，案件由检察机关起诉到审判机关后，侦查机关的职能已经履行完毕，此时检察机关对事实不清、证据不足部分进行调查取证，是公诉权的合理延伸，鉴于"补充侦查以二次为限"的严格规定，显然，此种情形下，侦查权不应再介入；另一方面，在审判阶段需要补充侦查的，往往是缺失定罪量刑的关键证据或证据链中的重要一环，故由检察机关直接补充收集证据，更有利于保证证据的真实性与可靠性。不仅如此，退回补充侦查如果经"多次转手"，还可能大幅拉长诉讼期限，既浪费诉讼资源，也不利于当事人的权利保障。

6. 退查后在侦查机关挂成积案

对于是否构成犯罪存在重大争议或者关键证据可能灭失的案件，检察机关对犯罪嫌疑人不予批捕，侦查机关对其采取取保候审措施，这是司法实践中的常态化处理方式，既可以保证案件的顺利侦查，又可以避免错误追诉或超期羁押而产生国家赔偿的问题。但如前文所谈到的，当此类案件被侦查机关移送检察机关审查起诉后，即便检察机关认为案件达不到起诉的证据标准，具有不予起诉的可能，但"形式上"仍然要用完两次退查。2020 年公安部修改后的《规定》，虽然明确了退查期间公安机关有撤销案件的权力，但出于办案习惯以及责任规避等考虑，侦查机关对于自行撤销案件存在一定的抵触情绪，又确实难以再补充定罪的证据，以至于消极补充侦查或将案件积压不查，最后使这部分案件长期滞留在侦查阶段成为积案，犯罪嫌疑人则长期"挂着"取保候审的身份而得不到明确的结果。

（二）关于完善退回补充侦查制度的建议

1. 树立公正与效率并重的诉讼理念

不论是批捕阶段、审查起诉阶段，还是审判阶段，检察机关或审判机关在决定是否需要退查时，都应当综合考虑取证成本与证据价值之间的关系，树立公正与效率并重的诉讼理念。对于实质性影响查明案件事实、对被告人定罪量刑的，当退则退。反之，如果只是"形式上"证据有欠缺而不影响证据链完整，对案件定罪量刑没有实质性影响，则不应退回补充侦查。坚决杜绝随意退查、利用退查"借时间""甩担子"。

除此之外，在审前阶段，检察机关还应当充分运用好"捕诉一体"的机制优势，加大案件侦查的介入力度，将夯实证据的工作重心前移至侦查环节，积极引导证据的收集、判断和运用。对确需补充侦查的案件，应当制作高质量的补充侦查提纲，明确补充侦查的理由，与案件定罪量刑的关联，补充侦查的方向、渠道、线索和方法，等等。在退查后，要对案件持续跟踪，与侦查人员保持交流，精准把控补充侦查工作的方向、重心与节奏。在审判阶段，人民法院则应当充分贯彻"庭审实质化"要求，除关键性书证、物证缺失之外，对于言词证据存在矛盾的，可以通知证人出庭接受法庭调查，对于鉴定报告有疑问的，亦可以通知鉴定人出庭作出说明，严格贯彻退查"必要性"原则，提升诉讼质效。

2. 完善退回补充侦查的法律规定

2020年3月，最高人民检察院和公安部联合颁布的《指导意见》，明确了补充侦查的原则包括"必要性原则""可行性原则""说理性原则""配合性原则""有效性原则"等五大原则，并且规定了退回补充侦查的实体与程序要求。而公安部随后颁布并施行的《规定》，则进一步明确了公安机关在退查期间拥有对案件实体性处置的权力。虽然该规定加剧了理论与实务界对退回补充侦查的属性之争，但不可否认，此举有利于提升退回补充侦查的办案质效，避免案件在检察、侦查机关之间往返流转。

但是，不论是《指导意见》还是《规定》，都有一些实务中的争议没有解决。例如，应当通过进一步完善法律及相关司法解释来明确审判阶段的退查中，检察机关不得再行向侦查机关退查；对于改变管辖的案件，即使原审查起诉程序中已经退查，总退查次数也不得超过二次；明确检察机关自行补充侦查的情形，等等。如此方能进一步完善退回补充侦查的程序，限制退回补充侦查的次数与时间，促进公正司法。

3. 保障律师在退回补充侦查程序中充分行使辩护权

《指导意见》规定"补充侦查提纲应当分别归入检察内卷、侦查内卷"。笔者认为，上述规定将"补充侦查提纲"归入内卷范畴，变相限制了辩护律师在此期间的辩护权行使，因为辩护律师显然无法查阅、复制司法机关的内卷。据此规定，补充侦查提纲明确成为不向辩护律师公开的内部文件。

笔者认为，补充侦查提纲产生于审查起诉阶段，是检察机关向侦查机关正式发出的兼具实体与程序功能的重要文书，并且为《人民检察院刑事诉讼规则》《指导意见》等司法解释或公开的规范性文件所规定，并非根据检察机关或侦查机关的内部文件形成的"私密"材料。故此，应当赋予辩护律师查阅、复制补充侦查提纲的权利。如此，不仅有利于辩护律师充分行使辩护权，更是对退回补充侦查工作的一种"外部监督"，有助于避免出现前文所述的检察机关与侦查机关相互"配合"借用时间、退查质量不高等情形。

五　结语

退回补充侦查制度是刑事诉讼中的一项重要制度，对于弥补初次侦查活动在事实、证据、罪行及追诉犯罪嫌疑人等方面存在的不足与遗漏，促使侦查机关及时、全面收集证据，提升刑事案件侦查工作质量，具有重要意义。正确厘定退回补充侦查的阶段性质，对于加强公、检、法三机关分工负责、相互配合、相互监督，保障辩护律师充分有效行使辩护权，防范冤假错案意义重大。

尽管《指导意见》和《规定》对退回补充侦查的原则与工作要求、检察机关与侦查机关的权责作了详细规定，但退回补充侦查制度在惩治犯罪、保障人权等方面仍然存在诸多现实问题。改善这些问题，既要从思想观念与司法理念着手，也要不断完善制度设计，更要充分保障辩护律师的辩护权行使。

值班律师有效法律帮助对防止
具结协议破裂的保障作用[*]

李　晨[**]

摘　要： 本文结合作者作为值班律师的实际工作经验，从实践案例中被追诉人认罪认罚的异化现象入手，通过分析全国认罪认罚案件上诉、抗诉、二审的具体情况，揭示出认罪认罚异化现象与具结协议破裂之间的关联，并进一步指出实践中导致值班律师法律帮助无效的时间和空间限制，明确下一步的改革方向是在不同诉讼阶段之间建立身份衔接机制与紧急情况下的身份转换机制。

关键词： 值班律师；有效法律帮助；具结协议破裂

2017 年 10 月 11 日，最高人民法院、司法部联合发布了《关于开展刑事案件律师辩护全覆盖试点工作的办法》，提出在刑事案件审判阶段试点律师辩护全覆盖。截至目前，全国共有 2594 个县（市、区）开展了审判阶段刑事案件律师辩护全覆盖试点工作，占县级行政区域总数的 90%以上。[①] 如果说刑事辩护全覆盖对于保障犯罪嫌疑人、被告人权利，切实保障律师参与和在场权的意义非凡，是司法建设的一次重大突破，那么2019 年 10 月 "两高三部" 发布的《关于适用认罪认罚从宽制度的指导意

---

* 本文为笔者参加的国家社会科学基金项目 "认罪认罚从宽制度中的协议破裂与程序反转研究"（18BFX074）的部分研究成果。文中的案例均为笔者 2017 年 12 月至 2019 年 3 月在北京市西城区法院担任值班律师时接触的真实案例。

** 社会科学文献出版社政法分社副编审，兼职法律援助律师。

① 张昊：《全国 2195 个县试点刑事案件律师辩护全覆盖》，《法制日报》2020 年 1 月 18 日。

见》（以下简称《指导意见》）中"有效法律帮助"的首次入法则更是一次法治建设上的飞跃，这是"有效"概念首次被写入规范性文件之中，具有划时代的意义。

一　被追诉人认罪认罚的异化现象

从《指导意见》的主旨来看，认罪认罚制度设立的初衷是引导被追诉人真诚认罪，积极填补违法行为造成的社会损失，促进社会关系的尽快修复，节约司法成本，加强刑法的预防和教育功能，因此，认罪认罚从宽适用的前提必须是被追诉人真诚悔罪、真诚认罚。但在北京市某区法院担任值班律师过程中，笔者发现这一价值设定在实践中出现异化，具体包括以下三种异化现象。

（一）"签署认罪认罚协议但不认罚"

被追诉人认罪但不认罚多出现在侦查阶段，公安机关普遍将认罪教育作为程式化工作，将认罪认罚具结书视为办案程序的证明，证明在侦查阶段已对被告人进行了认罪认罚教育，此阶段的认罪认罚告知书中"认罪"和"认罚"的具体内容通常比较笼统，工作往往停留在制度介绍层面。加之侦查机关此时掌握的证据还不完全，在对被追诉人犯罪情节定性不充分的情况下，可能出现被追诉人为尽快获得认罪认罚的程序利益笼统认罪，但因缺乏对犯罪行为法律评价的认识而对可能判处的刑罚不了解或故意回避的情况，导致被追诉人在认罪但不认罚的主观心理状态下签署了认罪认罚具结书，但到了法院阶段又反悔。

也有部分被追诉人已进入庭审阶段，但因前期认罪认罚程序中缺乏充分的协商和知情权保障，没有证据开示程序让其充分了解检方已掌握的证据种类和证明力，而对自己犯罪行为的法律定性和量刑幅度仍不清晰，这也会造成认罪但不认罚的情况。

笔者与课题组成员在调研中发现，"认罪不认罚"现象是被追诉人上诉从而导致具结协议实质性破裂的最主要原因（详见后文表3数据）。

（二）策略性认罪

笔者在担任值班律师过程中发现，有相当一部分被追诉人的认罪不是基于对自己犯罪行为的正确认识，而是为了争取"从宽处理"的一种策略，他们担心如果不认罪会被"从重"处罚。笔者在担任值班律师过程中接触到的策略性认罪的两个典型案例如下。

案例一：陈某某盗窃罪

该案被告人陈某某之前因精神疾病（重度抑郁症）入院治疗，在案发时被告人看到医院中的一座佛像，认为和佛像很有眼缘，就将佛像拿回了家中，笔者在对被告人做认罪认罚笔录时，被告人陈某某放声大哭，表现得非常委屈，多次重复"觉得菩萨普度众生，想让菩萨保佑自己所以抱走了菩萨，自己不知道那个菩萨多少钱，也没想过值多少钱，自己有严重的精神疾病"。

笔者问陈某某："既然这么委屈，为何在检察院阶段要认罪？为何在公安阶段和检察院审查起诉时不申请精神病鉴定？"被告人答"在公安和检察院阶段都申请了好几次精神病鉴定，但他们（指公安机关和检察院的工作人员——笔者加）跟我说，你也别申请了，你认了罪呢，也就判个缓刑，不会把你关起来，但是你申请了精神病鉴定，一旦确定了，绝对把你关到精神病院去，你更惨"。于是，陈某某放弃了申请精神病鉴定。

笔者作为值班律师在开庭前紧急向法官说明情况，要求延期开庭并为陈某某申请精神病鉴定，但未被法庭准许。

案例二：姚某某、李某某故意伤害罪

该案中检察院认定被告人（该案为共同被告）存在打架斗殴和故意伤害行为。被告人姚某某为怀孕妇女，其车位被他人抢占，双方因争抢车位而发生纷争，另一名被告人李某某为姚某某配偶，为保护姚某某而与对方动手。案件发生时姚某某未先动手，因其系孕妇，首先想到的是保护胎儿，没有主动上前动手置自身危险于不顾的动机。该案中令值班律师（笔者）震惊的是，被告人姚某某认罪的原因竟然是"公安说认罪了就可以取保回家，我肚子里有孩子，想早点回家休息，就认罪了"。

值班律师向被告人说明，怀孕妇女本身享有取保的权利，与是否认罪无关，建议其作无罪辩护。但被告人姚某某思考良久，最后还是坚决认罪，理由是怕因翻供而被从重处罚，这也是认罪认罚程序中被告人普遍面临的心理压力。

偏高的审前羁押率和有罪判决率都是导致被告人策略性"认罪"的重要原因，而一旦认罪，后期要么基于恐惧心理而不敢反悔从而丧失追求个案实体公正的机会，要么庭审中反悔导致程序回转从而带来更高的司法成本。解决这种问题的关键在于增强值班律师在控辩协商过程中法律帮助的有效性以及建立法院阶段值班律师在紧急情况下与辩护人身份的转换机制，对此将在后文详述。

（三）"认罪必须放弃辩解权"

案例三：袁某某信用卡诈骗罪

被告人袁某某拖欠银行信用卡债务到期未还，原因是中途失业，丧失了还款能力。在庭前帮助阶段，袁某某一再强调其在向银行申请办理信用卡时和利用信用卡透支消费时是有稳定工作的，后来失业是遇到不可预料的情况而突然发生的，失业后袁某某还专门前往银行信用卡中心反映情况，希望能够减免欠款或者缓交，但工作人员对其所反映的问题未给出回应。

该案被告人确实存在信用卡欠款到期不还的情况，但一直辩解其主观上没有恶性，理由是如果自己"恶意透支"，怎么可能在透支后还主动到信用卡中心"自投罗网"呢？

笔者查阅了案卷，发现被告人的这一辩解在审查起诉和认罪认罚阶段并未记录入案卷，追问袁某某这种情况下为何要认罪，被告人的答案是"不认罪怕被从重处罚"。

笔者准备将被告人的辩解记录在案，但发现提交给法庭的格式化的律师帮助文书中"有无辩解？"以及"你还有什么要说的？"两项内容已经被提前打印上了"无"。

《指导意见》第6条规定，对于"认罪"的把握是"承认指控的主要犯罪事实，仅对个别事实情节提出异议，或者虽然对行为性质提出辩解但表示接受司法机关认定意见的，不影响'认罪'的认定。"但实践中认定认罪认罚的被告人必须完全放弃异议权和辩解权，至少在文书层面如此。

认罪认罚中律师的帮助笔录是高度格式化的，其目的是对案件从快、批量处理，因此适应了法官们希望律师庭前帮助尽量高效、迅捷，以尽快具备开庭条件的要求，但高度格式化的笔录和帮助方式在增强司法经济性的同时，必然会影响到个案公正，笔者查阅了大量存档的其他值班律师的帮助笔录，发现绝大多数"有无辩解？"以及"你还有什么要说的？"两项问题的笔录都不是现场手动填写而是被提前打印上了"无"这一答案，笔者曾经向检察官和法官质疑这种做法的正当性，得到的回答是：如果还有辩解那就不需要走认罪认罚程序了，直接转普通。也就是说，在法官和检察官的概念中，默认认罪认罚的被告人是放弃一切辩解权的。

后文表3中详细列举了认罪认罚案件被追诉人的10项主要上诉事由，而这些上诉事由中的绝大多数其实在庭前律师帮助阶段是有机会被呈现出来的，是我们格式化、表面化的工作阻碍了这些事实的呈现。如果我们在值班律师提供法律帮助时就本着让被追诉人能言尽言的态度，就有可能大幅降低后期认罪认罚协议破裂的概率，从而真正提高司法效率；反之，前期过度追求效率而降低法律帮助的质量，是用表面上的经济手段带来司法实质上的不经济。

二　认罪认罚异化与具结协议破裂之间的关联

认罪认罚制度的价值诉求主要是两项：一是促进被追诉人真诚悔罪，

加强刑法的教育和预防功能；二是大幅缩减诉讼时间和人力的耗费，降低司法成本。但要实现这两项功能尤其是第二项功能，就必须保证认罪认罚协议的基本稳定，尽量降低认罪认罚协议破裂引发的程序回转所带来的司法成本。

实践中导致具结协议破裂的原因主要有三类：（1）被追诉人一审宣判前反悔、撤回具结或上诉实质上导致认罪认罚协议破裂；（2）检察院撤回具结、量刑调整与抗诉导致认罪认罚协议破裂；（3）一审法院不采纳或调整量刑建议导致认罪认罚协议破裂。检察院和法院导致的认罪认罚协议破裂不属于律师帮助可以控制的范围，因此本文聚焦第一类，详细讨论如何优化值班律师制度使之对防止认罪认罚协议破裂起到积极作用，从而维护具结协议的稳定，降低司法成本、增强司法经济性。

为研究值班律师的法律帮助工作如何能够有针对性地降低被追诉人一方具结协议破裂的概率，笔者与课题组成员一起于2023年1月利用北大法宝对认罪认罚案件的二审判决书进行了检索，通过分析二审判决书，对实践中导致认罪认罚协议破裂的原因进行汇总。

本项研究分为两个维度：一是宏观维度，通过考察2018~2022年认罪认罚案件的总体情况，对认罪认罚制度确立以来协议破裂的整体数据建立导图式认识；二是微观维度，通过对2022年一年的认罪认罚案件二审判决书进行分析和关键要素提取，对认罪认罚协议破裂的原因进行分类归纳，并将这些原因与笔者在担任值班律师过程中发现的被追诉人认罪异化的种种表现进行比对，从而找到值班律师制度改良可能对维护具结协议稳定发挥积极作用的突破口。

（一）认罪认罚案件上诉、抗诉与再审的宏观情况

1. 2018~2022年全国认罪认罚二审案件概览

课题组利用北大法宝的案例检索功能，具体检索方法为：将检索条件设置为全文检索，关键字为"认罪认罚"，时间条件分别选择"2018

年""2019年""2020年""2021年""2022年",其他筛选条件设置为"刑事案件""全部级别法院""二审审理程序""全部文书类型";筛选后得出认罪认罚二审法律文书共计54367份;然后在检索条件中分别添加"上诉""抗诉"两项关键词,其他筛选条件不变,从而得出上诉、抗诉引发的二审法律文书数据,并进行汇总(见表1、图1)。

表1 2018~2022年全国认罪认罚二审案件概览

单位:起,%

年份	总数	上诉	抗诉	上诉率	抗诉率
2018	2666	2636	824	96	2
2019	9512	9377	3527	95	2
2020	26910	26635	10270	96	2
2021	14152	14042	5488	98	1
2022	1127	1115	418	95	2

注:筛选中可能存在既有抗诉又有上诉的二审情况,因此二者相加大于二审案件总数,计算上诉率和抗诉率的依据为仅由上诉或抗诉引发的二审比例。

资料来源:笔者与课题组成员自行整理(本文中未特别注明来源的图表,资料来源同此)。

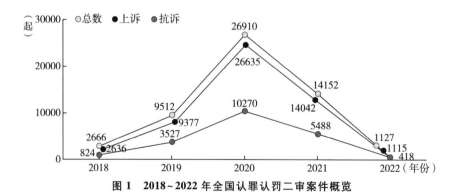

图1 2018~2022年全国认罪认罚二审案件概览

2. 2022年认罪认罚二审案件总体情况

课题组具体考察2022年全年1127份认罪认罚二审案件判决书,并剔除无法提取信息的无效判决书,对剩下的985份判决书,提取"上诉""抗诉"等关键要素作进一步分析,具体情况如表2、图2。

表2　2022年认罪认罚二审案件总体情况

单位：起,%

引起二审原因	数量	占比
上诉	934	95
抗诉	25	2.4
既上诉又抗诉	26	2.6

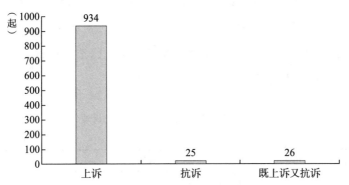

图2　2022年认罪认罚二审案件总体情况

3. 小结

表2、图2显示，无论是对2018—2022年全国认罪认罚二审情况的分析，还是针对2022年全年认罪认罚案件二审情况的具体分析都说明，被告人单方面的上诉是二审程序最主要的启动方式。以2022年为例，被告人主动上诉导致的二审共计934起，在有效判决书中占比达95%，而由抗诉引发二审的仅有25起，占比2.4%，另有既上诉又抗诉的案件26起，占比2.6%。既上诉又抗诉情况的发生，多源于一审审判机关采纳检察机关的认罪认罚量刑建议作出判决后，被追诉人在无新事实新理由的情况下提起上诉，导致认罪认罚协议破裂，而公诉机关据此判定认罪认罚从宽的情况已消失，因此对抗性地提起抗诉。也就是说，如果被追诉人在签订认罪认罚协议后认可依据该协议作出的判决，则检察院单方面抗诉从而导致认罪认罚协议破裂及程序回转的可能性几乎没有。

（二）认罪认罚协议破裂后上诉、抗诉的具体事由

从表3可知，当事人签订具结协议的主要原因是不认罚，而不认罚的事由主要有以下10大类。

（1）未完全丧失辨认能力的精神病人；（2）未遂、中止；（3）被教唆、胁从犯、初犯；（4）具有自首、立功情节；（5）14~18岁未成年人；（6）贪污罪数额少，悔改、积极退赃，或行贿人主动交代；（7）防卫、避险过当；（8）真诚悔罪、认罪态度好，或已赔偿、道歉，取得谅解；（9）情节轻微，可以适用缓刑；（10）其他。

表3　2022年934起上诉案件的上诉理由

单位：起

上诉理由	具体情形	数量
一审量刑过重	具有法定从轻、减轻量刑事由，一审未认定，包括：（1）未完全丧失辨认能力的精神病人；（2）未遂、中止；（3）被教唆、胁从犯、初犯；（4）具有自首、立功情节；（5）14~18岁未成年人；（6）贪污罪数额少，悔改、积极退赃，或行贿人主动交代；（7）防卫、避险过当；（8）真诚悔罪、认罪态度好，或已赔偿、道歉，取得谅解；（9）情节轻微，可以适用缓刑；（10）其他	970
	具有非法定减轻量刑事由（出于人道主义），包括：（1）家庭困难，家人需照顾；（2）其他	88
一审定性错误	事实不清、不构成犯罪	223
	罪名错误	114
	主体认定错误	11
	适用法律错误	48
	其他	48
检察官变更量刑建议		2
认罪认罚具结书签署过程违法	诱骗所得（非自愿）	6
	其他	2
想留在看守所服刑		2
其他		40

注：一个案件上诉、抗诉的理由不止一个，因此事由总数大于案件数。

这些针对量刑的上诉事由中前 8 项全部为事实问题，如果值班律师的工作到位、配合实质性的会见阅卷，这些事实问题本是可以在签署具结协议时就被发现并考虑进量刑幅度的，即便事由不成立无法作为量刑从宽的理由，在签署认罪认罚协议时也应该已经做了充分的解释工作而不应因此为后期的具结协议破裂留下"祸根"。这些事由在控辩协商时未被及时发现或虽发现了却未被重视和处理，与各种限制导致值班律师在提供法律帮助时对该及时发现的问题无法发现（后文会就这一问题详述）或发现了也无权处理（例如前文案例一中值班律师发现了符合精神病鉴定的事由，但申请未被法庭准许；再如案例三中值班律师发现被告人存在隐情和合理辩解，但由于律师见证文书的限制而无法记录在案）有关。

三 值班律师如何及时发现问题：高质量的互动何以可能？

《指导意见》第 12 条、15 条分别规定了值班律师以及辩护人的相关职责，其中强调较多的是为被追诉人提供适当的法律帮助，并能够就定罪量刑、诉讼程序适用等提出意见。但实践中，在认罪认罚案件中，仅作为"见证人"的律师起到的作用更多的是形式上为认罪认罚具结书的合法性提供"背书"，并未实质上起到保障被告人自愿性和认罪认罚真实性的作用。此外，虽然传统辩诉结构中律师与检察官的角色功能针锋相对，但在认罪认罚从宽的目标指引下，二者一定程度上存在共同的价值追求，或者说律师需要配合追诉机关提高司法效率和增强司法经济性。在这种价值追求之下，律师常会主动或被动地成为检察官的"合伙人"，这与其保障被告人诉讼权益的基本角色定位存在抵牾。

辩诉交易中辩护律师角色和作用的发展历史可以让我们对此有所启发。在美国辩诉交易中，被告人认罪的动机是多种多样的，可能基于不利证据的影响，也可能基于功利性因素的考量，比如接受有罪认定以避免可能的惩罚或更严厉的惩罚，等等。[1] 决定是否认罪从公权力角度看似

---

① K. S. Henderson & R. V. Shteynberg, "Plea Decision - making: The Influence of Attorney Expertise, Trustworthiness, and Recommendation," *Psychology, Crime & Law* 26(2020): 531.

乎是一个静态的结果，但对被追诉人而言却是一个复杂的动态过程，涉及认知偏见、启发式和社会性影响（social influence）。[1] 其中一个非常重要的社会性影响来源就是他的律师。

1970 年，美国最高法院的三个判例将认罪案件的自愿性问题转移到获得律师有效帮助的权利方面。[2] 40 年后，2012 年的拉夫勒诉库珀案（*Lafler v. Cooper*）将该问题从一般性权利到有效的法律帮助予以重构。这些案件重新解释了"获得律师帮助的权利"的内涵，将辩护律师作用的重点从仅仅在场转移到律师与委托人互动的质量和实质性方面。[3]

在认罪认罚从宽制度中，要强化值班律师法律帮助权的有效性，同样必须实现值班律师与被追诉人之间实质性、高质量的互动，值班律师应是认罪认罚制度中活跃的参与者、被追诉人的同盟者，而不是价值中立的见证者和在场人。笔者在担任值班律师的过程中深刻感受到，并不是值班律师怠于履行法律帮助义务，而是实践操作层面各种条件的不足、配套措施的缺乏严重制约值班律师主观能动性的发挥，这些制约除了学者们已经多有讨论的对律师在场权、阅卷权的保障不足外，还涉及一些十分具体的制度安排，这些制度安排不受学院派的学者们关注，但往往细节决定着法治的品质和成败。

（一）时空条件的双重制约

1. 时间制约：案件错峰问题

司法活动需要一定的时间、空间条件以实现程序的亲历性和封闭性，程序甚至是仪式上的配套措施虽是物的存在，但实际在司法实践中对于人的能动性的发挥起着重要的制约或催化作用。

《指导意见》第 44 条第 3 款规定："人民法院适用速裁程序审理案

---

[1] A. D. Redlich, S. Bibas, V. A. Edkins & S. Madon, "The Psychology of Defendant Plea Decision Making," *American Psychologist* 72(2017) : 339 – 352.

[2] *Brady v. United States*, 1970; *McMann v. Richardson*, 1970; *Parker v. North Carolina*, 1970.

[3] K. S. Henderson & R. V. Shteynberg, "Plea Decision – making: The Influence of Attorney Expertise, Trustworthiness, and Recommendation," *Psychology, Crime & Law* 26(2020) : 531.

件，可以集中开庭，逐案审理。人民检察院可以指派公诉人集中出庭支持公诉。"在这一则追求司法效率的法律条文指引下，笔者担任值班律师期间见证的法院刑庭的工作安排大体如下：该院共计 6 个刑庭，将案件全部集中在上午九点半开庭，集中开庭的结果是，值班律师要在早上很有限的一段时间里独自（或最多两人）处理六七位法官的十几个案件，三四个法庭同时开庭，值班律师被要求抓紧做完某个案件的庭前帮助工作或优先给某个被告人提供帮助，总是处于被催促状态。

而该法院的法警每天上午九点半才能把被告人从看守所带来，这导致值班律师和每个案件的被告人交流、做笔录的时间甚至短于 5 分钟。也有极个别现象：法官不等律师做完笔录，为了早点结案，就在被告人未经律师庭前帮助的情况下先予开庭。这违背了认罪认罚从宽制度律师参与的程序要求和这项制度的设计初衷，严重消解了这项制度的正面功能。

客观条件的限制严重制约着值班律师法律帮助的有效性，这在一些特殊案件中表现得较为明显。以共同犯罪为例，为充分保护被告人权益，防止律师的利益冲突，共同犯罪中适用"禁止同时辩护原则"。严格意义上讲，法律帮助也属于大的辩护权行使范围，律师辩护的上位性、原则性规定同样应适用于值班律师的法律帮助活动。但实践中案件多，值班律师少，时间不充裕，也没有充分的空间来保证共同犯罪的被告人得到私密、封闭的与帮助律师进行沟通和交流的机会。

笔者担任值班律师的过程中，有过多次被要求同时为共同犯罪中的两个甚至三四个被告人提供法律帮助的经历，过程中会发现几名被告人在复述案情时存在比较大的差异和多处疑点，甚至后面的被告人看到前面的被告人已经说了，就不敢再表达不同的看法，这导致针对共同被告人的法律帮助流于形式，值班律师工作的有效性难以实现。

2. 空间制约：如何保证程序的封闭性？

笔者担任值班律师的法院为配合深入推进认罪认罚全覆盖工作而专门在法院设立了律师值班室，这本是一件考虑周到的好事。但实践中因为所有案件集中在上午同一时间开庭，律师实则根本没有时间在值班室会见被取保的被告人，也没有充分时间在羁押室会见在押的被告人，往往只能是在被告人被带到法庭后，律师于开庭前在法庭这个开放的空间里完成庭前帮助。

律师会见要达到了解真实情况的目的，需要在封闭、独立的环境中使被告人对律师形成完全的信任，被告人此时的状态应是安全、放松的，这样的法律帮助才能使被告人敢于说出内心真实的想法，与律师形成实质性的互动，提供的帮助才真正有效。

而实践中，因律师只能在开放的法庭上提供庭前帮助，此时法官和检察官往往已经在场，被告人难免存在心理压力，律师询问被告人认罪的自愿性时，被告人经常踌躇不敢开口；律师询问被告人在公安、检察院阶段有没有被刑讯逼供、非法取证的经历时，鉴于检察官在场，被告人往往也不敢说话。

还有的检察官与法官相交甚好，在律师对被告人进行庭前帮助时，法官和检察官会交流私事，这种做法存在两方面的不良后果：一方面，在庭前谈论与案件无关的内容，干扰被告人的思维，导致律师在本就十分有限的时间内，无法与被告人进行有效沟通；另一方面，法官与检察官交流私人事务，这无形中向被告人显示检察官与法官存在熟人关系，被告人会因此担心检方对案件结果存在潜在的影响力。其造成的结果往往也是两种：其一是导致被告人不敢翻供，对于认罪的一些隐情不敢辩解；其二是被告人因猜测检察官与法官存在私交，而对本来实体公正的审判结果产生某种怀疑，因为正义没有用他看得见的方式展示给他，这从实际上消解了司法机关的权威，也是一种司法成本的浪费。

值班律师提供法律帮助的地点的封闭性以及时间的充分、稳定性对律师与被追诉人之间形成高质量的互动和实质性的沟通至关重要，是确保被追诉人自愿认罪和及时发现其他影响定罪、量刑事由的重要契机，也是最低成本维护认罪认罚协议的稳定性、防止因程序回转而增加司法成本的必要环节和重要保障。

笔者认为，针对法院阶段庭前法律帮助时法官、检察官在场的情况，应赋予被告人申请其回避的权利。为保障每名被追诉人获得充分的法律帮助，同一法院不同法庭之间的开庭时间应"错峰"，对未被羁押的被告人应保证其有充分的时间在律师值班室内独立会见律师、获得帮助，被羁押的被告人也应提前由法警带到律师值班室接受法律帮助，考虑安全问题，律师为羁押的被告人提供法律帮助期间可以有 1~2 名法警在旁。

四 值班律师如何及时处理问题：异议权与紧急情况下的身份转换

（一）现状及问题

1. 强制辩护的法律边界：从一则典型案例谈起

目前运行的律师帮助制度采取值班律师与辩护人两条线封闭运行的运作方式，这导致值班律师的作用往往停留于在场见证方面，无法在发现问题时通过有效途径实质性地提出异议并解决问题。值班律师异议权的尴尬、其法律效力和救济途径的空白严重制约了值班律师能动性的发挥，限缩了认罪认罚程序本应具有的制度空间，导致这项制度沦为检察院追求和提高定罪率的一项工具和手段，也为后期认罪认罚从宽案件的高上诉率埋下了伏笔。

笔者担任值班律师过程中曾接触到这样一则案例：

案例四：邱某非法经营案

被告人邱某是一名近 70 岁的老人，因为年事高又患有疾病，听力很差，笔者作为值班律师在与其面对面大声询问的情况下，邱某仍然完全不能分辨笔者在说什么，最后笔者只得凑近，几乎是趴在邱某耳边并用最大音量询问了其认罪自愿与否，在这种情况下邱某仍然似懂非懂，只是茫然地点了点头。

笔者以被告人丧失听力为由向法庭提出该案应转为普通程序审

理并延期开庭的申请，但没有得到法官准许，值班律师自己并不具备辩护人资格，无权在庭上为被告人提供辩护，最终法官在无辩护人在场的情况下适用速裁程序处理了此案。

这个案件值得思考：刑诉法规定的强制辩护针对的"盲、聋、哑"几种情形到底应如何界定？听力极度弱化算不算"聋"？如果算，那邱某是否应被强制辩护而不是由值班律师提供庭前帮助后就适用速裁程序径行判决？如果听力极弱在刑诉法定性上不算"聋"，那其与"聋"究竟应如何界定？一个值班律师趴在其耳边说话都听不清的被告人，如何在开庭时听到书记员宣布自己的诉讼权利，如何听到法官对他的提问？又如何在没有辩护人在场的情况下自行辩护？一些法律标准的模糊之处，在原有制度框架内可能并不明显，但在认罪认罚从宽制度中却日益凸显出来。

2. 确立值班律师异议权的法律和现实阻力

上诉案例四中，笔者提出的被告人应适用普通程序审理的申请未被法庭准许，主要源于两方面原因。第一个原因是法律对值班律师的异议权本身规定不明确，也未阐明法官、检察官针对值班律师异议的审查标准。

《法律援助法》第30条仅笼统地规定了"值班律师应当依法为没有辩护人的犯罪嫌疑人、被告人提供法律咨询、程序选择建议、申请变更强制措施、对案件处理提出意见等法律帮助"，但对于值班律师在提供法律帮助过程中发现了可能影响程序选择的重要事实如"被告人是盲、聋、哑人或者精神病人的"情况，或是发现共同犯罪中的被告人存在因"合并起诉"而被迫"合并认罪"的情况（笔者在担任值班律师时也接触过类似案件，前文对此有过阐述）时，并未赋予律师提出异议的权利，也未提供有效的救济途径。

《指导意见》第53条规定了"审判阶段反悔的处理"："案件审理过程中，被告人反悔不再认罪认罚的，人民法院应当根据审理查明的事实，依法作出裁判。需要转换程序的，依照本意见的相关规定处理。"《指导意见》第 48 条也规定："人民法院在适用速裁程序审理过程中，发现有被告人的行为不构成犯罪或者不应当追究刑事责任、被告人违背意愿认罪认罚、被告人否认指控的犯罪事实情形的，应当转为普通程序审理。发现其他不宜适用速裁程序但符合简易程序适用条件的，应当转为简易程序重新审理。发现有不宜适用简易程序审理情形的，应当转为普通程序审理。"

从上述法律规定可知，被追诉人自身提出异议之后，法院对异议的审查规定得很笼统，对审查程序和异议被驳回时的救济并未特别说明。至于值班律师针对自愿认罪和程序适当性提起的异议，《指导意见》更是对审查标准、程序和救济途径都只字未提。这说明目前法律规定对程序回转问题的重视程度还不够，虽然现实中认罪认罚制度满足了提升诉讼效率的需求，但忽视了实体公正与被告人诉讼权利的经济性并不是认罪认罚从宽制度的价值追求。

除了法律授权不明，律师异议权不受重视的第二个原因是程序回转因会消耗大量司法资源而面临司法机关的阻力。认罪认罚具结协议一旦破裂，会产生昂贵的司法成本。一方面，为具结所进行的前期诉讼活动失去效力，如被追诉人、律师以及检察机关三方沟通已经花费的时间成本，值班律师见证的成本，以及已经签署的各项文件全部归于无效。另一方面，为保障具结破裂后普通程序的顺利进行，需对之前采取的速裁或简易程序的材料进行补足，涉及文书的重新签署、证据的重新收集、质证等，且很可能因证据错过最佳收集时机而灭失从而阻碍案件真相的查明；另外还涉及程序回转后，基于具结协议已经获得的证据是应排除适用还是继续适用，诉讼程序是否转换，罪名、量刑是否调整等一系列问题。

程序回转还大大拉长了单个案件的诉讼周期，给司法机关带来很大的案件压力，有调查显示，"认罪认罚案件平均审查起诉的时间是 5 天，而认罪认罚出现反悔的案件平均审查起诉时间是 30 天，是正常流程案件用时的 6 倍，司法进程被严重阻滞"①。由此，作为认罪认罚从宽制度经济性价值受益者的司法机关，是有强大的动力来维持具结协议的稳定、尽量避免程序回转的，更何况近些年司法机关尤其是检察院已经将认罪认罚从宽适用率纳入了具体的业绩考核指标。

为最大程度地节约司法成本，防止程序回转，司法机关在被追诉人和值班律师提出不认可认罪认罚协议的自愿性或是存在其他阻碍适用速裁程序的情形时，天然地倾向于对值班律师提出的异议从严审查。加之法律并未明确审查标准，这更导致值班律师即便有权提出异议，也无法控制异议的实际效力和在异议被驳回后实施救济。

（二）改革方向：不同诉讼阶段的身份衔接机制与紧急情况下的身份转换机制

目前，我国在侦查、审查起诉与审判阶段都设有值班律师，一个案件三个不同的诉讼阶段由三名不同的律师提供法律帮助，这会导致法律帮助的碎片化与断裂，甚至彼此矛盾。而且一旦到了审判阶段，案件往往已经生米煮成"熟饭"或"夹生饭"，被告人即使认罪并非出于自愿，但因为惧怕翻供后被从重处罚，也大都选择沉默。而到了审判阶段，值班律师在有限时间内即使发现问题也很难采取有效的补救措施，最终很可能导致无效帮助。因此，司法改革要充分发挥值班律师在认罪认罚从宽制度中的积极作用，就必须把值班律师的工作重心前置，大力加强律师在看守所、检察院阶段的参与权。

《指导意见》第 13 条"法律帮助的衔接"规定："对于被羁押的犯罪嫌疑人、被告人，在不同诉讼阶段，可以由派驻看守所的同一值班律师提供法律帮助。对于未被羁押的犯罪嫌疑人、被告人，前一诉讼阶段的值班律师可以在后续诉讼阶段继续为犯罪嫌疑人、被告人提供法律帮助。"从这一条我们可以看出法律在打破值班律师业务的条块分割状态方

---

① 马明亮、张宏宇：《认罪认罚从宽制度中被追诉人反悔问题研究》，《中国人民公安大学学报》（社会科学版）2018 年第 4 期，第 93~101 页。

面已经在做努力，既然不同诉讼阶段的值班律师之间工作可以贯通，值班律师在发现存在强制辩护等紧急情况下，为什么不能与辩护人进行身份上的转换和贯通？

笔者认为，当律师就法律帮助中发现的问题提出异议时，首先，法律应明确司法机关的审查标准，要求其应当审查并记录在案，同时就是否采纳说明理由和依据；其次，当值班律师异议被驳回后，法律还应赋予值班律师进行程序救济的权利，即在时间紧迫和情形特殊时，其可以在征得被告人同意的情况下，或者在有证据证明存在强制辩护情形时，自动转为辩护人身份，享有径行当庭为被告人提供辩护的权利；最后，法律对于程序违法应给出更为明确的法律后果，如值班律师提出异议认为案件可能存在强制辩护等特殊情形而申请延期开庭，但法官不予准许并强行开庭的，应被认定为程序严重违法，判决归于无效。这可以被称为"值班见证与有效辩护的衔接理论"。

从司法鉴定排除合理怀疑角度论律师有效辩护的实现

张立锋* 邝 肖**

摘 要：司法鉴定制度是我国司法制度的重要组成部分，是司法活动顺利进行的重要保障；司法鉴定作为科学技术手段，在司法证明活动中发挥着重要作用，在司法实务中如何适用好这一"证据之王"，以司法鉴定意见为切入点讨论排除合理怀疑，对于司法审判机关准确认定案件事实、实现公平公正以及防范冤假错案，具有重要意义。

关键词：司法鉴定意见采用；排除与补正；排除合理怀疑；证据确实充分；疑罪从无

一 刑事诉讼中的司法鉴定意见

（一）司法鉴定意见的渊源

司法鉴定活动在民事诉讼领域和刑事诉讼领域都屡见不鲜且异常重要，本文旨在讨论刑事诉讼领域的司法鉴定活动。《刑事诉讼法》早在1979年发布时，就在第31条确定了鉴定结论属于六大证据种类之一，而对于鉴定却没有具体明确的解释，只是在第88条规定为了查明案情，需要解决案件中某些专门性问题的时候，应当指派、聘请有专门知识的人进行鉴定。这一规定延续至今没有作任何修改。2012年《刑事诉讼法》

---

* 盈科（西安）律师事务所股权高级合伙人、刑事法律事务部副主任。

** 盈科（西安）律师事务所律师。

修正时，将"鉴定结论"修改为"鉴定意见"，至此可以说"鉴定意见"取代了"鉴定结论"，从"鉴定结论"到"鉴定意见"，简单两个字的变化，含义却不同，所占据的地位也因不同的司法制度环境而大不相同。

然而，2005年发布的《全国人民代表大会常务委员会关于司法鉴定管理问题的决定》（2015年修正），规定了司法鉴定是指在诉讼活动中鉴定人运用科学技术或者专门知识对诉讼涉及的专门性问题进行鉴别和判断并提供鉴定意见的活动。这个决定在法律上真正赋予了司法鉴定含义，也对司法鉴定活动进行了具体的界定，让司法鉴定在法律层面上有了一席之地。然而，司法鉴定意见因其作为特殊的证据种类和专业度高，往往被称为"证据之王"，虽然称为"意见"但是采纳率极高，办案机关、公诉机关及审判机关都非常倚重司法鉴定意见。

（二）司法鉴定意见的采信

从司法鉴定活动的概念可以看出，司法鉴定的时间是在诉讼活动中，鉴定的主体是鉴定人，鉴定的方法是运用科学技术或者专门知识进行鉴别和判断，鉴定的对象是诉讼涉及的专门性问题，此外，还要就鉴定的结果出具鉴定意见。

鉴定意见作为法定证据种类之一，必须经过审查和认定，合格之后才能作为定案的依据使用，因此合格的鉴定意见必须具备以下几个条件。

1. 鉴定机构要有法定资质

《全国人民代表大会常务委员会关于司法鉴定管理问题的决定》第5条规定："法人或者其他组织申请从事司法鉴定业务的，应当具备下列条件：（一）有明确的业务范围；（二）有在业务范围内进行司法鉴定所必需的仪器、设备；（三）有在业务范围内进行司法鉴定所必需的依法通过计量认证或者实验室认可的检测实验室；（四）每项司法鉴定业务有三名以上鉴定人。"鉴定机构从事鉴定活动时，必须具有法定的鉴定资质，否则就不能从事诉讼中的鉴定活动，出具的鉴定意见也不具备证据能力，只能依法排除。

2. 鉴定人要有法定资格且不存在应当回避的情形

《全国人民代表大会常务委员会关于司法鉴定管理问题的决定》第 4 条规定："具备下列条件之一的人员，可以申请登记从事司法鉴定业务：（一）具有与所申请从事的司法鉴定业务相关的高级专业技术职称；（二）具有与所申请从事的司法鉴定业务相关的专业执业资格或者高等院校相关专业本科以上学历，从事相关工作五年以上；（三）具有与所申请从事的司法鉴定业务相关工作十年以上经历，具有较强的专业技能。因故意犯罪或者职务过失犯罪受过刑事处罚的，受过开除公职处分的，以及被撤销鉴定人登记的人员，不得从事司法鉴定业务。"鉴定人应当在一个鉴定机构中从事司法鉴定业务，而鉴定人也必须具备法定的鉴定资格，因为《刑事诉讼法》第 145 条规定鉴定人进行鉴定后，应当写出鉴定意见，并且签名。如果鉴定人不具备鉴定资格，那么他出具的鉴定意见也不具备证据能力，不能作为证据使用。

《司法鉴定程序通则》第 20 条规定："司法鉴定人本人或者其近亲属与诉讼当事人、鉴定事项涉及的案件有利害关系，可能影响其独立、客观、公正进行鉴定的，应当回避。司法鉴定人曾经参加过同一鉴定事项鉴定的，或者曾经作为专家提供过咨询意见的，或者曾被聘请为有专门知识的人参与过同一鉴定事项法庭质证的，应当回避。"鉴定人是否违反回避规定也是对鉴定意见进行审查与认定的重点之一，如果鉴定人违反回避规定并出具鉴定意见，那么该份鉴定意见不得作为定案的依据使用。

3. 鉴定的检材和鉴定的方法要符合法律法规

《司法鉴定程序通则》第 22 条规定："司法鉴定机构应当建立鉴定材料管理制度，严格监控鉴定材料的接收、保管、使用和退还。司法鉴定机构和司法鉴定人在鉴定过程中应当严格依照技术规范保管和使用鉴定材料，因严重不负责任造成鉴定材料损毁、遗失的，应当依法承担责任。"检材作为出具鉴定意见的核心，其来源、取得、保管、送检都应符合法律法规；应注意检材是否与鉴定对象有同一性，与相关提取笔录、扣押清单等记载的内容是否相符；还应注意检材的可靠性，检材在送检之前和送检之后是否被污染或腐败，因为检材如果被污染或已经腐败，那必然影响鉴定结果的正确性，例如有些检材需要低温保存，如果在保管和送检时常温保存，因保管不当，检材失去只有在低温状态下才能呈现的鉴定价值，那么依此作出的鉴定意见必然不会被采信。

《司法鉴定程序通则》第23条规定："司法鉴定人进行鉴定，应当依下列顺序遵守和采用该专业领域的技术标准、技术规范和技术方法：（一）国家标准；（二）行业标准和技术规范；（三）该专业领域多数专家认可的技术方法。"合格的检材需要适用合理的鉴定程序，鉴定的过程和方法除了要符合法律法规之外，还必须符合相关专业的规范要求，否则出具的鉴定意见也不能作为定案的依据使用。例如，检材中含有甲基苯丙胺的成分，就不能直接进样以气—质联用仪检验法对检材进行定性分析，必须对检材先进行研磨、离心、加热，再用相关方法进行检验，因为甲基苯丙胺的沸点高，如果不先加热而直接进样，会导致检材中即使有甲基苯丙胺的成分也检验不出来。

4. 鉴定意见的形式要件要完备

《司法鉴定程序通则》第四章"司法鉴定意见书的出具"规定："司法鉴定机构和司法鉴定人应当按照统一规定的文本格式制作司法鉴定意见书"；"司法鉴定意见书应当由司法鉴定人签名。多人参加的鉴定，对鉴定意见有不同意见的，应当注明"；"司法鉴定意见书应当加盖司法鉴定机构的司法鉴定专用章"。从上述规定可以看出，完整的鉴定意见应注明提起鉴定的事由、鉴定委托人、鉴定机构、鉴定要求、鉴定过程、鉴定方法、鉴定日期等相关内容，并由鉴定机构盖章，由鉴定人签名；对于有多人参加的鉴定，有不同意见应注明。如果缺少签名或盖章等必备形式要件，则该份鉴定意见不得作为定案的依据使用。

5. 鉴定的范围

综合2000年发布的《司法鉴定执业分类规定（试行）》和2005年发布的《全国人民代表大会常务委员会关于司法鉴定管理问题的决定》，可以将司法鉴定的范围分为4大类14小类：①法医类鉴定，包括法医病理鉴定、法医临床鉴定、法医精神病鉴定、法医物证鉴定和法医毒物鉴定；②物证类鉴定，包括文书鉴定、痕迹鉴定和微量鉴定；③声像资料司法鉴定；④其他类，包括司法会计鉴定、计算机司法鉴定、建筑工程司法鉴定、知识产权司法鉴定、一般司法鉴定。法人或者其他组织申请从事司法鉴定业务应当具备的条件之一便是要有明确的业务范围，即在规定的司法鉴定范围内选择业务范围，因为在从事鉴定业务时接受委托人委托的鉴定事项不得超出机构的鉴定业务范围，若有超出范围的委托鉴定事项，则该鉴定机构不得受理。

6. 鉴定意见与其他证据不互相矛盾

前面从鉴定机构的资质、鉴定人的资格、鉴定人的回避、检材与检验方法、鉴定意见的形式要件等方面明确了出具一份鉴定意见在程序上与形式上都应合乎法律法规，由此出具的鉴定意见才具备被采信的基础要件。根据《最高人民法院关于适用〈中华人民共和国刑事诉讼法〉的解释》第 97 条第 9 款，应当着重审查"鉴定意见与勘验、检查笔录及相关照片等其他证据是否矛盾；存在矛盾的，能否得到合理解释"。

在刑事诉讼中，需要综合全面地对证据进行审查。证据之间相互印证，不存在无法排除的矛盾和无法解释的疑问，其才能作为定罪量刑的标准。如果鉴定意见与其他证据相互矛盾，又不能作出合理解释，那么即使出具的鉴定意见在程序上与形式上都合乎法律法规也不能作为证据被采信。

（三）司法鉴定意见的补充与补正

《司法鉴定程序通则》第 30 条规定："有下列情形之一的，司法鉴定机构可以根据委托人的要求进行补充鉴定：（一）原委托鉴定事项有遗漏的；（二）委托人就原委托鉴定事项提供新的鉴定材料的；（三）其他需要补充鉴定的情形。补充鉴定是原委托鉴定的组成部分，应当由原司法鉴定人进行。"委托人委托鉴定事项时，若有遗漏，或原检材不完整有新检材需要补充，或原检材有污染需要提供新检材，都可以进行补充鉴定，补充鉴定事项不影响原委托鉴定事项，二者是隶属关系，应由原司法鉴定机构中的原鉴定人进行鉴定，并出具补充鉴定意见书。

《司法鉴定程序通则》第 41 条规定："司法鉴定意见书出具后，发现有下列情形之一的，司法鉴定机构可以进行补正：（一）图像、谱图、表格不清晰的；（二）签名、盖章或者编号不符合制作要求的；（三）文字表达有瑕疵或者错别字，但不影响司法鉴定意见的。补正应当在原司法鉴定意见书上进行，由至少一名司法鉴定人在补正处签名，必要时，可以出具补正书。对司法鉴定意见书进行补正，不得改变司法鉴定意见的原意。"司法鉴定意见书出具后可以补正的核心在于补正项属于瑕疵，对瑕疵进行的补正不影响原司法鉴定意见的采信，也不是司法鉴定意见的法定排除项。因此，对瑕疵进行补正后，原司法鉴定意见可以作为证据使用，经过审查和认定，也可以作为定案的依据。

（四）司法鉴定意见在刑事诉讼中的价值

为防止冤假错案，努力让人民群众在每一个司法案件中都感受到公平正义，《司法部关于进一步发挥司法鉴定制度作用防止冤假错案的意见》第 1 条就说明了要充分认识司法鉴定对于防止冤假错案的重要意义，司法鉴定制度是我国司法制度的重要组成部分，是司法活动顺利进行的重要保障；司法鉴定作为科学技术手段，在司法证明活动中发挥着重要作用，对于司法审判机关准确认定案件事实、防止冤假错案具有重要意义。

笔者开篇时说过，1979 年《刑事诉讼法》使用的是"鉴定结论"的概念，2012 年《刑事诉讼法》将"鉴定结论"修改为"鉴定意见"，因为"结论"一词有强烈的终局性和排他性，如果在一个刑事诉讼中有多个需要鉴定的事项，而得出的结论互相矛盾，或不能相互印证，用"结论"就不太恰当。而造成冤假错案的主要原因之一就是对鉴定结论的盲目相信。鉴定结论的作出需要有法定资质的鉴定机构中有专门知识的鉴定人根据科学的方法对所鉴定的事项进行鉴定和判断，其中一项不达到法定标准，所作出的鉴定结论即是无效的，也是不科学的和不客观的。基于此，《刑事诉讼法》在2012年修正时，将"鉴定结论"修改为"鉴定意见"，"鉴定意见"属于"个人意见"，其若要作为证据使用，需经过法定程序的审查和认定，进而才能作为定案的依据，因此"鉴定意见"在刑事诉讼中更为合理。

司法鉴定意见在法定证据中是独立的证据种类，主要解决刑事诉讼中的专门问题，比如血型的鉴定、酒驾时血液中乙醇含量的鉴定、毒品成分的鉴定、经济类犯罪中对于财务问题的司法会计鉴定等，这些都需要通过鉴定来解决，以推动诉讼的顺利进行。司法鉴定意见也是查明案件事实的主要依据，在特殊情况下，可以审查其他书证、物证的真实性。例如，在（2014）渝高法刑提字第00001号张某涉嫌诈骗案中，再审时司法鉴定意见证实两份密码挂失申请书及2001年9月8日、2002年4月1日开办银行卡的申请书上"陈某某"和"张某"的签名非陈某某和张某所书写，据此证明是他人冒二人之名办理取款，因此认定张某主观上非法占有银行财物的故意证据不足，最终判定张某无罪。

（五）司法鉴定意见在实务中出现的乱象

以司法会计鉴定为例，有专家调查的数据表明，进入诉讼领域作为证据的司法会计鉴定意见中有49.2%存在或大或小的各种质量问题，其中社会中介机构出具的有质量问题的司法鉴定意见占51%。[1] 司法实践中常见大量未经专业培训、没有专门知识的人成为司法鉴定人，职业道德和知识技能达不到应有的要求，这导致鉴定质量极差甚至出现严重的错误。以笔者亲办的一个非法吸收公众存款的案件为例，作出案件司法鉴定意见的鉴定人之一，完全不具有任何的专业知识和技术能力，拿6800元培训一周买到了所谓"高级法务会计师"资格证，这个证书完全不是国家认可的会计专业证书，不如初级会计证，竟然从当地司法行政部门

---

[1] 章宣静、林贤佐、陈峰：《我国司法会计鉴定质量分析研究——兼以审判为中心的视角》，《会计之友》2019年第5期。

处取得了对会计知识要求非常高的司法会计鉴定的资格，让人瞠目结舌。

再就是一些司法鉴定人在利益的驱使下，为了拿到一些挣钱的大案子与办案机关进行不正当经济往来，从而在鉴定时刻意迎合委托机关的需要。委托机关需要鉴定什么就鉴定什么，就算不是鉴定范围内的事项也进行鉴定；委托机关需要鉴定出什么数字就鉴定出什么数字，委托机关提前给数据让科学专业的鉴定活动沦为走过场。这使司法鉴定人完全丧失其应秉持的客观公正立场，从而导致庭审得不到有效的审查与质证，为冤假错案的形成埋下伏笔。

二 排除合理怀疑的具体理解

《刑事诉讼法》第55条规定："对一切案件的判处都要重证据，重调查研究，不轻信口供。只有被告人供述，没有其他证据的，不能认定被告人构成犯罪和处以刑罚；没有被告人供述，证据确实、充分的，可以认定被告人有罪和处以刑罚。证据确实、充分，应当符合以下条件：（一）定罪量刑的事实都有证据证明；（二）据以定案的证据均经法定程序查证属实；（三）综合全案证据，对所认定事实已排除合理怀疑。"

《人民检察院刑事诉讼规则》第63条规定："人民检察院侦查终结或者提起公诉的案件，证据应当确实、充分。证据确实、充分，应当符合以下条件：（一）定罪量刑的事实都有证据证明；（二）据以定案的证据均经法定程序查证属实；（三）综合全案证据，对所认定事实已排除合理怀疑。"

（一）排除合理怀疑的地位

排除合理怀疑要综合全案证据来看，这与审查案件中单个证据的客观性、合法性、关联性并不相同。在刑事诉讼中，对单个证据的审查从三性开始，以合法性为例，可以简要概括为证据内容合法性、证据形式合法性、取证人员合法性、取证程序合法性。这些证据关系到犯罪事实是否得以证实、犯罪主体是否具有相关性、取证过程是否符合法定程序，因此每一个可以影响定罪量刑的证据都要查证属实，才能作为定案的根据。而合理怀疑主要是对全案证据综合分析，侧重于对已审查的证据或已采纳的事实进行分析，排除合理怀疑是指经过综合分析，对案件事实形成唯一性结论，这个结论具有排他性。

（二）排除合理怀疑的分析

排除合理怀疑是指对于事实的认定已没有符合常理的、有根据的怀疑，实际上达到裁判者内心确信的程度。证据审查主要体现在客观方面，对单个证据的审查有严格规定，可以从客观方面来审查和认定证据是否具有证明力。合理怀疑更多地体现在主观方面，对全案证据进行慎重、细致的分析、推理，以证据事实为依据，进行经验和逻辑判断，确定有没有能动摇裁判者对案件事实的认识的问题。排除合理怀疑即通过对全案证据的分析与推理，使裁判者即使通过经验法则和逻辑判断也不会对案件事实产生动摇，以此确信被告人构成犯罪的过程。

（三）证据确实充分的核心是排除合理怀疑

不管是法院审判阶段还是检察院侦查终结或提起公诉阶段，要达到证据确实充分的证明标准都有三个层次。第一个是定罪量刑的事实都有证据证明。这是针对犯罪事实的证据提出量的要求，这个量也不是越大越好，而是要求针对犯罪事实的证据必须每个环节都涉及，不能留有空白，以至于证据链无法形成初步闭环，或者缺失关键证据，导致无法证明犯罪事实发生的过程。第二个是据以定案的证据均经法定程序查证属实。这是对证据提出质的要求，每组证据都要经过审查，具备证明能力，至于证明力的强弱则不影响证据的质，经过法定程序查证属实，证据之间不存在互相矛盾、无法解释的现象即可。第三个是综合全案证据，对所认定事实已排除合理怀疑。证据确实充分的核心在于排除合理怀疑，经过对证据质与量的审查，综合全案证据，裁判者可能内心确信被告人犯罪，而排除合理怀疑并不能证明证据一定确实充分，因为排除合理怀疑有主观成分，不能用主观直接倒推客观证据的三性，这样会导致裁判者主观臆测与裁判的随意性，要在对定罪量刑的证据进行法定审查之后，进行主观上的综合判断，因此证据确实充分的核心是排除合理怀疑。

（四）排除合理怀疑在诉讼中的价值

《最高人民法院关于进一步加强刑事审判工作的决定》第 13 条规定，要坚持"事实清楚，证据确实充分"的裁判原则。确定被告人有罪，必须达到事实清楚、证据确实充分的法定证明标准。认定犯罪的事实不清、证据不足，特别是影响定罪的关键证据存在疑问，不能排除合理怀疑得出唯一结论的，要依法作出证据不足、指控的犯罪不能成立的无罪判决。

排除合理怀疑的证明标准与疑罪从无原则紧密联系，在整个刑事诉讼中，尤其是审判阶段，如果综合全案经过法定程序审查的证据，裁判者仍不能达到内心确信的程度，则应遵从疑罪从无原则，不得作出有罪判决。这也不排除错判的风险，但可以有效防止对个人造成司法上的不正当伤害，因此排除合理怀疑的价值体现在让每一位公民都感受到司法的公平正义上，程序正义亦是正义。

三　司法鉴定意见在排除合理怀疑中的适用

认定一个行为人构成犯罪的事实证据往往很多，司法实务中常见的有证明主观故意的证据、证明案件经过事实的客观证据、证明案件结果的证据等。那么案件的疑点（辩点）可能贯穿于整个行为的每个过程、每个证据。找到决定构罪与否的核心证据，找到该核心证据的疑点，往往就能割裂证据体系，本文所讨论的司法鉴定意见就是这样的核心证据。

（1）司法鉴定意见使在案证据不具有排他性，综合全案证据不能排除合理怀疑得出唯一性结论，因此原审被告人被改判无罪。

（2014）渝高法刑提字第 00001 号案件中，原审被告人张某 2006 年 9 月 9 日因涉嫌信用卡诈骗罪被刑事拘留，同年 9 月 29 日因涉嫌诈骗罪被逮捕，2010 年 6 月 8 日刑满释放。该案经历一审、二审、再审，最终张某被判无罪。

改判理由如下：第一，原裁判认定原审被告人张某主观上具有非法占有公共财物故意的证据不足；第二，原裁判认定原审被告人张某主动透露密码的事实的证据相互矛盾，不具有排他性。

对于原裁判认定张某主动透露密码的事实，主要证据有同案人蓝某、雷某、宁某、黄某某的证词。对该事实，张某从未供认过，而蓝某、雷某、宁某、黄某某等人在谁透露密码、如何透露密码等情节上的陈述相互矛盾，不能印证。银行工作人员王某则证实蓝某办卡时是知道存折密码的，根据《中国农业银行重庆市分行 ES/9000 计算机储蓄网络系统金穗借记卡业务操作手册》，已有活期存折账户的个人开办金穗借记卡，必须提供其活期存折及账户密码。因此，现有证据不能证实张某向他人透露密码办卡。根据再审庭审中张某提交的新证据，可以确认 2001 年 6 月 14 日、2002 年 4 月 1 日的两笔存款是他人冒陈某某、张某之名采取密码挂失方式取走的，该证据直接导致原裁判认定张某主动透露密码的事实不清，证据不具有排他性。

在该案中，原裁判认定被告人张某透露密码的证据不足，对于再审中提交的新证据，由重庆法正司法鉴定所出具渝法正（2012）物鉴字第67 号司法鉴定意见，证实 2001 年 6 月 14 日、2002 年 4 月 1 日的两份密码挂失申请书上"陈某某"的签名不是陈某某本人所写，也不是张某所写，"张某"的签名也不是张某本人所写。第 96 号司法鉴定意见证实无法判断 2001 年 6 月 15 日的《储蓄存款、凭证式国债挂失申请书》备注栏上"陈某某"签名是否为陈某某或张某所写。因此，这两份司法鉴定意见使当年对张某进行定罪量刑的证据不具有排他性，综合全案证据不能排除合理怀疑得出唯一性结论，则遵从疑罪从无的原则，判决张某无罪。

（2）原本作为主要证据之一的司法鉴定意见因程序违法不得作为证据使用，认定上诉人犯罪的事实不能排除合理怀疑，上诉人被改判无罪。

（2017）冀 07 刑终 18 号案中，上诉人计某 2011 年 10 月 10 日因涉嫌职务侵占罪被刑事拘留，同年 11 月 17 日被依法逮捕。该案经历两次发回一审法院重审，最终在二审时上诉人计某被判无罪。

改判理由如下。一审认定上诉人（原审被告人）计某构成职务侵占罪的主要证据之一，即张家口诚信司法会计鉴定中心出具的《司法鉴定意见书审查意见书》，因程序违法，不能作为认定计某犯罪事实的证据使用。同时，该案控辩双方提供的现有其他证据材料在所证事实之间相互矛盾，不能形成同一指向，证实不了同一事实。公诉机关指控计某犯职务侵占罪的证据，尚不能形成完整的证据链条。一审所采信的认定计某构成职务侵占罪的证据缺乏客观性、全面性，所认定的犯罪事实不能排除合理怀疑，不具有唯一性和排他性，该案事实不清、证据不足，现有证据尚不足以证实计某构成职务侵占罪，故改判无罪。

该案中，一审认定上诉人计某构成职务侵占罪的关键证据之一即张家口诚信司法会计鉴定中心《司法鉴定意见书审查意见书》中，两名签字鉴定人中一人无司法鉴定人执业证，不具有司法鉴定资格。因此该鉴定违反了《司法鉴定程序通则》中应当由两名鉴定人员共同进行鉴定的相关规定，属于程序违法，故不能作为定案的证据使用。

对于涉嫌经济类犯罪，司法会计鉴定意见具有关键作用，常常在刑事诉讼中作为定罪量刑的关键证据使用，如果关键证据出现程序违法而依法排除，不被采信，被告人的犯罪事实将缺乏客观性而不能排除合理怀疑，不具有唯一性和排他性，裁判者不能达到内心确信的程度，不足以对被告人作出有罪判决。

（3）司法鉴定意见出具的时间先于检材送检的时间，认定上诉人犯罪的主要证据被排除，结论不具有唯一性和排他性，而改判上诉人无罪。

（2018）黑 11 刑再 1 号案件中，上诉人姜某 2002 年 5 月 13 日被刑事拘留，同年 5 月 21 日被逮捕，同年 7 月 25 日被黑龙江省孙吴县人民法院判处管制二年，后改判无罪。

改判理由如下。姜某打伤于某 1 的事实清楚，证据确实充分。但原裁判认定姜某犯故意伤害罪的主要证据——"孙 42 号鉴定"，经查，落款日期为 2002 年 5 月 10 日，而其采用的关键鉴定检材即于某 1 的鼻 CT 检查报告单所显示的落款时间为 2002 年 5 月 13 日，鉴定结论作出时间先于 CT 检查报告时间，二者存在矛盾。另，"孙 42 号鉴定"结论为致鼻骨骨折伴移位，但于某 1 的鼻 CT 检查报告单记载"于某 1 右侧鼻骨可见轻微塌陷，鼻中隔略左偏，结论右侧鼻骨轻微骨折"，二者对于某 1 鼻伤的程度表述不一致。故"孙 42 号鉴定"结论不客观、不真实，不能作为定案证据使用。对于一审法院再审所采信的"黑高 131 鉴定"，经查，鉴定时于某 1 未到场，所使用的鉴定检材亦是于某 1 于 2002 年 5 月 13 日的 CT 检查报告单，且将表述于某 1 鼻部伤的程度词全部删掉，该鉴定的鉴定程序不符合相关规定。该鉴定意见不客观、不真实，不具有法律效力。因此，原审裁判认定上诉人（原审被告人）姜某构成故意伤害罪的事实不清、证据不足，姜某被改判无罪。

该案中，虽然姜某打伤于某 1 的事实清楚、证据确实充分，但对于某 1 的伤情出具的司法鉴定意见程序违法，虽然病历资料可以反映受伤的经过，并记录伤情，作为临床诊断依据，在进行伤情鉴定之前，可以收集鉴定对象的相关病历资料，但该案中的鉴定意见在病历资料形成前就已作出，那么该鉴定意见不客观、不真实，不得作为定案证据使用，而该鉴定意见又是姜某犯故意伤害罪的主要证据，主要证据被排除，综合全案证据不能排除合理怀疑，事实不清、证据不足，故姜某被改判无罪。

综上所述，排除合理怀疑从证据角度来说，就是对于关键疑点证据的排除，而司法鉴定意见往往作为最关键、最重要的证据在刑事诉讼中被采信，且作为定案的证据使用。在客观真实的前提下，综合全案证据，若把司法鉴定意见排除掉，会大大影响裁判者对被告人的犯罪事实确实成立的内心确信。一旦作为定案证据的司法鉴定意见被排除，其他证据无法形成完整的证据链条，本着程序正义，就不能对被告人作出有罪判决，基于疑罪从无的原则，对被告人应作出无罪判决。

下篇

有效辩护的实践逻辑

刑辩律师如何实现有效辩护？这是所有关注刑事辩护的研究者都需要思考的问题，有效辩护的实现对我国司法制度的进步与完善具有积极意义。本篇收录的六篇文章聚焦于实践中有效辩护发展的新样态，作者均为刑辩实践经验丰富的律师，他们基于自身办理刑事案件的经验，对有效辩护的判断标准与实现进路进行深入探讨。张艺伟的《辩护律师有效辩护的实现——以律师实质参与案件为切入点》在全面审视刑案辩护现状的基础上，认为需要律师与司法机关两大主体协调配合方能促进有效辩护的实现。温辉的《刑辩律师全覆盖与有效辩护的关系——从孙某、彭某非法采矿罪一案展开》一文，通过分析一个指派与委托律师并存的案例审视刑辩律师全覆盖和有效辩护的关系，认为需要通过完善各种配套法律法规、行业标准、奖惩措施来激发、加强和保障有效辩护，为刑辩律师全覆盖保驾护航。易文杰的《论职务侵占罪的有效辩护——以一人公司股东占有公司财产为视角》以职务侵占罪的辩护工作为切入点，认为有效辩护的前提是全面辩护、精细化辩护，辩护人必须逐一分析法官可能判处有罪的理由，方能实现有效辩护。陆咏歌、康浩东的《在法律援助案件中实现有效辩护——从一起未成年人法律援助案件谈起》从典型案例着手，认为有效辩护的评价标准包括及时性、持续性、实质性和对抗性这四个要素，在国家已对援助律师、值班律师行使辩护权进行保障的前提下，办案律师更应切实履行法定职责，为援助对象提供高质量的法律服务。邱祖芳、任建新的《认罪认罚案件有效辩护新样态——源自实务案例的展开》对认罪认罚案件中的有效辩护进行研究，认为认罪认罚案件有效辩护具有区别于非认罪认罚案件有效辩护的特殊属性，如适时认罪认罚，运用双重模式，坚守底线公正，发挥程序魅力，注重二次从宽。王学强的《辩护人作无罪辩护并不影响被告人认罪认罚应成为共识——辩护律师有效辩护的评价及实现》主题十分鲜明，认为辩护人具有独立辩护权，应当允许辩护人在认罪认罚从宽程序中进行无罪辩护。

辩护律师有效辩护的实现

——以律师实质参与案件为切入点

张艺伟*

摘　要：进一步实现有效辩护，既需要律师个人的改变，如摒弃敷衍式辩护、避免配合式辩护、减少表演式辩护、提升辩护能力；同时也需要司法机关减少程序推进中的困难，给予依法辩护以最大的配合，如办案中为律师扫除出现的困难因素、对律师合法办案手段报以最大的宽容、对律师意见予以实质的关注与考量。

关键词：有效辩护；辩护律师；司法机关

一　刑事案件的辩护现状

关于有效辩护这一评价的内涵早有学者进行过研究与解读。"林劲松博士早在 2006 年译介了美国无效辩护制度，提出对于我国无效辩护的审判予以程序性否定的观点。"[①] 本文无意对有效辩护的学理溯源或是理论探讨作进一步延展，而是希望承接以往学者的研究结论，在认可有效辩护包含程序有效和结果有效两个方面的基础上，将"有效"一词放在实务的语言体系下解读。本文认为有效辩护应当指向在程序和结果两个方面，律师均能实质参与全过程的情形。

回归刑事实务，我国刑事辩护率一直未能达到高位系不争事实，至

＊　中国政法大学法学硕士，北京华象律师事务所刑辩律师。

①　朱德宏：《辩护律师有效辩护的评价及其实现》，《时代法学》2022 年第 1 期。

2020年9月，该值未突破30%。[①] 虽然伴随值班律师等一系列制度的推行，刑事辩护率大幅上升，但直到2021年，也仅达到66%。[②] 可见要实现绝大多数刑事案件中有辩护律师这种形式意义上的"有效辩护"，尚有一段路程需要努力。与此同时，不存争议的是，有律师不代表律师必然进行了辩护，律师进行了辩护也不等于律师进行了有效辩护，其中的差异耐人寻味。尤其是在现有刑事案件中认罪认罚适用率达到90%[③]的情况下，辩护律师在其中的实际作用仍有争论，律师在案件中的实质参与仍存疑。

在正视上述时代背景的基础上，本文聚焦律师有条件有效行使辩护权的案件，认为需要律师与司法机关两大主体协调配合，方能促进有效辩护的实现。

二 有效辩护的实现路径

要保障辩护律师在案件中进行有效的辩护，归根结底是从各个方面确保刑辩律师对案件进程与结果的实质参与。

1. 律师个人——实质发挥辩护人的职能作用

（1）改变辩护态度，摒弃敷衍式辩护

态度无疑是在辩护能力之前的要素，因为如果对待案件的态度是敷衍的、不耐烦的，那么整个辩护都将流于形式。实务中常见的负面典型如形式化辩护、套路式辩护词。言必称"初犯、偶犯"，文不绕"主观恶性小"，不仅法官想左耳进、右耳出，想必写此类辩护词的律师也已有所厌烦。诚然，上述辩点亦是刑法明文规定的量刑因素，但关键并非辩护

---

① 参见《推动法律援助立法：好制度尚需细筹谋》，中国司法部网，https://www.moj.gov.cn；《这五年刑事辩护率上升了吗？303万份一审判决书里有答案》，澎湃新闻网，https://www.thepaper.cn/newsDetail_forward_2654942。

② 《司法部：全国刑事案件律师辩护率达到66%》，中国新闻网，https://www.chinanews.com.cn/gn/2021/09-24/9572591.shtml。

③ 戴佳：《今年1月至9月认罪认罚从宽制度适用率达90.5%》，中国法院网，https://www.chinacourt.org/article/detail/2022/10/id/6956970.shtml。

词中出现这些辩点，而是一些律师认为不需要在"初犯、偶犯"之外钻研其他有价值的辩点，只写得出"主观恶性小"，而不想深究行为人可以评价为"主观恶性小"的具体依据。法律文书如此，出庭辩护同样如此，公诉人稍微提高音量，一些辩护律师便直接偃旗息鼓，哪怕十分重要的观点也不再主张，仿佛出庭念一念提前准备好的几百字的意见就已经尽到了律师的义务，可以给被告人家属"一个交代"了。对此的讨论甚至不需要上升到辩护能力的高度，在此之前的辩护态度便大有问题。若是将辩护工作定义为可以敷衍塞责的工作，那么一系列表面化、形式化的辩护行为就不难理解了。解决这些问题首要的便是摒弃敷衍式辩护，改变辩护态度，需牢记律师的辩护不仅是一件有待完成的工作，而且是有关别人一生、有关国家法治的大事。

（2）坚定辩护立场，避免配合式辩护

虽然我们的法治设想中，辩护律师应当发挥更大的作用，为被告人的权益据理力争，但对实务有所了解的人都会意识到，其中的难点绝不仅是律师的专业能力问题，而且这对律师的立场选择提出了很高的要求。这点尤其明显地体现在律师资源并不丰富的地区。许多被告人家属前往北京、上海聘请律师的一个原因是：了解到或是认为当地的律师都倾向于"配合"当地司法机关对案件的定性，不愿为了一个案件而与司法机关"作对"。在各方心照不宣的"默契"下，本应作为定罪量刑中心环节的庭审俨然成为一场互相配合的演出，看起来更像是各方和气地给法庭上最弱势的被告人一个结论。这一庭审配合的现象越发有向前延伸的趋势，在被告人犹豫或者不希望认罪认罚时，一些律师甚至会扮演"说客"的角色，从各个方面说服被告人选择认罪认罚。这种配合式辩护不仅是态度的问题，其更多地反映立场的选择，在形式上辩护律师仍然是被告人的后盾，行使基于被告人所产生的辩护权，但实质上这类律师早已滑向控诉一方，不仅不实质参与辩护，反而将被告人推向不利的局面。

（3）立足案件本身，减少表演式辩护

与上述情况相对的另一个极端是对抗式地采取一些带有表演性质的辩护策略。一些律师并非缺乏专业能力，却基于经验或个人偏好，选择不深入挖掘案件中的事实和法律问题，而是侧重于渲染感性因素，抑或成为不恰当的死磕一派。这类律师绝非辩护态度敷衍，相反，其要实现有效辩护的愿望十分迫切，寄希望于通过带有表演性质的辩护导向辩护成功的结果。他们一般倾向于在法庭上慷慨激昂，但"外行看热闹，内行看门道"，语言华丽却缺乏实质观点，往往与这一辩护策略"配套组合"出现的就是场内激情发言、场外煽动舆论。

正如在莫某某纵火案①的审理中，辩护律师因所提出的一系列申请均未获批准，于是愤而离席。陈瑞华教授提出："这一案件在引发各界对该案法庭审理的公正性进行议论的同时，也导致人们对辩护律师擅自'罢庭'行为的正当性提出了质疑。未经与委托人协商并征得其同意，律师退出法庭辩护的行为是否会损害委托人的利益？"② 本文对此问题不作深究，笔者作为律师也能理解提出的申请都未获批准的无奈，但是"罢庭"的行为方式的确有待商榷。对程序的坚守以及感情的抒发都并非放弃辩护的合理原因，需要反思的亦非使用这样的辩护方式，而是依赖这样的辩护方式。律师的辩护归根结底还是应以事实为依据、以法律为准绳，采用法定手段，"稳扎稳打"地展开。

（4）提升辩护能力，依法提出辩护观点

在态度、立场、方式之后，不能忽略对辩护律师专业能力的审视。天津高院的钱岩法官曾撰文《驳与证的逻辑推演：辩护意见回应之说理范式研究——以88份优秀刑事裁判文书为样本》，文中第一部分列举了刑事辩护意见中存在的诸多类型化思维谬误："本文撷取得88份文书样本……其中辩点共262处，本院支持21处、反驳241处；中有歧义性谬

① （2018）浙刑终字第82号。
② 陈瑞华：《辩护律师职业伦理的模式转型》，《华东政法大学学报》2020年第3期，第7页。

误 54 处、占比 22.4%，相关性谬误 100 处，占比 41.5%，证据不足型谬误 87 处，占比 36.1%。"[①] 对其中内容无法作出评判，但从这些数据中不难看出，于审理法院而言，大部分辩护意见未获采纳的原因是观点本身存在诸多错误之处。这不得不引起律师群体的反思，所谓"打铁还需自身硬"，实现有效辩护，离不开辩护律师对自身能力的不懈追求。全面审查证据、正确解读法规，在此基础上提出有依据的辩护观点，才有可能实现对案件最实质的参与。

2. 司法机关——减少程序推进中的困难

（1）在案件办理中，为律师扫除出现的困难因素

虽然包括刑诉法在内的诸多法律法规列举了律师的诸多权利，但是这些权利大多并非支配性权利，而是请求性权利或需要其他司法机关协助方能实现的权利，如会见需要向看守所预约并办理手续，调取证据或鉴定等需要向法院提出申请，等等。这意味着律师有效辩护绝非通过律师个人的努力就能实现的事情，而是需要营造一个有助于实现律师有效辩护的司法环境。

以往律师辩护有"三大难"（会见难、阅卷难、调查取证难），针对于此，国家出台了各种制度，但是否真的能解决"三大难"还需进一步观察。

一方面，实务中能否真正落实有待审视。以律师"三大难"中的阅卷难为例，在 2017 年获得平反的江西乐平 5·24 奸杀碎尸案，在 2015 年申诉期间曾遭遇障碍，彼时案件真凶已经出现且承认犯罪事实，该案申诉启动，但对于律师依据相关法律法规提出的查阅原审卷宗的请求，终审法院却不予回应。连卷宗都无法查阅意味着案件实际上难以推进，39 名律师不得已撰写《江西黄志强等四人死刑特大冤案全体申诉律师的紧

---

① 钱岩：《驳与证的逻辑推演：辩护意见回应之说理范式研究——以 88 份优秀刑事裁判文书为样本》，载马世忠主编《司法体制综合配套改革中重大风险防范与化解——全国法院第 31 届学术讨论会获奖论文集》（下），人民法院出版社，2020，第 222~235 页。

急报告》① 提交终审法院，并由省律师协会出面与终审法院进行了沟通协调。这起案件所反映出的律师阅卷难问题其实并不少见。"巧妇难为无米之炊"，如果律师在会见被告人、调查对被告人有利的证据方面都步履维艰，那么即便是有心提出办案中的问题，也将苦于素材有限，更谈不上有效辩护了。

另一方面，虽然保障律师权利的制度一直在制定，但是侦查方式并非一成不变。以近年来涉黑犯罪侦查中十分常见的指定居所监视居住这一强制措施的适用为例，《刑事诉讼法》第 39 条②第 5 款排除了律师持相关材料即可及时会见被监视居住人的规定为律师会见难埋下了伏笔。实务中基于实际经历而关注这一问题的律师不在少数，笔者曾撰写《涉黑案件中指定居所监视居住适用的现状与展望》一文，正是因为真实经历过会见难。综上，在案件办理过程中，律师现阶段所遇到的困难仍不少见，这些无疑是律师实现有效辩护的绊脚石。

（2）在案件全过程，对律师合法办案手段报以最大的宽容

如上所述，有些律师确实喜欢使用煽动舆论等方式促使案件进入社会视野，这样的方式实在难称模范，甚至影响了刑辩律师的社会形象。但是也应注意避免以偏概全，应看到一些想使用合法合规方式推进案件进程的辩护律师受到制约的事实。

比如，2019 年在律师界引起争议的鹤岗市工农区人民法院发往鹤岗

市司法局的《司法建议书》，其中写明："因部分辩护律师为各自当事人做无罪辩护，望你单位对于上述辩护律师是否遵守相关制度进行调查，并及时给予我院反馈。"从中可见，仅仅是部分辩护律师行使无罪辩护权这一法定权利，就直接引起了法院的质疑，法院还要求司法局介入调查。① 2018 年湖南省娄底市中院通过湖南省司法厅向北京市司法局反映某案件中辩护律师存在违法违规问题，其中主要指向两点：第一，两名辩护律师在微信公众号发布了一篇关于案件的文章，中院认为其中关于案情的陈述系炒作案件行为；第二，被告人书面申请拒绝律师辩护，结果是在原定开庭日期无法按期开庭，中院认为此事发生在律师会见被告人后，律师实施了扰乱法庭秩序的行为。当然最终负责调查处理投诉的北京市律师协会在核实情况后认为律师发布的文章立场居中、叙述客观并非炒作案件，"现有法律、法规与行业规范均无明文规定禁止律师介绍公开审理案件的相关案情"②；同时，被告人解除委托系其法定权利，并无不当。由此，北京市律师协会对湖南省娄底中院的投诉不予支持。但是，这两起事件都反映出个别法官对于律师的行为规范、权利边界认识得还比较模糊，在缺乏相关线索或法律依据的情况下，便动辄进行投诉或向律协、律师施加压力。这不仅会给律师本人带来极大的执业束缚和精神压力，而且很可能导致其他刑辩律师如履薄冰。

许多辩护律师的类似行为往往出于无奈，多半是因为在现有诉讼程序中，无法推进有效辩护意见被采纳，律师基于希望获得有效辩护结果这一目的，行使了法律赋予的权利。律师本就是在框架中行动的主体，法律法规赋予律师一个外圈的行动范围，实务中司法机关等其他机关的态度则划定了行为的内圈。内圈越小，则律师活动的空间越小，辩护的积极性与实质性自然也将打折扣。

---

① 参见《法院发函司法局"司法建议书"，律师做无罪辩护何错之有？》，https://zhuanlan.zhihu.com/p/96856620。
② 京律协纪〔2019〕第 10 号《结案通知》。

（3）在案件审理时，对律师意见予以实质的关注与考量

与上文老三难相对应的是发问难、质证难、辩论难这新三难，后者主要出现在庭审辩护过程中，笔者认为还可以加上一个采信难凑齐"新四难"。这新四难或许更为清晰地体现了律师在"审判中心制"改革下所遇到的难以实质参与庭审审判的现实问题。

以辩护意见被引用这一问题为例，在 1999 年《法院刑事诉讼文书样式》颁布后，我国刑事案件的裁判文书改革就已步入正轨，向"说理性裁判文书"方向发展。且 2008 年最高人民法院、司法部《关于充分保障律师依法履行辩护职责确保死刑案件办理质量的若干规定》已明确规定："对于律师的辩护意见，合议庭、审判委员会在讨论案件时应当认真进行研究，并在裁判文书中写明采纳与否的理由。"但实务中，在判决中忽视律师辩护意见的情况客观存在。

而这一现象伴生的问题将导向十分明显的恶性循环。首先，于辩护律师而言，其无法意识到自己在案件辩护中的有效和无效之处，犹如得到一张不被批阅的考卷，长此以往再坚持的考生也将无从应对。其次，于司法环境整体而言，若法院习惯于不实质重视辩护律师的状况，那么现状无疑将成为常态，很难予以改善。最后，于社会而言，判决公开所应起到的本就是公示的作用，让社会公众在案例中获得普法教育，而诸如此类模糊的判决不仅无法产生普法效果，而且将导致社会对辩护律师作用的认可度进一步降低，进一步导致刑事案件辩护率下降。

综上所述，实现辩护律师的有效辩护将是一段行程漫长的路，需要律师自身不懈奋斗并端正思想，也离不开辩护环境的改善和优化。归根结底，我们是要为律师实质参与辩护的全过程，进而对案件审理的过程与结果均发挥实质作用而努力。

刑辩律师全覆盖与有效辩护的关系

——从孙某、彭某非法采矿罪一案展开

温　辉[*]

摘　要： 刑事案件律师辩护全覆盖的推行，有力保障了刑事追诉过程中犯罪嫌疑人、被告人的辩护权，可谓我国司法制度改革在人权保障领域的里程碑事件。然而，由于辩护的质效考核、监督等配套措施没有完善或相关规范未得到有效落实，司法实践中不时出现无效辩护情形。归根结底，无效辩护的出现，与指派律师的执业年限、法律援助案件的集中采购、有效监督考核机制缺失、个案援助经费低等因素有关。因此，可通过借鉴二人辩护制度，提高指派辩护律师的门槛，将全体律师的法律援助义务落实到刑事辩护全覆盖中，把个案援助经费同律师经费补贴相结合，以及强化监督和完善奖惩机制等措施，最大限度地实现刑事案件律师辩护全覆盖背景下的有效辩护。

关键词： 刑事辩护；刑辩律师全覆盖；有效辩护；法律援助

一　问题的提出

长期以来，我国刑事辩护率都维持在一个较低水平，近年来有逐步上升态势，尤其是我国推行刑辩律师全覆盖以来，刑事辩护率迅速上升。研究数据表明，2013~2017年，全国一审刑事案件被告人的辩护率从

---

[*]　江西创兴律师事务所合伙人律师、江西省律师协会刑事法律专业委员会委员。

19.07%上升到22.13%。^① 自2017年最高人民法院、司法部颁发《关于开展刑事案件律师辩护全覆盖试点工作的办法》以来，刑辩律师全覆盖推进迅速，各地也陆续颁布实施办法，有效且显著地提高了刑事辩护率，至2019年9月全国刑事案件律师辩护率达到66%。^② 部分地方效果更加显著，如辽宁省2020年落实刑辩律师全覆盖以来，审判阶段刑事案件律师辩护率和值班律师帮助率共计达到99.56%。^③

刑辩律师全覆盖的推行，使我国刑事辩护率快速上升，有力保障了刑事追诉过程中犯罪嫌疑人、被告人的辩护权，可以说是我国司法制度改革在人权保障领域的里程碑事件。然而，在刑辩律师全覆盖的推行过程中，辩护率上升，辩护效率是否同步提升？不可否认，辩护的质效考核、监督等措施没有配套完善，或者尽管有相关考核标准，但其在司法实践中并没有有效落实，因而在司法实践中，不时出现颇值警醒的无效辩护情形。

因此，在刑辩律师全覆盖背景下，如何保障和加强有效辩护，是当下面临且必须解决的问题。笔者通过一份普通刑事案件裁判文书，分析刑辩律师全覆盖背景下援助律师出现无效辩护的原因，在此基础上提出加强有效辩护的建议。

二 对一个指派和委托律师并存的普通案例的简要分析

司法实践中，刑辩律师全覆盖推行前后，无论是刑事法律援助案件还是委托案件，都出现过无效辩护的情况。笔者选取了一个指派和委托律师并存的普通案例，从个案中管窥刑辩律师全覆盖和有效辩护的关系。

---

① 王禄生：《论刑事诉讼的象征性立法及其后果——基于303万判决书大数据的自然语义挖掘》，《清华法学》2018年第6期。
② 《司法部：全国刑事案件律师辩护率达到66%》，中国新闻网，https://www.chinanews.com.cn/gn/2021/09-24/9572591.shtml，最后访问日期：2023年4月15日。
③ 《辽宁深化刑案律师辩护全覆盖试点》，《法治日报》2023年4月24日，第3版。

【案例】孙某、彭某非法采矿案[①]

被告人：孙某

辩护人（指派）：毛某，某某律师事务所律师

被告人：彭某

辩护人：康某，某某律师事务所律师

2018~2019 年，被告人孙某伙同被告人彭某，在未取得采矿许可证的情况下，在 G 区桃源村非法开采煤矸石，以每吨 10 元的价格出售给翁某、徐某等人，销售金额共计为 30 余万元。G 区检察院指控孙某、彭某犯非法采矿罪，于 2021 年 5 月 19 日向 G 区人民法院提起公诉。因第一被告人孙某未委托辩护律师，人民法院依法为其指派辩护律师毛某；彭某则自行委托了辩护律师康某。

孙某对指控的事实和罪名无异议；其指派辩护人毛某对指控的罪名也不持异议，围绕从犯、自首、主观恶性小、获利少且已退赃、未造成严重后果、初犯、认罪态度好等角度作罪轻辩护。彭某对指控的事实和罪名也无异议，但其辩护人康某认为彭某的行为不构成犯罪，并从多角度作彻底的无罪辩护。

G 区法院经审理认为，孙某、彭某采挖、出售废弃煤矸石的行为，不构成非法采矿罪，未支持公诉机关的指控，采纳了彭某辩护律师康某的无罪意见。

本为同一案件，情节也相类似，为何指派辩护律师和委托辩护律师的辩护策略和辩护意见截然不同？从公开的该案裁判文书来看，毛某仅从罪轻角度发表了常规辩护意见；而康某则做了如下工作：①向自然资源局调查取证；②法律法规检索，论证煤矸石是固体废物而非矿；③案例检索，检索湖南高院、萍乡中院的无罪案例；④从案件事实方面论证不构成犯罪；⑤未同时作罪轻辩护。

[①] （2021）赣 1104 刑初 214 号刑事判决书。

从该案裁判文书披露的辩护观点来看，毛某和康某的工作量存在天壤之别。初看此案，似乎给人一种印象，刑辩律师全覆盖所指派的律师，等同于案件的无效辩护！刑辩律师全覆盖后，是否会产生更多的无效辩护？背后的原因是什么？又如何实现有效辩护？

三 刑辩律师全覆盖背景下对无效辩护的反思

什么样的辩护属于有效辩护，什么样的辩护属于无效辩护，并没有严格的界分标准、判断依据。有人认为无罪、不起诉、终止侦查或撤销案件是有效辩护，而有人认为结果为被告人所满意即为有效辩护。笔者认为，充分发挥辩护律师的专业技能，尽职尽责为被告人提供辩护，无论结果如何，均应称为有效辩护。然而，在孙某、彭某非法采矿案中，对同一个案件中不同被告人，孙某的指派辩护律师作罪轻辩护，彭某的委托辩护律师作无罪辩护，法院最终判决无罪，无论是从过程还是结果上说，不管是从被告人、承办法官还是案外人角度来看，该案指派辩护律师的辩护都不能称为有效辩护，可谓无效辩护。

那么，刑辩律师全覆盖大背景下，为什么会不时出现无效辩护情形呢？笔者结合司法实践，认为主要有如下几方面原因。

（一）指派辩护律师不受执业经验、年限、专业限制

刑事案件不同于民商事案件，每一起刑事案件都关乎被告人的自由甚至生命，刘哲检察官出版的一本著作，书名即为《你办的不是案子，而是别人的人生》[①]，足见刑事案件对于被告人影响程度之深。也正因如此，最高人民法院、司法部才连续多年持续推进刑辩律师全覆盖。

然而，在司法实践中，绝大部分刑事案件中被指派的辩护律师，并不受执业经验、年限和专业的限制，只要获得司法行政机关颁发的律师执业证即可。

---

① 刘哲：《你办的不是案子，而是别人的人生》，清华大学出版社，2019。

从刑辩律师全覆盖背景下案件多而广的角度而言，限定执业经验、年限、专业，或许难以实现"全"覆盖，也许正是考虑"全"的因素，一般刑事案件的指派都未就援助律师的准入资格进行条件限制。如《法律援助法》（2021年）第26条规定："对可能被判处无期徒刑、死刑的人，以及死刑复核案件的被告人，法律援助机构收到人民法院、人民检察院、公安机关通知后，应当指派具有三年以上相关执业经历的律师担任辩护人。"最高人民法院、司法部推行刑辩律师全覆盖之后，为提高刑事法律援助服务质量，司法部于2019年编制的司法行政行业标准——《全国刑事法律援助服务规范》（SF/T0032-2019，以下简称《法律援助规范》）第3.4条明确规定"刑事法律援助承办律师"是指"依照法律援助机构指派或者安排，提供刑事法律援助服务的执业律师、法律援助机构专职律师"；第8.4.1条（b）项明确了指派要求："刑事法律援助承办机构应根据本机构的律师数量、资质、专业特长、承办法律援助案件情况、受援人意愿等因素确定承办律师。对于可能判处死刑、无期徒刑的案件，应安排具有一定年限刑事辩护执业经历的律师担任辩护人；对于未成年人刑事案件，应安排熟悉未成年人身心特点的律师办理；对于盲、聋、哑人或外国人（无国籍人）及不通晓当地语言的受援人，应为承办律师安排必要翻译人员。"《江西省法律援助条例》（2023年）第28条第2款规定："对刑事诉讼中人民法院、人民检察院和公安机关通知辩护，犯罪嫌疑人、被告人可能被判处无期徒刑、死刑的，以及死刑复核案件的被告人法律援助机构应当指派具有三年以上刑事辩护执业经历的律师担任辩护人。"

一系列法律法规，均未对接受指派的律师的执业经验、年限和专业等作出要求，仅对可能判处无期徒刑、死刑的刑事案件以及死刑复核案件，限定由具有3年以上的"相关执业经历"的律师担任辩护人。《刑事诉讼法》（2018年）及《最高人民法院关于适用〈中华人民共和国刑事诉讼法〉的解释》（2021年）均未对法律援助律师的条件作出规定。

司法实践中，相当一部分刑事法律援助案件指派到律所后再指派给年轻律师办理。在孙某、彭某非法采矿案中也是如此，孙某的援助律师毛某即为刚执业满一年的律师。笔者认为，对于刑事案件的指派辩护律师，如果不对其执业经验、年限、专业进行一定的限定，不利于提高有效辩护率，甚至会出现类似该案的无效辩护情形。

（二）法律援助案件集中采购，不利于有效辩护

在司法实践中，一些地方对法律援助项目以招投标形式进行政府采购，比如武汉市经济技术开发区 2022 年度预算 16 万元采购"'援助刑事指派辩护类案件'项目"①，上饶市司法局 2022 年度预算 10 万元采购"'法律援助业务'项目"②；虽然该做法有其法理基础和法律依据，即《法律援助法》第 15 条规定，"司法行政部门可以通过政府采购等方式，择优选择律师事务所等法律服务机构为受援人提供法律援助"，但是对刑事案件法律援助项目以政府采购方式进行，会遭遇现实困境。

其一，一个地区由一家律所中标刑事法律援助项目，很难保证每一个刑事案件的辩护质量。律师年度办案量都在十几个甚至数十个，对于执业多年、经验丰富的律师而言，团队年度办理上百个案件也非常普遍，倘若一个地区的刑事法律援助案件由一家律所中标，势必造成实际承办刑事法律援助案件的律师年轻化的局面。有些年轻律师接手的法律援助案件，可能是其执业生涯的第一个、第二个刑事案件，这样根本无法确保辩护效果，甚至可能出现无效辩护的情况。

在孙某、彭某非法采矿案中，孙某的指派辩护律师毛某，系刚执业满一年的律师，律所在指派过程中，并未同时指派更有经验的执业律师共同提供法律援助。试想，一个律所以 10 余万元/年办理当地所有刑事

---

① 《中共武汉经济技术开发区工委（汉南区委）政法委员会法律援助案件法律服务费招标（采购）公告》，湖北政府采购网，http://www.ccgp-hubei.gov.cn/notice/202204/notice_e6fb76b43eac4a949b35d4094bc6d9b7.html，最后访问日期：2023 年 4 月 15 日。

② 《上饶市司法局（局机关）2022 年部门预算》，上饶市人民政府网，http://www.zgsr.gov.cn/sfj/czyjs/202202/d28534a5de5c4dfe98f692170955cdf9.shtml，最后访问日期：2023 年 4 月 15 日。

法律援助案件，能做到对每一个案件都指派经验丰富的律师提供援助吗？指派经验不足的律师办理援助案件，又如何提升辩护效果？

其二，一个地区由一家律所中标刑事法律援助项目，难以同每名律师应尽法律援助义务相协调。《律师法》（2018年）第42条规定："律师、律师事务所应当按照国家规定履行法律援助义务，为受援人提供符合标准的法律服务，维护受援人的合法权益。"司法部《关于促进律师参与公益法律服务的意见》（2019年）提出："倡导每名律师每年参与不少于50个小时的公益法律服务或者至少办理2件法律援助案件。"安徽省甚至规定，每名专职律师每年必须办理2件法律援助案件，否则会受到处罚。[①]

无论是法律、部委意见还是地方规定，都明确要求律师尽法律援助义务。倘若一个地区由一家律所中标刑事法律援助项目，其余律所、律师则难以履行参与公益法律服务办理法律援助案件的义务。

（三）办案过程无有效监督机制，容易出现办案不认真、不负责的情况

前已述及，司法部于2019年颁布了《法律援助规范》。然而，司法实践中，律师办理刑事法律援助案件过程中，司法行政机关和法律援助机构并未将此规范列为援助律师应当遵循的强制性规范。也正因如此，有法律援助辩护律师在二审不发表任何有利于当事人的意见，而是发表维持原判的辩护意见，[②] 后当地律协启动了对该律师的行业调查程序。

对于直接委托的刑事案件，犯罪嫌疑人、被告人及其家属是律师办案过程中的重要监督力量。而刑事法律援助案件，不能完全寄托于事后监督，而应当侧重办案过程中的监督。

[①] 《安徽省规定专职律师每人每年须办两起法律援助案》，中国政府网，http://www.gov.cn/jrzg/2006-09/08/content_ 382695. htm，最后访问日期：2023年4月15日。

[②] 威利：《强化法律援助工作监管 让民生工程真正暖心》，《北京青年报》2020年10月20日，第2版。

在孙某、彭某非法采矿案中，指派辩护律师发表的辩护意见，是对任何刑事案件都可以发表的从宽处罚意见，从公开的刑事判决书来看，该律师未就有关非法采矿的法律法规进行检索，也未就类案处理进行案例检索，更没有进行任何调查取证工作。没有司法行政机关、法律援助机构的过程监督，也缺乏当事人及其家属的过程监督，容易出现办案不认真、不负责的情况。

（四）个案援助经费低，导致律师不愿意投入过多办案时间和精力

刑事法律援助个案经费较低，是多年来法律援助承办律师普遍反映的问题。虽说法律援助是每一家律所、每一名律师应尽的法定义务，但当义务和利益挂钩时，难以避免讨论义务履行过程中的效率问题。

有研究数据表明，2018 年我国法律援助个案经费为 883.34 元；[①] 而 2019 年之后的法律援助个案经费仅有小幅提升，比如浙江省财政厅、浙江省司法厅颁发的《浙江省法律援助经费使用管理办法》（2020 年）对刑事法律援助案件实行分阶段补贴，其中审判阶段最高：基本费用1000~1500 元，另加 4 天的基本劳务费。江西省财政厅、江西省司法厅颁布的《江西省法律援助经费使用管理办法》（2011 年）规定，在本市区办案的，每个刑事案件经费 400~800 元；本省跨设区市办案的，每个刑事案件经费 500~1000 元。

试想，对于跨区域的刑事法律援助案件，如果一个阶段会见 3~5 次，每次差旅费用 200~300 元，那么一个阶段仅会见的差旅费用就有 600~1500 元，刑事法律援助个案经费，远远不及委托案件的律师费用，甚至可能不足以覆盖办理法律援助案件的差旅费用。

正因如此，实践中大多刑事案件援助律师不愿意多次会见当事人，"一千本已经归档的法律援助辩护案件卷宗材料中也没有几个会见、阅卷

---

① 李雪莲、夏慧、吴宏耀：《法律援助经费保障制度研究报告》，《中国司法》2019 年第 10 期。

次数是 2 次以上的"；甚至有极少数刑事案件援助律师，在审判阶段的会见次数为 0。[①] 援助律师不愿意投入过多时间和精力研究案件，会见少、阅卷少，调查取证更少，自然很难实现援助案件的有效辩护，那么最后出现类似孙某、彭某非法采矿案中的无效辩护情况就在所难免。

四 刑辩律师全覆盖后有效辩护的突破

刑辩律师全覆盖的司法改革，初衷在于更加充分地保障犯罪嫌疑人、被告人的辩护权，倘若法律援助律师提供的"刑事辩护"沦为"形式辩护"，不仅对辩护律师的形象百弊无一利，而且对这一重大司法改革也会产生负面影响。因此，针对刑辩律师全覆盖过程中暴露出的产生无效辩护的原因，应当对症下药，有针对性地采取相应的举措加以解决，进而让每一名获得法律援助的刑事案件犯罪嫌疑人、被告人都获得真正的有效辩护，也让每一名辩护人都真正意识到刑事法律援助案件的办理，办的是"别人的人生"。

（一）借鉴 2 人辩护制度，提高指派辩护律师的门槛

让刑事法律援助案件实现有效辩护的第一个关键点，也是最根本的问题，在于指派辩护律师应具有一定的刑事案件办案经验。倘若被指派的辩护律师，是一名长期从事非诉业务或者只办理过一两个刑事案件的年轻律师，表面上看，犯罪嫌疑人、被告人获得了辩护权，但实际上犯罪嫌疑人、被告人的辩护权未必能够得到充分保障。

《法律援助法》对可能判处无期徒刑、死刑的刑事案件以及死刑复核案件，限定由有 3 年以上"相关执业经历"的律师担任辩护人，这体现的正是对指派辩护律师的门槛要求。然而，其他刑事案件，同样关乎当事人的自由、关乎当事人的人生，所以从法理角度、公平公正角度而言，其他刑事案件的当事人同样有权获得有"相关执业经历"

---

① 李自创：《安徽省 F 市法律援助中心法律援助辩护制度实施情况研究》，硕士学位论文，贵州民族大学，2022。

的辩护律师的辩护。

此时，我们必须面对一个现实问题：刑辩律师全覆盖意味着每一名当事人都应当获得辩护权，但律师的数量有限，有"相关执业经历"的辩护律师数量更为有限，这时如何解决其他刑事案件当事人获得有"相关执业经历"的辩护律师的辩护困难这一问题？

笔者认为，可以借鉴《刑事诉讼法》第 33 条关于每一名犯罪嫌疑人、被告人可以委托 2 名辩护律师的规定，指派 2 名辩护律师。如此可以有效解决刑事被告人获得有刑事案件办理经验的律师的辩护困难这一问题。当然，大前提为，指派辩护律师必须具备 3 年以上刑事案件办理经验；如果被指派的律师未达到此要求（比如，是实习律师或执业 1~2 年的律师，可作为辅助律师），应当同时在指派手续中列一名具有 3 年以上刑事案件办理经验的律师作为主办律师。这样，一些程序性事项（如检索法律法规和案例、收寄法律文书、拷贝电子卷宗等工作），可由辅助律师办理，这可以有效解决主办律师无太多精力、时间办理援助案件的问题；而对于案件罪与非罪的判断、辩护思路的确定、辩护策略的选择、开庭等重大事项，则由主办律师掌握、把关、亲自处理，这样就可以在根源上让援助案件实现有效辩护具有期待可能性。

（二）刑辩律师全覆盖与全体律师的法律援助义务相结合

《律师法》第 42 条、《法律援助法》第 16 条都明确规定，律师有依法提供法律援助的义务；司法部《关于促进律师参与公益法律服务的意见》也倡导每名律师每年至少办理 2 个法律援助案件。笔者认为，应当将刑辩律师全覆盖与全体律师的法律援助义务相结合，借此提高有效辩护率。

其一，刑事法律援助，不宜纳入政府采购项目。《法律援助法》第 15 条规定的政府采购法律援助项目，宜限定在法律咨询、代拟法律文书、值班律师、劳动争议案件等方面，对于关乎自由和生命的刑事案件法律援助不宜采用政府采购的方式。刑事法律援助案件，如果大量集中在一家或数家律所，则不利于案件精细化办理，集中之后很多援助案件出现会见一两次甚至零会见的情况，加之缺乏有效的过程监督、外部监督，最终不利于提升援助案件的有效辩护率。

其二，全国律师的法律援助义务可有效解决刑辩律师全覆盖之"全"的难题。根据《2022 中国统计年鉴》，截至 2021 年底，中国律师总数为574042 人，[①] 而人民法院审理后判决的刑事案件罪犯总数为 1714942 人（另有公诉案件 511 人无罪，自诉案件 383 人无罪，[②] 合计 1715836 人）。因此，即便所有犯罪嫌疑人、被告人都没有自行委托辩护律师，平均每名律师需要承办的法律援助案件也只有 2.99 个。平均一名律师每年不到3 个刑事法律援助案件，不仅不会过多增加律师的工作负担，还可以让刑辩律师全覆盖的司法改革举措同律师法律援助义务有机结合起来，也有利于让每一名律师尽职尽责履行刑事法律援助义务；相对于刑事法律援助集中采购以后，一名律师年度办理十几件甚至几十件援助案件，案件少而精更可能有助于提升有效辩护率。

其三，推行指派 2 人辩护制度，有效解决经验不足、专业不对口问题。或许有人会认为，有些律师专门办理非诉案件、专门处理民商事案件或刚执业一两年，把刑事案件指派给他们，不利于提升辩护效果。笔者认为，在刑辩律师全覆盖推行过程中，借鉴笔者前述 2 人辩护制度，可以有效解决经验不足、专业不对口问题。

（三）严格执行行业标准、强化监督和惩处机制，倒逼律师对援助案件也认真办、负责办

美国著名刑辩律师德萧维奇说："只要我决定接下一个案子，我就只有一个信念：打赢这场官司。我会尝试用所有公平合法的手段让我的当

---

① 国家统计局编《2022 中国统计年鉴》，中国统计出版社，24-19 "律师、公证和调解工作基本情况"。

② 周强：《最高人民法院工作报告——2022 年 3 月 8 日在第十三届全国人民代表大会第五次会议上》，中国法院网，https://www.chinacourt.org/article/detail/2022/03/id/6563667.shtml。

事人无罪开释，不管会产生什么后果。"[1] 都说世间没有完全相同的两片树叶，那也可以说世间没有完全相同的两个案件。不同案件，在不同的辩护律师手中，很可能有不同的辩护方案，结果也可能完全不同。就如孙某、彭某非法采矿案，出现指派辩护律师作罪轻辩护而法院却判决无罪的情况，原因有多方面，其中最为根本的当属律师不认真、不尽责，而认真、尽责，则可通过严格执行行业标准、强化监督倒逼。

其一，律师办理刑事法律援助案件，应严格执行《法律援助规范》。《法律援助规范》明确了律师在不同阶段提供刑事法律援助时的"基本要求"，内容涵盖会见、阅卷、调查取证、庭审活动等，"基本要求"是必须制作会见笔录、阅卷笔录、发问提纲、质证提纲、举证提纲、辩护提纲，要求辩护律师除"认真阅读案卷材料、查阅有关法律法规"外，还应"熟悉案件涉及的专业知识"，内容可谓非常详细，不仅可以有效指导指派律师办理刑事法律援助案件，对于委托的辩护律师也有重要参考借鉴意义。笔者认为，如果律师在每一个刑事法律援助案件中都严格执行《法律援助规范》，不大可能出现类似"辩罪轻判无罪"的无效辩护情形。

然而，现阶段《法律援助规范》仅作为办案参考，并无明文规定要求强制执行，加之《法律援助规范》第 9.2 条规定的 6 种监督检查形式（庭审旁听、电话回访、网上评估、社会监督、满意度调查、回访受援人）更多的是案件办结后的事后监督，缺乏有效的案件办理过程中的监督；对于不符合援助规范的后果，也不明确，《法律援助规范》第 9.3 条只是提出，在刑事法律援助案件质量考核、评估后，对不符合要求的，督促改进，并没有规定任何惩罚措施。

因此，笔者建议，对于刑事法律援助案件，在司法部业已出台司法行政行业标准的情况下，应当将该标准作为律师办理刑事法律援助案件的强制性规范，并明确不符合规范的不利后果，以提升刑辩律师全覆盖背景下的有效辩护率。

---

① 〔美〕亚伦·德萧维奇：《最好的辩护》，李贞莹、郭静美译，南海出版公司，2002。

其二，完善监督和惩罚机制。要促使律师、律所认真办理刑事法律援助案件，就要将案件办理的情况同律师、律所的利益进行关联；如果律师办理一个刑事法律援助案件出现明显无效辩护情形而没有任何后果，那么其后的刑事法律援助案件，都极有可能流于"形式辩护"；同理，对律所也应设置刑事法律援助无效辩护的相应惩罚措施。

笔者认为，对于因未执行行业标准——《法律援助规范》而出现无效辩护的情形，应一律取消当年度该律师和律所的所有评优、评先资格；同时，对于一定级别（如省级、国家级）荣誉的获得，需将完成年度刑事法律援助任务且被判定为有效辩护作为前提。这样，既可以敦促律师尽职、尽责办理援助案件，也有利于敦促律所在接受法律援助案件指派后，有效搭配好具有一定经验的 2 人辩护律师，有效降低无效辩护出现的概率。

其三，加强有效辩护援助案件的奖励和宣传。对于办理刑事法律援助案件过程中出现的典型有效辩护案例，宜通过司法行政部门官网、律师行业网站、微信公众号进行宣传，并给予一定的奖励，同时将之作为评优、评先的加分项。

（四）提高政府个案援助经费补贴，同时和律所经费补贴相结合形成经费双轨制

鉴于全国各地的刑事法律援助经费普遍较低，笔者认为，提高政府个案援助经费补贴是当务之急，这可以有效调动办理援助案件的积极性。

此外，《律师法》和《法律援助法》均规定，律师和律所都有提供法律援助的义务。司法实践中，大部分刑事法律援助案件，是由法律援助机构将案件指派给律所，再由律所指派律师具体经办；然而，这个过程更多地体现律师个人履行法律援助义务，最后的办案经费也是支付给律师个人。律所的法律援助义务，仅仅停留在出具相关文件上。

笔者认为，应当切实将两部法律赋予律所的法律援助义务落到实处。应实施政府个案援助经费补贴和律所经费补贴相结合的经费双轨制。《法

律援助法》第 16 条第 2 款就明确要求，律所应当支持和保障本所律师履行法律援助义务。笔者建议，具体可由律所对刑事法律援助律师进行办案经费补贴（如办案过程中实际支出的差旅费用、其他额外补贴、有效成功辩护的额外奖励等），这是律所的支持和保障形式之一；当然律所对法律援助的支持和保障还体现在对重大、疑难、复杂案件的集体讨论上。① 鉴于此，笔者建议，在对相关法律法规、《法律援助规范》一类行业标准等进行修订完善时，宜将律所经费补贴等纳入修订完善范围，让律所的法律援助义务更真切地落到实处，用经费双轨制有效调动指派援助律师办案积极性。

五 结语

刑辩律师全覆盖作为一项保障犯罪嫌疑人、被告人人权的重大司法改革举措，要真正落到实处，就必须确保援助律师的有效辩护；因此，也可以说只有实现了有效辩护，才能实现真正意义上的刑事辩护全覆盖。所以，需要通过完善各种配套法律法规、行业标准、奖惩措施来激发、加强和保障有效辩护，为刑辩律师全覆盖保驾护航。当然，同样重要的是要有"用一切合理合法"的行动去"打赢这场官司"的信念，唯有如此，"刑事辩护"才不会因为"'全'覆盖"而沦为"形式辩护"！

---

① 《法律援助规范》第 8.5.1.1 条（k）项规定："法律援助案件有下列情形之一的，承办律师应向律师事务所报告，提请集体讨论研究辩护意见，并及时向法律援助机构报告承办情况，填写司发通〔2013〕34 号文件附件法律援助文书格式十八并附卷归档：（1）就主要证据或案件事实的认定、法律适用、罪与非罪等方面存在重大疑义的；（2）涉及群体性事件的；（3）具有重大社会影响的；（4）其他疑难复杂的情形。"

论职务侵占罪的有效辩护

——以一人公司股东占有公司财产为视角

易文杰[*]

摘　要： 自2005年《公司法》确立一人公司制度以来，一人公司股东利用职务上的便利侵占本单位财物是否构成职务侵占罪，在司法实务中一直争议不断。实证研究发现，该问题的争议焦点可归纳为三点：一是如何正确理解职务侵占罪的保护法益——"公司财产权"？二是债权人利益是否属于职务侵占罪的保护法益以及法人人格否认制度能否成为出罪依据？三是财产混同能否作为出罪事由以及在什么情况下能出罪？辩护律师唯有对这三大核心问题进行深入研究，并结合具体案件加以分析论证，方能实现有效辩护。

关键词： 职务侵占；一人公司；财产混同；有效辩护

一　问题的提出

2005年我国《公司法》修订后，一人公司作为一种新的公司形态被认可，并开始大量出现。相较于传统的有限责任公司，一人公司由股东一人完全控制，缺乏股东会、董事会和监事会相互制约、监督的治理结构体系，故在经营过程中容易发生股东个人占有公司财产的情形。被告人在面临刑事追诉时往往认为，其作为公司唯一的股东，是公司财产的实际控制人与唯一受益人，公司财产本质上属于其个人财产，因此其占

---

* 北京市尚权律师事务所律师，尚权学术研究部副主任。

有公司财产的行为不构成职务侵占罪。辩护律师在办理此类案件时亦面临诸多困惑。其一，如何正确理解职务侵占罪的保护法益——"公司财产权"？究竟是仅从形式上强调公司财产的独立性，进而认为股东占有公司财产的行为构成职务侵占罪，还是从实质上将公司财产等同于股东财产/利益，进而认为因一人公司没有其他股东，不会侵害到其他股东的利益，故不成立职务侵占罪？其二，债权人利益是否属于职务侵占罪的保护法益？并且，在一人公司股东滥用公司独立人格侵害外部债权人利益时，《公司法》已通过设置法人人格否认制度予以救济，刑法是否还具有介入的必要性？其三，一人公司容易发生财产混同，财产混同能否作为出罪依据以及如何证明一人公司形成财产混同？关于上述问题，法院的裁判观点尚不统一，同案不同判的现象存在。有鉴于此，本文拟通过实证研究的方式，梳理法院的裁判观点，并提出律师在该类案件中开展有效辩护的基本思路。

二 一人公司股东占有公司财产是否构成职务侵占罪的实证考察

（一）法院认定无罪的裁判观点

（1）从本质上看，保护公司财产的目的是维护股东的利益。一人公司股东侵占公司财产的行为不可能侵害其他股东的利益，故不成立职务侵占罪。

持该种观点的法院，一般是从实质上考察职务侵占罪的保护法益，即将"公司财产"理解为"股东的财产/利益"，由于一人公司没有其他股东，不会侵害到其他股东的利益，故不成立职务侵占罪（见表1）。

表1 将"公司财产"理解为"股东的财产/利益"的案例

裁判文书	法院观点
季某某犯职务侵占罪二审刑事裁定书 （2014）锦刑二终字第00025号	作为公司的唯一投资人，季某某对公司财产依法享有所有权，其对公司财产的支配实质是支配自己的财产，未侵犯其他股东的合法权益，故其不符合职务侵占犯罪主体特征

裁判文书	法院观点
钟某、尹某、代某 3 职务侵占罪一审刑事判决书 （2018）川 0681 刑初 112 号	钟某是某公司全部股东权益人，其对公司资产轿车的处置系支配自有财产的行为，客观上并未非法占有他人合法财产
李某职务侵占、伪造公章一审刑事判决书 （2013）罗刑初字第 224 号	在某公司实为一人公司的状态下，李某也未侵犯其他股东的财产权利。故李某的行为不构成职务侵占罪……
张某职务侵占再审刑事判决书 （2017）鄂刑再 4 号	原判认定申诉人张某采取收入不上账的手段支配某公司货款 347000 元的事实清楚，证据充分，但张某的行为没有损害某公司的根本利益，亦未损害其他股东的利益，张某的行为不应认定为犯罪行为

资料来源：笔者自行整理（本文中未特别注明的图表均为笔者自行整理）。

（2）当一人公司的股东与公司"财产混同"时，股东不构成职务侵占罪。

实践中，被告人有时会提出股东与公司财产混同的辩解理由，也有案例将"财产混同"作为出罪事由。财产混同是指股东财产与公司财产无法分离，进而导致公司财产不具有独立性。财产混同成为出罪事由的原因是，股东主观上的非法占有目的难以成立，同时，由于公司财产和股东个人财产无法区分，也很难说股东侵占的就是公司财产（见表 2）。

表 2 将"财产混同"作为出罪事由的案例

裁判文书	法院观点
张某某、田某某职务侵占再审刑事判决书 （2018）川刑再 14 号	现有证据不能证实原审被告人张某某、田某某实施了非法占有公司财产的行为。从现有证据看，某公司的资金与原审被告人张某某、田某某的个人资金存在混同。原审被告人张某某、田某某是某公司从建立直至案发一直存在的两名股东（两名涉案股东持有 100%股权，与一人公司类似——笔者注），也是谢某退股后某公司仅有的两名股东，某公司有 900 余万元的借款均由张某某、田某某用个人房产抵押，同时张某某、田某某为了某公司的经营也有以个人名义借款的情形……因此，现有证据不能证实张某某、田某某的行为符合职务侵占罪的构成要件……

裁判文书	法院观点
程某某挪用资金、受贿罪二审刑事判决书（2017）黑 07 刑终 7 号	关于检察机关指控及原审法院认定程某某犯职务侵占罪的相关证据存在瑕疵，未予审计程某某个人财产是否与××木业资金存在混同的情况，资金权属不明，现有证据尚不能充分证实职务侵占罪的犯罪数额。因此，在犯罪构成要件存疑的情况下，本院不予认定，故原公诉机关指控职务侵占罪不成立。对程某某及其辩护人提出不构成职务侵占罪的辩解及辩护意见予以采纳
张某某虚开发票一审刑事判决书（2015）共刑初字第 21 号	本院认为，辩护人提供的证据至少可以证明被告人张某某曾经多次将自己个人资金转入公司使用，甚至金额都已远远超出 500 万元，公诉机关在没有查明有多少个人资金转入公司，公司实际资金是多了还是少了的情况下，不能仅凭 500 万元没有转入公司账户就轻易认定被告人张某某职务侵占公司 500 万元。被告人张某某将 500 万元转到私人账上后，又不断地将自己私人的钱转入公司账上使用，且金额都已超出 500 万元，很难认定其主观上有非法占有该 500 万元的故意

（二）法院认定有罪的裁判观点

（1）公司财产具有独立性，即便是一人公司，公司的财产亦属于公司本身而不属于股东个人。

持这种观点的法院，一般是从形式上强调公司财产的独立性。依照这种观点，一人公司股东占有公司财产的，一般应认定为职务侵占（见表 3）。

表 3　从形式上强调公司财产独立性的案例

裁判文书	法院观点
许某某职务侵占、骗取贷款二审刑事裁定书（2015）哈刑一终字第 269 号	某公司系经企业转制依法设立的有限责任公司，依照《公司法》第三条的规定，该公司一经设立便确立公司独立的法人主体资格，其财产当然独立于股东的财产，公司财产属于公司本身而非股东个人。是故，某公司是否实质上由许某某一人投资，并不影响该公司财产并非等同许某某个人财产的判断，其涉案款项属于某公司，不是许某某个人的财产

裁判文书	法院观点
朱某某职务侵占罪二审刑事判决书（2016）黔 26 刑终 192 号	不管股东是自然人，还是法人，股东的财产与公司的财产是独立的，股东与公司各自独立地承担责任。也就是说，股东一旦投资入股后，其投资的财产就不再属于股东个人，而是属于公司的财产……因此，某公司的财产不是朱某某个人财产，朱某某不应当利用职务之便侵占公司的财产
丰某虚报注册资本案、职务侵占案一审刑事判决书（2013）徐刑初字第 1103 号	本院认为，被告人丰某以实质意义上一人公司的管理模式设立并经营某公司等涉案公司，尽管丰某是上述公司的唯一股东，但公司法人不同于个体经营，公司财产与个人财产有明显的区分。因此，在经营过程中，被告人丰某利用职务之便非法将公司财产占为己有，符合《刑法》第 271 条的规定构成职务侵占罪
黄某某职务侵占罪、侵占罪二审刑事判决书（2016）云 25 刑终 11 号	公司股东一旦投资入股后，投资的财产就依法属于公司的财产。股东因投资所获得的权利并非公司的财产权，而是资产收益权、重大决策权和知情权等股东权利。公司财产和个人财产有严格区别，不能混同，即使是一人独资有限责任公司也是如此，未经法定程序，任何股东都无权处置公司资产
黄某甲职务侵占罪二审刑事判决书（2014）抚刑二终字第 60 号	根据《公司法》规定，一人可以成立有限责任公司，但一人有限责任公司的财产仍应和多数股东设立的有限责任公司一样，公司拥有自己独立支配的财产，公司的一切财产都属于公司本身而不属于股东。公司的财产由股东出资的财产和公司经营过程中积累的财产组成，公司一经成立，公司的财产即与股东个人的财产脱离，并不是公司是一人投资，公司的一切财产就是一人私有的财产

关于这一点，《人民法院报》曾刊发《股东将一人公司的财产据为己有构成何罪》一文，该文亦认为，"一人投资成立的公司仍应区分公司的财产和股东的个人财产"，"公司一经成立，公司的财产即与股东个人的财产脱离，并且应严格区分开来。不能说公司是一人投资，公司的一切财产就是一人私有的财产"。①

（2）债权人利益亦属于职务侵占罪的保护法益，虽然可通过股东承担连带责任的方式保护债权人的利益，但这并不能成为职务侵占罪的出罪事由。

实践中，除"公司财产具有独立性"这一入罪理由外，部分法院还

---

① 翟良彦：《股东将一人公司的财产据为己有构成何罪》，《人民法院报》2006 年 6 月 27 日。

会将债权人利益考虑在内，认为一人公司股东占有公司财产的行为，将导致法人责任财产减少，进而使债权人的利益失去保障，具有刑事可罚性。同时，持这种观点的法院一般认为，虽然《公司法》规定"公司股东滥用公司法人独立地位和股东有限责任，逃避债务，严重损害公司债权人利益的，应当对公司债务承担连带责任"，"一人有限责任公司的股东不能证明公司财产独立于股东自己的财产的，应当对公司债务承担连带责任"（法人人格否认制度），但这并不能阻却一人公司股东构成职务侵占罪（见表4）。

表4　法人人格否认制度未能成为出罪事由的案例

裁判文书	法院观点
许某某职务侵占、骗取贷款二审刑事裁定书（2015）哈刑一终字第269号	公司人格否认制度也不能阻却公司股东构成职务侵占罪。该制度设立的法律依据，是《公司法》第63条规定的一人有限责任公司的股东不能证明公司的财产独立于股东自己的财产，应当对公司债务承担连带责任。该制度设立的法律意义在于防止股东掏空公司财产，损害公司债权人利益和社会公共利益。此与我国《刑法》规定的股东非法占有公司财产，构成职务侵占罪的规定同理。因此，公司人格否认制度实质是为了承认并保护公司独立的法人资格
丰某虚报注册资本案、职务侵占案一审刑事判决书（2013）徐刑初字第1103号	在相关的民事诉讼中，一旦将公司财产非法占为己有的股东能够举证公司的财产独立于其个人财产，则股东对公司的债务便不承担连带责任。此时，在刑事领域，若不能对股东侵占公司财产行为进行有效的刑法规制，那么，公司的债权人利益将无法得以保障。即公司人格否认制度是为了防止公司股东掏空公司的财产侵害公司债权人和社会公共利益，这与承认公司具有独立的法人资格，拥有独立的财产权，股东（特别是一人公司的股东）不可以非法占有公司财产，可以说是殊途同归。进而可以说，公司人格否认制度与其说是否认公司独立的法人资格，倒不如说是为了承认并保护公司独立的法人资格。是故，当公司股东非法将公司的财产据为己有，便侵害了公司及其债权人的利益，若其行为符合《刑法》第271条规定的职务侵占罪的构成要件，理当以职务侵占罪论处。此时，即便根据公司人格否认制度，使公司丧失独立人格，让公司股东承担无限连带责任，那也是发生在股东利用职务之便非法占有公司财产这一行为之后。换言之，公司人格否认制度并不能阻却公司股东构成职务侵占罪

（3）当一人公司股东与公司财产混同时，股东亦可能构成职务侵占罪。

实践中，少数法院不会仅仅因一人公司股东与公司的财产整体上存在混同，便直接认定股东不构成职务侵占罪，而是会考察股东具体占有的涉案财产的权属。例如，即便一人公司股东与公司的财产整体上存在混同，但如果有证据证明股东具体占有的涉案财产就是公司财产（如公司刚刚收到的货款），股东亦可能构成职务侵占罪（见表5）。

表5　认为"财产混同"并不能当然作为出罪依据的案例

司法文书	当事人辩解理由	法院观点
张某职务侵占罪一案刑事申诉驳回申诉通知书（2015）鄂汉江中刑申字第00007号	某公司实际为申诉人与妻子苟某某设立的家庭独资公司，公司财产与家庭财产混同，企业法人人格与股东人格混同，故申诉人不存在侵占公司财产的问题	某公司作为依法设立的有限责任公司，公司财产应独立于股东个人财产之外。你认为某公司的财产与你的家庭财产混同，故你不存在侵占公司财产。审查认为，即便在实际经营过程中，某公司并没有严格按照相关财务制度的要求，导致某公司的财产与股东个人财产混同，但并不能以此为由否认你的行为的违法性。你作为公司的法定代表人，在履行职务过程中，收取了依法应归公司所有的货款，但未计入公司账目，而是自己占有支配。该行为属于利用职务之便，非法占有公司财物。你的该项申诉理由与事实不符，依法不能成立

三　关于一人公司股东占有公司财产类案件的有效辩护思路

通过实证研究可以发现，法院对于该类案件的争议焦点可归纳为以下几点。第一，对于职务侵占罪的保护法益——"公司财产权"，究竟应当作形式理解还是实质理解？是仅仅从形式上强调公司财产的独立性，还是从实质上将公司财产等同于股东财产/利益？第二，债权人利益是否属于职务侵占罪的保护法益以及法人人格否认制度能否成为出罪依据？第三，财产混同能否作为出罪依据以及在什么情况下能出罪？

　　关于第一个问题，尚存争议。对此，张明楷教授在《刑法学》一书中指出，"需要讨论的是，一人公司的工作人员能否成为本罪主体？例如，A 公司的股东只有甲一人，其余工作人员均不是股东（一般工作人员）。本书的看法是，一人公司也是单位，而非自然人，所以，可以肯定的是，其中的一般工作人员能够成为本罪的主体。但是，对股东甲将公司财产据为己有的，则不宜认定为职务侵占罪。因为从实质上看，甲的行为没有侵害他人财产，没有给他人（包括其他单位）造成财产损失。倘若甲通过将公司财产据为己有的方式逃避债务等，则只能以其他犯罪（如诈骗罪等）论处。因为职务侵占罪所保护的是本单位的财产，而没有将其他单位或者个人的财产作为保护对象。所以，本书不赞成一人公司的股东也能成为本罪主体的观点"①。辩护人在辩护过程中，应广泛搜集有利的学术观点，以增强辩护理由的说服力。

　　关于第二个问题，最高人民检察院专家组曾于 2020 年 6 月 5 日在"检答网"上作出明确答复，指出"职务侵占罪是侵犯了公司的财产，本质上就是股东的财产/利益，不宜把职务侵占罪的危害外延扩大为损害了外部债权人的利益……不宜以损害外部债权人的利益为由认定构成职务侵占罪。至于外部债权人的利益，根据公司法的规定'一人有限责任公司的股东不能证明公司财产独立于股东自己的财产的，应当对公司债务承担连带责任'，完全可以通过公司法规定的法人人格否认制度予以救济。而刑法中关于职务侵占罪的规定为'公司、企业或者其他单位的工作人员，利用职务上的便利，将本单位财物非法占为己有'，对于个人独资企业、一人公司或者其他股东属于挂名、行为人是公司实际投资人的场合，由于公司的全部资金来源于行为人的出资，行为人处分本单位资金的行为并没有侵犯他人的财产权利，不宜作职务侵占罪处理"②。

---

①　张明楷：《刑法学》第 6 版，法律出版社，2021，第 1336~1337 页。
②　陈晨：《一人公司或者 100% 股权人侵占公司财产是否构成职务侵占罪》，"检答网"，问题编号：N3120028451，咨询人：山丹县人民检察院王向娟，咨询时间：2020 年 6 月 3 日。

本文认为，当法院将债权人利益考虑在内时，辩护律师除引述"检答网"的观点外，还需进一步核实以下几点问题。其一，涉案公司是否实际存在债权人？其二，被告人实施的侵占行为虽导致公司独立财产减少，但是否达到了债权人权益得不到保障的程度？其三，被告人与公司承担连带责任后，是否仍不足以清偿对外债务？也即，辩护人应尽可能地对债权人利益是否受损这一问题开展实质辩护，而不仅仅是主张可通过法人人格否认制度予以救济。这样的辩护才是有力度的，才足以说服法官。

关于第三个问题，《人民司法》曾刊发《个人与公司财产混同时职务侵占罪的认定》一文，该文提出"由于被告人的家庭财产与公司财产混同严重，其尽管将公司财产用于家庭生活，但同样也存在将更多的家庭财产用于公司经营的情形，故难以认定其具有非法占有公司财产的主观故意，而且对此类案件不以犯罪论处也更符合公众的一般判断"，但"在公司经营状况恶化时，被告人如果将公司财产转为个人财产的，则体现了非法占有的意图，可以职务侵占罪来认定"。同时，该文还认为："在个人资产与公司财产混同的情况下，如果要认定构成职务侵占罪，有必要将二者做一个分割，确定其侵占的公司财产是否超出其置于公司当中的个人财产。"[1] 该文的观点较为合理，可供辩护人参考。此外，对于财产混同，本文要强调以下两点。

其一，股东与公司是否存在财产混同，是辩方需要证明的事项。虽然《公司法》第 63 条规定"一人有限责任公司的股东不能证明公司财产独立于股东自己的财产的，应当对公司债务承担连带责任"，但这并不意味着《公司法》默认一人公司的股东与公司形成财产混同。实践中，部分被告人虽提出股东与公司财产混同的辩解理由，但并未加以论证，这使其辩解理由难以被法院采纳。例如，在黄某某职务侵占案[2]中，法院认为："关于化工公司资产与黄某某个人财产是否混同的问题，经查，上诉人黄某某是化工公司的发起人和实际投资人，但其投资已经依法登记为

---

① 聂昭伟：《个人与公司财产混同时职务侵占罪的认定》，《人民司法》2018 年第 14 期。
② 详见（2016）云 25 刑终 11 号。

公司财产；公司设立独立的财务制度对公司财产进行管理，公司财产的权属边界清晰，无证据证实黄某某支付的股权收购价款源于其个人财产。故黄某某关于化工公司资产与其个人财产混同，化工公司财产就是其个人财产，其未侵占公司财产的上诉理由和辩护人的相同辩护意见不能成立，本院不予采纳。"同时，财产混同的证明不应笼统，而是要精细化，尽可能具体到"涉案财产"的权属，目的是否定涉案财产就是公司财产这一指控事实。实践中，部分法院关注的不仅是公司财产与股东财产整体上是否混同，还会具体考虑股东侵占的涉案财产是否属于公司财产。

其二，关于财产混同的判断标准，可参考 2019 年《全国法院民商事审判工作会议纪要》第 10 条关于"人格混同"的规定："认定公司人格与股东人格是否存在混同，最根本的判断标准是公司是否具有独立意思和独立财产，最主要的表现是公司的财产与股东的财产是否混同且无法区分。在认定是否构成人格混同时，应当综合考虑以下因素：（1）股东无偿使用公司资金或者财产，不作财务记载的；（2）股东用公司的资金偿还股东的债务，或者将公司的资金供关联公司无偿使用，不作财务记载的；（3）公司账簿与股东账簿不分，致使公司财产与股东财产无法区分的；（4）股东自身收益与公司盈利不加区分，致使双方利益不清的；（5）公司的财产记载于股东名下，由股东占有、使用的；（6）人格混同的其他情形。"此外，《人民司法》曾刊发《一人公司的法人人格否认》一文，该文指出："实践中一人公司的财产混同多表现为：公司营业场所、主要设备与一人股东的营业场所或居所等完全同一，公司与股东使用同一办公设施；公司与股东的银行存款账户、财务管理机构和财务收支核算均未分开，公司无健全财务制度及财务记录；也表现为公司盈利与股东收益无法区分，公司盈利不按法定程序分配，而是直接作为股东收益为股东所有；还可能表现为公司财产被转移用于偿还股东个人债务，公司财产和股东财产之间可随时转化。"① 需注意的是，

---

① 季奎明：《一人公司的法人人格否认》，《人民司法》2008 年第 5 期。

股东向公司投入除股权出资外的个人资金，是证明财产混同的前提。如果仅有公司资金单向流入股东账户的证据，不构成财产混同，而是股东单方面占有公司财产。因此，辩护律师在办理此类案件时，应在卷宗内外挖掘可以证明股东向公司投入资金的相关证据，如股东使用个人账户为公司支付货款、为公司向债权人偿还债务、为公司向员工发放工资等。总之，辩护人应主动提交财产混同的证据，力证财产混同观点。

四　余论

在对一人公司股东占有公司财产这一问题进行案例与法律检索、思考的过程中，笔者深刻地意识到，有效辩护的前提是全面辩护、精细化辩护，辩护人必须把法官可能判处有罪的理由全都考虑到，并逐一攻破，方可能取得理想结果。辩护人不能指望通过浅尝辄止的辩护说服法官，更不能想当然地坚持自己的观点，而不考虑法官对案件的看法。毕竟，辩护不是辩论，法官是裁判者而不是辩手。实践中，受多重因素的影响，法官较少作出无罪判决。正因如此，大多数被判处无罪的案件，都是辩护人将法官的有罪理由全部堵死，法官"迫不得已"才作出无罪判决。这样的司法现状，也倒逼律师要进行全面辩护、精细化辩护。从这个角度看，诚如毛立新律师所言，"每一场辩护，都是绝处求生"①！

---

① 毛立新：《每一场辩护都是绝处求生》，"中国政法大学刑事辩护研究中心"微信公众号，2018 年 3 月 7 日。

在法律援助案件中实现有效辩护

——从一起未成年人法律援助案件谈起

陆咏歌[*]　康浩东^{**}

摘　要：随着我国审判阶段刑事案件律师辩护全覆盖工作的开展，越来越多的刑事案件被告人能够通过法律援助获得律师辩护，但法律援助案件中的律师辩护仍面临辩护质量不高的问题。为实现有效辩护，律师在办理刑事法律援助案件时应恪守职业道德，做到及时辩护、持续辩护、实质辩护、对抗辩护，依法维护当事人的合法权益。同时，司法行政部门也应完善对于律师办理法律援助案件的评价制度，促使刑事案件律师辩护全覆盖从有形覆盖向有效覆盖转变。

关键词：法律援助；有效辩护；辩护全覆盖

2022年10月，最高人民法院、最高人民检察院、公安部、司法部4部门发布的《关于进一步深化刑事案件律师辩护全覆盖试点工作的意见》（以下简称《意见》）指出："截至目前，全国共有2594个县（市、区）开展了审判阶段刑事案件律师辩护全覆盖试点工作，占县级行政区域总数的90%以上。"我们相信，随着试点的全面铺开，这一数据很快就能达到100%，即在全国实现审判阶段律师辩护全覆盖，在审查起诉阶段乃至侦查阶段实现律师辩护全覆盖也未必遥不可及。但是，纵然我们可以做到使每一个犯罪嫌疑人、被告人都有辩护律师，如何保证这些辩护律师

---

　*　金博大律师事务所主任、一级律师。
**　金博大律师事务所律师。

在办理案件时做到有效辩护仍是不可忽视的问题，正如《意见》提出的从有形覆盖转向有效覆盖的要求，在全面覆盖的基础上，提升辩护律师的实际工作质效才是全覆盖的本质目的。

2021年，我所接到某区法律援助中心指派，承办一起犯罪嫌疑人（A某，15岁）和受害人（B某，不满14周岁）均为未成年人的强奸案件，经历侦查、审查起诉、审判三个阶段的接续指派后，我们不断与办案机关沟通、递交意见，最终使法院认可了A某的自首情节，并综合其他因素对其宣告了缓刑。本文中，我们结合该案例讨论律师办理法律援助案件时如何实现有效辩护的相关问题。

一 有效辩护的评价标准及实现

促成无罪、罪轻的辩护无疑是一种有效辩护，但有效辩护并不都是促成了无罪、罪轻的辩护。何谓有效辩护，其实另有评判标准可遵循。目前，有学者提出有效辩护的4个特征：及时性、持续性、实质性、对抗性。[①] 我们认为，可参考这4个特征对法律援助案件的有效辩护作出评判。

（一）及时性

及时性，即被追诉者及时知悉其被指控和在最短的时间内得到律师帮助等。对于法律援助律师来讲，即要求其接受指派后，在最短时间内与援助对象建立联系，为其提供法律帮助。

我们接到A某案件的指派时，其刚被采取刑事强制措施不久，考虑到A某年纪尚小，在看守所中难免会比常人更加容易恐慌不安，我们与其家属沟通后，第一时间赶赴看守所与A某进行了会见。除了向其了解案情、解释法律、讲解程序外，我们还特别对其进行了一定的心理疏导，帮助其缓解不安、惶恐的情绪。

---

① 陈瑞华：《刑事诉讼中的有效辩护问题》，《苏州大学学报》（哲学社会科学版）2014年第5期，第97页。

除了及时会见，其他辩护工作的及时进行也是应有之义，及时与办案机关沟通、及时提出变更强制措施申请、及时查阅卷宗、及时取证等，纵然律师办理法律援助案件时来自当事人的压力会骤然减小，但也应主动关注案件进展，以便及时作出应对。

（二）持续性

持续性，即辩护应该从刑事诉讼启动时开始，贯穿刑事诉讼各阶段。对于已经开始试点的审查起诉阶段律师辩护全覆盖和以后可能推行的侦查阶段律师辩护全覆盖，应特别注意不同阶段法律援助律师衔接的问题。在我们承办的这起案件中，因为A某为未成年人，办案机关在侦查阶段就通知了法律援助中心为其指派律师。在后来的审查起诉和审判阶段中，法律援助中心也将案件分配给了我所，继续由我所为A某提供法律援助。在这种模式之下，因为辩护贯穿了刑事诉讼的三个阶段，我们对于案情、当事人都较为熟悉，便省去了许多与A某及其家属就委托等援助程序进行沟通的时间，也使我们能更准确、及时地抓住案件的突破点。

因此，在存在多阶段的法律援助案件中，一般情况下应指派同一家律所的同一名律师提供法律帮助，当然，援助对象明确要求更换或者办案律师明显履职不当的除外。

（三）实质性

实质性，即律师辩护权能够充分且有效地行使。对于法律援助案件承办律师而言，要求其能够实质履行法律赋予其的辩护职责。《刑事诉讼法》第37条规定："辩护人的责任是根据事实和法律，提出犯罪嫌疑人、被告人无罪、罪轻或者减轻、免除其刑事责任的材料和意见，维护犯罪嫌疑人、被告人的诉讼权利和其他合法权益。"法律援助律师的实质性辩护工作，也应紧紧围绕上述要求开展。

事实与法律，是律师辩护的两大基础，若想做到实质性辩护，对案件事实与法律的熟稔就是最基本的要求。

对于事实而言，其主要来源于案卷之内，部分则在案卷之外。案卷之内，A某案件的卷宗虽只有薄薄两册，我们前前后后却梳理了不下三遍，确认卷宗中共有哪些证据以及证据内容分别是什么，对具体证据又进一步细分，如进一步确认被告人供述与辩解、被害人陈述、证人证言等言词证据中，相关人员共做了几次笔录，几次笔录的内容有无异同，不同笔录之间的时间、内容又有什么联系。我们将以上内容按时间顺序制作成图表，以更直观的形式展现，最终做到对在案证据尤其是言词证据烂熟于心，也正是由此才发现了诸多未写进起诉意见书与起诉书但是对A某有利的情节。案卷之外，我们多次与A某及其家长沟通，得知A某已经被一所职业学校录取，这一情节虽然并不属于案件事实，但可能影响到对A某判处的刑罚，因此，我们迅速指导A某家长与学校取得联系，并得到保留A某的录取资格直至其条件允许可以报到之时的保证，最终，将该保证说明呈交法院，使之作为对其从轻处罚的考量因素之一。

对于法律而言，其则更多地来源于律师素来的积累和具体案件中的检索。该"法律"不仅包括刑法、司法解释，有时也包括司法观点、参考案例等一切有利于当事人的参考材料。在A某案件中，我们通过阅卷与会见发现，A某系在公安机关电话传唤后，由其父母陪同到案，到案后又进行了如实供述，这种情形根据指导案例应当构成自首，但办案机关却始终未予以认定。于是，我们一方面找到了支持该观点的最高人民法院《刑事审判参考》第354号案例，另一方面又通过裁判文书库进行检索，搜集到了同地区对于类似情形认定构成自首的7个案例。我们将上述案例作为证据向法院提交，并与法官多次沟通，法官最终在判决中认定了自首情节。

认罪认罚从宽制度之下，如何为认罪认罚的刑事援助当事人谋得最大的司法利益，也是实质性辩护提出的新问题。

审查起诉阶段是适用认罪认罚从宽制度的主要"协商"环节，检察机关也有意愿接受当事人的认罪态度和辩护律师的认罪协商请求。尤其是刑事案件律师辩护全覆盖前移之后，援助律师在接受指派之时起，就应积极与办案机关沟通，积极会见当事人，在查阅证据、认定确实构成犯罪的基础上确认当事人认罪认罚的自愿性与真实性，给予其法律上的帮助。更为重要的是，起诉与审判之间的审查起诉环节，实质意义上讲，并非只能针对量刑展开协商而不能对案件的定性问题、罪名多寡问题进行沟通，因为向办案机关提出意见本身就是法律赋予辩护律师的职责，也是办案机关应当保障的律师辩护权利。因此，参与法律援助的律师应当做到的是，在短时间内完成阅卷，并形成包含罪名与量刑在内的完整辩护思路。

在审查起诉阶段签署认罪认罚具结书的，仍旧不排斥律师为当事人争取更多量刑情节的辩护职责。比如，认罪认罚具结书签署之时，并未有被害人谅解情节的，案件到了审判阶段，法律援助律师掌握了该情节的证据，仍应当继续坚持更轻的量刑。在办理 A 某案件时，与被害人之间的谅解协议正是到了庭审之时，在法官、辩护律师等的共同努力下才终于达成，也为案件的缓刑结果加上了关键的"砝码"。

（四）对抗性

对抗性，即保证犯罪嫌疑人、被告人及其辩护人有效参与案件审理活动，并通过法律辩护行为对抗控诉从而影响审判进而达到程序正义的基本要求。应当说，法律援助律师以辩护人的身份出现在庭审之中时，其本身就负有"对抗"控诉的职责。在 A 某案件的审判阶段，我们的具体职责其实就是对起诉书中的指控进行辩驳。起诉书认为 A 某构成强奸罪，我们便援引相关司法解释关于"已满十四周岁不满十六周岁的人偶尔与幼女发生性关系，情节轻微、未造成严重后果的，不认为是犯罪"的观点论证可不认为其构成犯罪；起诉书未认定 A 某构成自首，我们便提供《刑事审判参考》案例与同地区案例来论证应当认定其构成自首；起诉书对 A 某提出 1 年 6 个月有期徒刑的量刑建议，我们便从案件情节、社会危害性、保护未成年人等方面提出宣告缓刑的辩护意见。

这些观点和意见，虽然最终有的被法院采纳，有的未被法院采纳，但是援助律师"对抗"起诉的态度与具体观点应当是明确的，这其实仍是遵照《刑事诉讼法》第37条对辩护人职责的规定，也是实现程序正义的必然要求。

二　律师办理法律援助案件中的几个问题

（一）法律援助认罪认罚案件，必须不能出现"反方向"服务

一段时间以来，陆续出现了多个被告人认罪、辩护人作有罪从轻辩护、法庭反而宣告无罪的案例。这种情形有的出现在法律援助案件中，有的出现在自行委托辩护律师的案件中。有人称此类案件中的律师为"二公诉"，即公诉人的助手。

出现此类问题的原因之一，是法律援助案件的承办律师不尽职不尽责。其片面地听取了办案机关的简单介绍，忽略或轻视了被告人的供述及客观证据的审查，甚至有时不阅卷，对于卷宗当中的证据情况未做到详细查阅、扎实掌握。

出现此类问题的原因之二，是律师的法律水平不高。例如，在2022年一个非法采矿罪案件中，存在关于煤矸石是否属于矿产资源的争议问题。显然，是不是矿产资源，直接关系到非法采矿罪的成立与否。实际上，煤矸石是采煤过程中产生的衍生品，其本身不属于矿产资源，因而挖采煤矸石的行为并不构成非法采矿罪。在该案件中，检察官没有注意到此问题，律师也没有注意到，他们都没有去查阅相关的专业资料。而法官注意到了这个问题，并最终作出了无罪判决。

出现此类问题的原因之三，是站位不准。在法律援助案件中有一类是被告人不上诉时指派援助的案件，即一审判处死缓、被告人不上诉、高院复核的案件，以及一审判处死立执、被告人不上诉、高院继而最高院复核的案件。被告人对于重罪不上诉，一般来说是对事实和量刑都没

有异议，但对此类案件，法律援助律师能不能给出"一审认定事实清楚、证据确凿、量刑适当"的辩护观点呢？显然不能！因为《刑事诉讼法》第37条规定辩护律师的责任是，提出犯罪嫌疑人、被告人无罪、罪轻的意见。

（二）一个不负责的援助律师，就是一个不称职的刑辩律师

有律师同行提出过这么一个论断：不认真做法援案件的，也不会认真做收费案件。其论证的依据之一便是一个负责任的律师，是有"专业洁癖"的。

诚然，与律师自行承办的案件的委托费用相比，当前我国给予法律援助律师的办案补贴并不丰厚甚至可以说微薄，但当事人又如何能期待一个在法律援助案件中不会见、不阅卷，甚至在庭审时把"同被告人意见"挂在嘴边，最多提出"初犯、偶犯，真诚悔罪"的律师，在办理他所托付的案件时，能够耐心会见、潜心阅卷，与办案机关据理力争呢？况且，一个律师每年接到指派的法律援助案件是极有限的。

对于法律援助律师的经费保障固然应该加强，但这并不能成为律师办理法律援助案件时态度消极甚至成为"二公诉"的理由。《律师法》第42条规定："律师、律师事务所应当按照国家规定履行法律援助义务，为受援人提供符合标准的法律服务，维护受援人的合法权益。"律师接受法律援助指派，为受援人提供有效的法律服务，不仅是律师这一角色的天然责任，更是法律明确规定的一项义务。一个称职的刑辩律师，其职业素养也不允许其敷衍对待法律援助案件，因此，一个不负责的法律援助律师，在其他案件中势必也是一个不称职的刑辩律师。

（三）律师办理法律援助案件的评价制度应当进一步优化

在我们所属的执业地区，法律援助中心、司法局会对律师办理法律援助案件进行事后考核、评价，主要依据律师办结案件后向法律援助中心提交的案件档案，再结合案件办理结果对律师进行评分，并依据评分

等级发放不同标准的办案补贴。

在这种考核模式的实际执行中，存在以下几个问题。

其一，不应将案件处理结果作为评判律师办案优劣的标准。正如前文所提到的，有效辩护并不都是促成了无罪、罪轻结果的辩护。无论是《刑事诉讼法》《律师法》，还是中华全国律师协会发布的《律师职业道德和执业纪律规范》，都未将律师辩护观点是否被采纳、律师是否帮助被告人取得罪轻或无罪的结果作为衡量律师是否尽职的标准。在律师办理法律援助案件的评价中，也不宜将此作为考核标准。

其二，此种考核模式往往流于形式，无法实现监督要求。目前，对律师办理法律援助案件的考核仍是仅仅依赖于案件档案，审查档案中是否有会见笔录、阅卷笔录，审查当事人及办案单位对律师的评价如何，等等。但实践中，刑事案件的援助对象往往处于被羁押状态，办案律师与其见面的机会有限，因此常常在首次会见之时，就让援助对象在评价反馈表中签字，之后再自行填写内容。对于会见笔录，更是出现过律师全程未会见援助对象，在事后伪造会见笔录归档的情形。

因此，建议法律援助机构在对法律援助案件考评时，引入向当事人及其家属电话回访制度，并对书面档案进行实质审查，对于会见笔录、阅卷笔录、庭审笔录等反映办案过程的材料，不能仅停留在有没有的标准，还应看其内容是否翔实、辩护律师是否履行了基本职责。如在庭审笔录中，辩护律师在质证阶段与辩论阶段的意见均是"同被告人意见"，就是一种明显未尽职辩护的情形。

（四）办理法律援助案件中的社会问题

在 A 某案件的庭审阶段，我们与承办法官进行交流，提及未成年人行为失范这一社会问题，在网络信息高度发达的今天，未成年人接触到不良信息的概率大大提高，不良信息对其行为的影响也正逐步浮现。在这种背景下，家长、学校是否应以更科学的方式对未成年人履行适当引导、监管的职责？在该案判决的法官寄语部分，承办法官语重心长地对 A

某、A 某家长进行了教育、引导，同时我们也建议其向 A 某所在学校发送相关建议，敦促其加强对在校学生的教育、管理。

在法律援助案件中，根据事实和法律依法辩护是辩护律师法定的职责，而在办案过程中，发现具体社会问题，在人格塑造上帮助援助对象尤其是未成年援助对象则是律师承担社会责任的一种延伸。

三　结语

从"被告人有权获得辩护"，到"被告人有权获得律师帮助"，再到"被告人有权获得律师的有效帮助"，代表了刑事辩护制度向前发展的三个阶段，其中对于法律援助案件的辩护更是代表着一个法治社会中律师辩护的底线。就像木桶中最短板的高度决定着水桶的盛水量，一个律师办理法律援助案件的态度与行为也决定着这个律师的整体执业素质，而律师能否为援助对象提供有效辩护也决定着整个社会中犯罪嫌疑人、被告人的辩护权能否得到有效保障。

最高人民法院、最高人民检察院、公安部、司法部 4 部门发布的《关于进一步深化刑事案件律师辩护全覆盖试点工作的意见》已经对律师辩护全覆盖提出了更高的要求，在国家政策已对援助律师、值班律师行使辩护权进行保障的前提下，办案律师更应切实履行法定职责，为援助对象提供高质量的法律服务。

认罪认罚案件有效辩护新样态

——源自实务案例的展开

邱祖芳* 任建新**

摘 要：认罪认罚从宽制度处在不断发展变化中，针对具体的认罪认罚案件，也应有更加务实的辩护方略，以更加直观地透视深层机理。认罪认罚案件有效辩护有其区别于非认罪认罚案件的特殊属性，如适时认罪认罚，运用双重模式，坚守底线公正，发挥程序魅力，注重二次从宽。对于认罪认罚案件，要拓宽视野，以实现良好的辩护效果。

关键词：认罪认罚；有效辩护；辩护律师；执业风险

一 问题的提出

实现认罪认罚案件的有效辩护，首先便需明晰认罪认罚从宽制度的基本属性和立场。认罪认罚从宽制度从试点到入法再到深化落实，经历了一个发展阶段。现今，认罪认罚从宽制度成为诉源治理的关键一招，是助推国家治理体系和治理能力现代化的重要手段，[①] 是中国式现代化进程中必不可少的环节。在认罪认罚从宽制度走深走实阶段，需要有效辩护的支撑，否则难以久持。通过认罪认罚案件中的有效辩护，力促能动司法，实现案件办理又好又快，好在快前，实现公正和效率兼得。

---

* 北京尚权（厦门）律师事务所律师。

** 西南政法大学诉讼法与司法改革研究中心研究人员，博士研究生。

① 最高人民检察院组织编写《国家治理现代化与认罪认罚从宽制度》，中国检察出版社，2020。

现有研究对认罪认罚案件有效辩护有所探讨，但多局限于理论层面，对具体办案的指引和参考作用发挥不明显，实践性略显不足。[①] 此外，随着少捕慎押慎诉政策的深化落实，以及 2021 年 12 月 3 日《人民检察院办理认罪认罚案件开展量刑建议工作的指导意见》等最新规范的颁布实施，诸多之前未产生或未发现的问题，现今已产生或被发现并成为亟须处理的问题，之前存在的部分问题已经消失不在，故而认罪认罚案件有效辩护的情况较之前也发生了变化，需结合实践中的最新问题进行深入挖掘。

就有效辩护而言，应该以司法实践中的问题为导向，强化问题意识，才能有效解决问题。[②] 从实务案例中，从办案的亲历性中，才能更为透彻地发现真问题。对于认罪认罚案件，从辩护的角度解剖，既有其一般属性，又有其特殊属性。本文以实务案例为基础，首先进行了案情介绍，其次厘清了认罪认罚的时机、认罪认罚的底线、具结书签署后新证据的产生、双重独立辩护模式的案件类型，最后从理论和实践相结合的角度深入论述了有效辩护的着力点所在，以期对实践有所助益。

二 案件概要

（一） A 案

被追诉人因犯 A 罪被提起公诉，其认罪认罚，对指控的犯罪事实和罪名没有异议，并签署具结书。一审判决作出后，被追诉人以量刑过重为由提起上诉，检察院以原判从宽处罚基础不在、不再适用认罪认罚从宽制度为由同步提起抗诉，二审法院以违反法律规定、可能影响公正审判为由作出撤销原判、发回重审的裁定。重审期间，被追诉人缴纳罚金，并退缴违法所得。最终，原审判决较高实刑，未适用缓刑，重审判决降

[①] 蔡艺：《认罪认罚案件中的有效辩护——以辩诉交易中有效辩护的标准为借鉴》，《河南财经政法大学学报》2021 年第 1 期；陈卫东、安娜：《认罪认罚从宽制度下律师的地位与作用——以三个诉讼阶段为研究视角》，《浙江工商大学学报》2020 年第 6 期；钱春：《认罪认罚从宽制度中的有效辩护：从缘起到嵌入》，《学术交流》2020 年第 3 期。

[②] 曲青山：《调查研究是我们党的传家宝》，《求是》2023 年第 8 期。

低了原审判决的实刑期限，并适用了缓刑。

（二）B案

被追诉人因犯B罪被提起公诉，其自愿认罪认罚并签字具结。辩护律师综合全案认为，犯罪事实清楚，证据确实、充分，认罪认罚有利于被追诉人，故未作无罪辩护。但是，案件具有量刑辩护空间。被追诉人认罪认罚并签署具结书后，又预缴罚金，属于可以从轻的新证据。此外，辩护律师检索了同地区、同时期、同类型的案件，并制成案情对比分析表，将类案判决书同时提交法院。辩护律师发现该案在数量、金额等方面显著轻于其他同类案件，且具有坦白、自首、认罪认罚、预缴罚金等从宽情节，故建议法院低于其他同类案件判刑。最终，在量刑建议已经确定的情形下，法院低于量刑建议进行了判决。

（三）C案

被追诉人因犯C罪被提起公诉，其对指控犯罪事实、罪名、量刑建议没有异议且签字具结。一审期间，被追诉人缴纳了罚金，且司法局调查评估后认为，被追诉人可适用社区矫正，这属于具结书签署后，在罪名和量刑建议已经固定的基础上又出现的新证据。最终，量刑建议为实刑，而法院在判处实刑的同时，适用了缓刑。

（四）D案

D案系共同犯罪案件，其他被追诉人认罪认罚，辩护律师在分析政策规定、经营模式、来往记录等全案细节后，认为该案应为单位犯罪而非个人犯罪，所指控的犯罪事实和适用法律错误，且被追诉人检举揭发他人的犯罪行为，系属立功，而一审检察院指控的犯罪事实与辩护律师分析情况不一致。从尊重客观事实角度出发，虽然同案其他被追诉人已经认罪认罚，但辩护律师认为不应认罪认罚。一审法院按照检察院指控内容作出判决后，该案代理的不认罪认罚的被追诉人提起上诉，其他同案认罪认罚的被追诉人未上诉。值得注意的是，二审出庭检察官意见与辩方意见基本一致，为此，虽然系统内部有紧密的利益共同体联系，但仍然要特别注重从事实和证据的角度出发，争取更高级别司法机关的支持。最终，二审判决与原判相比，刑期减少 1 年。该案被追诉人作为共同犯罪中的主犯，与其他认罪认罚的被追诉人从犯相比，即便未认罪认罚，判决也未羁重，这进一步引发是否认罪认罚以及什么时间认罪认罚的新思考。

三　认罪认罚案件对律师辩护的特别要求及办案经验总结

（一）审时度势，促成认罪

自从认罪认罚从宽制度推行以来，得到了广泛的适用，2022 年《最高人民检察院工作报告》显示，2022 年认罪认罚从宽制度检察环节适用率已超过 90%，量刑建议采纳率 98.3%，[①] 这意味着绝大多数的刑事案件以被追诉人认罪认罚结案。刑事辩护的市场已经发生巨大变化，业务量的萎缩非常明显。辩护律师面对市场的变化，也应适时而变。认罪认罚案件中，法检的配合色彩显然更为浓厚，与非认罪认罚案件相比，更是附加了法院一般应当采纳检察院指控罪名和量刑建议的义务。[②] 于其中，辩护律师也应以积极主动的心态，参与到认罪认罚从宽制度的适用过程中。在犯罪事实清楚、证据确实充分的基础上，一味对抗不仅难以为被追诉人谋求利益，反而会因其不认罪悔罪而加重处罚，也会给辩护律师带来执业风险，加大执业阻力。

在上述案件中，辩护律师进行了阅卷，与被追诉人完成会见，认真详细地审查了案件，与司法机关反复沟通，综合全案研判，指控犯罪成立有物证、书证、证人证言、鉴定意见、被害人陈述等证据，指控犯罪

---

① 张军：《最高人民检察院工作报告——2023 年 3 月 7 日在第十四届全国人民代表大会第一次会议上》，最高人民检察院官网，https://www.spp.gov.cn/spp/gzbg/202303/t20230317_ 608767. shtml.

② 陕西省人民检察院课题组：《认罪认罚案件量刑建议精准化——内涵新解与采纳规则重构》，《法律科学（西北政法大学学报）》2021 年第 3 期。

成立达到了定罪的证明标准。此时，认罪认罚有利于案件结局，是较优的辩护方法，故而辩护律师未作无罪辩护。因此，在程序中，当符合特定条件时，应积极适用认罪认罚从宽制度，即使司法机关未主动提出，辩护律师也应积极地申请司法机关适用，进而促成被追诉人获得从宽的优待。在认罪认罚后，辩护律师要反复强调被追诉人认罪认罚的情节，以获取进一步可能的从宽处罚。

（二）及时介入，实时跟进

认罪认罚案件检察主导的色彩非常浓厚，[①] 传统辩护重心主要放在审判阶段，但在认罪认罚案件中，辩护重心必须提前，要提前到起诉阶段，甚至侦查阶段。因为庭审阶段的罪名和量刑建议基本已经确定，突破既有的合意极其困难，且审判阶段认罪认罚的从宽幅度也很窄。而从侦查阶段即实时跟进，辩护效果明显。[②] B 案和 C 案中，辩护律师及时完成阅卷、会见、取证等各项辩护工作后，积极与被追诉人沟通，为被追诉人认罪认罚争取最大的宽宥。

当然，即便可能构成犯罪，律师也不能代替被追诉人作出选择，而只能给出认罪认罚或不认罪认罚的方案，并分析不同方案的利弊，最终由被追诉人作出选择。[③] 在被追诉人认罪认罚时，辩护律师仍然可以提出无罪或罪轻的独立辩护。同时应明晰，辩护律师可以同时主张无罪和罪轻的辩护，辩护律师和被追诉人可以分别主张无罪和罪轻的辩护，从而形成双重辩护模式。这在认罪认罚案件的庭审中是允许存在的，也可以为之后可能存在的上诉、申诉等救济程序留有空间。但是，在被追诉人作无罪辩护时，辩护律师不得作有罪辩护，这是独立辩护的基本要求。

---

① 陈明辉：《认罪认罚从宽制度中法检权力的冲突与协调》，《法学》2021 年第 11 期。
② 如在厦门市，笔者调研发现，侦查阶段认罪认罚的最高可获 30% 基准刑的减免，但自动投案并及时如实供述罪行的，最高可获 40% 基准刑的减免，在适合时机认罪认罚比一味作无罪辩护所能获得的从宽处遇可能性更大。
③ 闫召华：《合作式司法的中国模式——认罪认罚从宽研究》，中国政法大学出版社，2022，第 358~365 页。

（三）双层模式，仔细界分

认罪认罚从宽制度具有双层结构：第一层次为被追诉人自愿如实供述自己的罪行，承认指控的犯罪事实，愿意接受处罚；第二层次为被追诉人认可具体的罪名和量刑建议。[①] 在与被追诉人沟通时，应进行释明。因为就事实问题而言，被追诉人作为犯罪事实的亲历者，其多数情况下知悉犯罪事实的来龙去脉。但就法律问题而言，诸多主体不知晓法律，即便知晓部分法律，在理解与适用上，也难以强于辩护律师。这便造成认罪认罚过程中事实和法律两方面的差异性，进而体现在诉讼进程中，被追诉人便有了能获得最佳处遇的空间。

在审查起诉和审判阶段，被追诉人对罪名和量刑建议产生异议，或者难以准确把握时，可以不签署认罪认罚具结书，也可以不明示认可量刑建议，仅模糊表示愿意接受处罚，此种情况仍然适用认罪认罚从宽制度，被追诉人仍然可以获得从宽处罚。之后，若一审裁判符合其心理预期，则为最佳，被追诉人若认为一审裁判不符合既定目标，则可提起上诉。虽然认罪认罚案件中上诉不受限制，但在一审已经认可具体罪名和量刑建议的情况下，二审被驳回的概率极高，[②] 甚至会引发检察院抗诉，进而因为其认罪悔罪不真实而加重原判刑罚。

此外，被追诉人阅卷权的缺失，使得其在庭前对案件缺乏全面掌握。值班律师往往不查阅案卷，即便查阅案卷，效果也微乎其微。辩护律师享有查阅、摘抄、复制案卷的完整阅卷权，但是，向被追诉人核实证据而非将案卷交与被追诉人的受限模式，仍然对辩方内部的交流造成了障碍，被追诉人事实上对案卷一知半解，无法准确把握影响罪刑的要素。与全面掌握案卷的检察院相比，信息不对称非常明显。被追诉人过早认

[①] 陈卫东主编《2018 刑事诉讼法修改条文理解与适用》，中国法制出版社，2019，第 1~8 页。

[②] 有论者统计发现，81.49% 的认罪认罚案件上诉被驳回。参见张琦《认罪认罚从宽案件二审程序分流机制研究——以 1340 份认罪认罚上诉案件裁判文书为样本》，《河南财经政法大学学报》2023 年第 1 期。

可具体罪名和量刑建议，实质上是对权利的提前让渡或放弃，容易造成后续的被动地位。

A案中，被追诉人以量刑过重为由提起上诉后，检察院同步提起抗诉，主张从宽基础不复存在，不应再适用认罪认罚从宽制度。实质上，从理论而言，2018年《刑事诉讼法》第15条已经明确了认罪认罚从宽制度的基本定位，即满足第一层次即可适用认罪认罚从宽制度获得从宽处罚。被追诉人即便对罪名和量刑建议不服提出上诉，只要满足第一层次要求，其仍然可以适用认罪认罚从宽制度。因此，检察院主张从重处罚时，辩护律师据理力争，主张仍然适用认罪认罚从宽制度，并最终获得了法院的从宽处罚结果。

（四）注重实体，坚守底线

辩护律师不能因检察院和被追诉人合意的达成，而放松对案件实体部分的审查，对案件事实和证据仍然要进行全面、仔细的审查。事实最具有说服力，无论是分析还是论证，都要以事实为基础和依据，证据实质上也是为事实服务的，以实现证成或证伪。实现事实与事实之间、证据与证据之间、事实和证据之间的衔接，观其是否存在合理怀疑之处。若存在，则需深究，确保定罪量刑有证据支撑、作出裁判有依据支持。如果发现与指控有罪、罪重不一致之处，则应坚持无罪、罪轻立场，以维护底线公正。辩护律师不能为了合意达成和案件速决而违背事实进行辩护，进而放任疑点流失，放弃辩护立场，增加错案产出的风险。[①]

应明晰，积极促成认罪认罚固然有一定利处，但是，也要综合被追诉人意愿、案件证据情况、司法机关态度等多因素而定，在案件事实和证据存疑时，要慎重认罪认罚。同时，在部分案件中，认罪认罚所能获得的从宽优待并不明显，相对于无罪辩护而言，甚至没有体现出从宽迹象。从认罪认罚从宽制度长期发展而言，存在的关键弊病主要有以下几

---

① 董凯：《认罪认罚从宽制度中的错案风险——以206起认罪错案为考察对象》，《北方法学》2021年第5期。

点。一为"无罪"类案件，"顶包"，花钱买刑，被追诉人事实上未实施检察院指控罪行，但司法机关基于过失疏于审查，甚至部分人员可能存在主观故意；二为"无知"类案件，被追诉人并不知何为认罪认罚，甚至不理解指控的犯罪事实，只是在特定的追诉环境下，作出"口认心不认"的认罪认罚表示，以至于法官当庭核实被追诉人是否认罪认罚时，被追诉人回答"认罪认罚，但不知晓为何构成犯罪"，从而导致程序的停滞甚至倒退；[①] 三为"无奈"类案件，在全部或部分指控事实不成立，但认罪认罚可获得从宽结果时，是违心认罪，还是坚守无罪，不起诉、缓刑、短期自由刑等巨大的从宽优待会使诸多主体陷入艰难抉择的境地；[②] 四为"无悔"类案件，被追诉人对犯罪事实、罪名、量刑建议等非常明晰，甚至是累犯、惯犯，虽然口头作出认罪认罚的表示，并作出悔罪的表面意思，但实际上并未从心底里悔罪，并未从内心懊悔，甚至提前转移财产进而造成无财产可供赔偿或执行的假象，认罪认罚只是基于技术主义，纯粹是为了获取较大幅度从宽的结局[③]。这些成为侵蚀认罪认罚从宽制度正当性基石的核心所在，不利于制度的长久稳定发展。

上述 A 案、B 案、C 案中，即便是在检察院和被追诉人均无异议的情况下，辩护律师仍然竭尽全力，从案件事实出发，获得了进一步的从宽优待。这在 D 案中最为明显，共同犯罪案件中其他被追诉人认罪认罚，会给不认罪认罚的被追诉人带来极大压力。部分法院还会采用分案审理的方式，先审理已经认罪认罚的被追诉人，待一审判决生效后，再审理不认罪认罚的被追诉人，此时生效裁判认定的事实和证据甚至会成为审判依据，从而给被追诉人带来巨大的心理压力。[④] 辩护律师在此种情况下

---

① 据笔者实务调研所知，部分服刑人员虽然在案件推进过程中认罪认罚并签署具结书，对犯罪事实、罪名、量刑建议都表示认可，但在服刑期间，即便未上诉、申诉，仍然出现了不认罪、不认罚、不服管等不利于改造的现象，这严重折损了认罪认罚从宽制度的优势。

② 王迎龙：《认罪认罚从宽制度下轻罪冤假错案的防范》，《人民法院报》2019 年 2 月 14日，第 6 版。

③ 闫召华：《虚假的忏悔：技术性认罪认罚的隐忧及其应对》，《法制与社会发展》2020 年第 3 期。

④ 杨杰辉：《共同犯罪案件的分案审理研究》，《现代法学》2022 年第 1 期。

仍应坚守底线，以事实为依据、以法律为准绳。被追诉人坚持认罪认罚的，辩护律师要建议慎重选择，以免后续环节中产生执业风险。

（五）注重程序，灵活运用

应厘清认罪认罚从宽制度中明知、明智、自愿三性的关系。从规范层面而言，明知和明智要纳入自愿范畴内考量。司法机关应告知被追诉人认罪认罚的性质和法律后果，进行相应的证据开示，并予以律师帮助，满足以上条件时，被追诉人自愿认罪认罚的，视为其明知、明智。但实践中，三性的保障有时仅体现为自愿性保障，只要满足未实施暴力、威胁、其他非法方式逼迫被追诉人认罪认罚，即符合要求。[①] 这就造成认罪认罚的形式自愿，而明知、明智保障不足。事实上，明知、明智是自愿的前提和基础，它们之间是结构性和层次性的关系，只有将三性并列保障，而非囊括达标，才能在实践中有效贯彻明知、明智、自愿。[②]

其中，律师是中流砥柱，无论是值班律师还是法律援助律师抑或辩护律师，其设置目的均在于有效帮助或者辩护。但是，值班律师的定位造就了其临时性、有限性的固化特征，在制度赋权方面，查阅案卷权并非完整阅卷权，更无取证权，这更加弱化了其权利行使，似为"坐而论道"。值班律师需要具备任职资格，却无丰厚的待遇，以致具备任职资格的律师不愿值班，而降低任职资格又难以保证值班效果，进而形成死循环。于此，现今的值班律师制度呈现出有限资源支撑下的有限帮助，见证人色彩浓厚。[③] 这成为薄弱环节的同时，也给上诉留下了空间和辩点。同时需注意的问题是，当值班律师与辩护律师并存，或者前后衔接时，辩护律师要充分挖掘值班律师已有工作成果，但也要对其已历法律帮助存有质疑。

A案中，检察院未充分释明认罪认罚的性质、后果以及认罪认罚从

---

① 夏菲：《辩诉交易强迫认罪问题对认罪认罚从宽制度的警示》，《东方法学》2021年第4期。

② 李昌盛、任建新：《认罪认罚案件判决中"一般应当采纳"的适用》，《西南政法大学学报》2022年第6期。

③ 广东省广州市人民检察院课题组：《认罪认罚控辩协商的实践样态及交互机理》，《中国检察官》2022年第5期。

宽制度的适用，值班律师未进行答疑解惑，仅在场见证，未实现有效帮助，被追诉人由于文化水平低，对具结书上明示罪刑的理解产生误读，再加上法院审判速决的形式，"囫囵吞枣"般产出一审判决，这引发被追诉人上诉。二审出庭检察官亦对认罪认罚协商程序是否符合法律规定产生疑问，后二审法院以量刑建议可能违反法律规定、影响公正审判为由发回重审。该案事实上在事实和证据等实体内容方面没有异议，整个二审程序围绕着认罪认罚案件的特殊属性，即明知、明智、自愿三性的保障展开，通过否定协商程序的合法性，进而启动二审发回程序，最终实现了进一步的从宽。应注意，虽然认罪认罚案件上诉权不受限制，但签署具结书后上诉，还是应该阐释为何在认可罪名和量刑建议后又进行上诉，并形成说服性的理由，以免引起法官对被追诉人认罪认罚动机的质疑。

（六）挑战既有，新增证据

认罪认罚案件中，90%以上的案件在审查起诉环节完成认罪认罚，并签署具结书，就罪名和量刑建议达成合意。此合意不仅对控辩双方有约束力，法院一般也应当采纳检察院指控罪名和量刑建议，确认式庭审模式亦会加速合意的生成、生效。[①] 因此，在合意形成后，推翻合意，或者在其基础上进一步调整降低，都存在困难。但是，要有敢于突破既有的勇气和魄力。在上述案件中，无论是 A 案还是 B 案抑或 C 案，量刑建议均已经固定，但是，通过类案检索、新增证据等方式，既有合意仍然得到了改变。

此外，实践中应注意具结书签署后才产出的证据，如缴纳罚金、退缴违法所得、获得被害人谅解、申请社区矫正报告等事由，充分拓展认罪认罚案件中量刑辩护的空间，依此形成进一步深化的辩护思路。由此，在案件推进过程中，与被追诉人沟通后，可以让其在审查起诉阶段先行认罪认罚，获得首次从宽优待；之后环节再争取缴纳罚金、退缴违法所

---

① 李奋飞：《论"确认式庭审"——以认罪认罚从宽制度的入法为契机》，《国家检察官学院学报》2020 年第 3 期。

得、获得被害人谅解、申请社区矫正报告等从宽事由；在审判阶段或者上诉环节，以新证据产出为由，请求司法机关进一步给予从宽优待，以便在认罪认罚案件中获得二次从宽，以充分发挥认罪认罚从宽制度的独特优势和功效。

（七）敢于斗争，善于斗争

刑辩律师需要具有一定的自我牺牲精神，在执业过程中，难免遇到当事人、司法机关、社会公众等主体的阻力。即便是在认罪认罚案件此类对抗性并不激烈的案件中，威胁、恐吓等现象也可能于实践中存在。所以，要不断克服性格太软、优柔寡断的弊病，敢于迎难而上。在遵守相关规则的前提下，秉持全心全意为被追诉人服务的理念，追求最佳的辩护效果。在 A 案中，辩护律师亦经过了长期的坚持，从侦查开始，到一审结束，到二审发回，再到重审改判，前后经历 3 年时间，要完成马拉松式的辩护，其中难免面临诸多案内与案外的风险与压力。唯有坚韧不拔，保持昂扬的斗志，才能做好辩护工作。

此外，要注意工作的方式方法，善于斗争，强于沟通。从职业共同体的角度出发，与沟通对象换位思考，晓以利害，争取双赢、多赢。遇到难以解决的问题时，积极寻求主管司法行政机关的支持，争取主动。同时，要有心理预期，要明晰即便是在协商过程中，检察院仍然处于强势地位，辩护律师与司法机关可能存在沟通障碍，协商的空间可能较窄，呈现强弱不匹配样态。[①] 对此，可以采用迂回的策略，开庭时先进行无罪辩护，从事实、证据、程序等方面钻研控方指控体系漏洞、疑点或者瑕疵之处，[②] 进而在庭后倒逼检察院降低指控程度，以达成认罪认罚合意，从而谋求较为有利的主体地位。[③]

---

① 孙长永：《认罪认罚从宽制度实施中的五个矛盾及其化解》，《政治与法律》2021 年第 1 期。
② 如案件存在事实不清、证据不足、程序瑕疵甚至违法等情形。
③ 适用认罪认罚从宽制度不以损害被追诉人权益为前提，即便适用该制度，也要以对抗为基础和立场进行协商与配合，以无罪辩护谋求罪轻结果；或者因时制宜，在庭审结束后，再与检察院协商，达成认罪认罚的控辩合意。

辩护人作无罪辩护并不影响被告人认罪认罚应成为共识

——辩护律师有效辩护的评价及实现

王学强*

摘　要：自 2016 年认罪认罚从宽制度试点始，认罪认罚从宽制度稳健运行、成效显著，本文以辩护人作无罪辩护是否影响被告人认罪认罚的认定在不同办案人员中的分歧为引子，结合实务中发现的实际问题，揭示认罪认罚从宽制度在司法实践中存在的不足，旗帜鲜明地提出具体问题的具体解决方法，以期助力司法在更高层次实现公正与效率相统一。

关键词：认罪认罚从宽；独立辩护；无罪辩护

一　问题之背景

自 2016 年全国人民代表大会常务委员会授权最高人民法院、最高人民检察院在部分地区开展刑事案件认罪认罚从宽制度试点工作以来，我国认罪认罚从宽制度的构建六载有余。认罪认罚从宽制度的实践大致可以分为两个阶段：第一阶段为 2017~2018 年试行阶段，第二阶段为 2019 年至今的实施阶段。其中，第一阶段的检察机关建议适用率从 2017 年初步试点至 2018 年试点扩大，数值稍有下降，这与试点范围扩大、案件基数增大有直接关系，也与第二阶段全面推行后适用率大幅下降的现象是

＊　北京长阅律师事务所主任、创始合伙人。

相承接的。虽然之后指标数值逐步回升，但至去年为止，检察机关建议适用率距离第一阶段数值仍相去甚远；但第一阶段与第二阶段在人民法院对检察机关量刑建议采纳率的变化上恰恰相反。第一阶段中，该项指标从 2017 年初步试点至 2018 年试点扩大，数值稳步上升至 96%；而进入第二阶段后，该项指标的数值大幅回落后又大幅回升，其变化率与其他各项指标相比较大，并且其已经超过试行阶段的采纳率，达到 98.3%（见表 1）。

表 1　认罪认罚从宽制度的成效

单位:%

阶段	年份	检察机关建议适用率	人民法院对检察机关量刑建议采纳率
第一阶段	2017	98.4	92.1
	2018	98.3	96
第二阶段	2019	83.1	79.8
	2020	85	95
	2021	85	97
	2022	90	98.3

资料来源：2017~2022 年全国两会上的最高人民检察院工作报告。

　　认罪认罚从宽制度在推进案件快速完结、提高司法效率、有效化解公检法人少案多矛盾等方面发挥的作用是毋庸置疑的，其为实现司法公正与效率的兼顾作出了巨大的贡献，是推进国家治理体系和治理能力现代化的重要举措，但是在适用认罪认罚从宽制度比例如此之大、量刑采纳率如此之高的实务操作中，仍然存在一些具有争议的问题亟待明确。

　　作为一名刑事辩护律师，笔者在代理多起认罪认罚从宽案件过程中遇到的显著问题就是被告人自愿认罪认罚后，辩护人能否独立辩护，辩护人的独立辩护意见是否影响对被告人自愿认罪认罚情节的认定。下面笔者从认罪认罚从宽制度两个阶段出台的法律法规以及实务办案经验对上述问题进行分析，以期厘清被告人自愿认罪认罚与辩护人独立辩护之间的关系，明确辩护人的独立辩护地位。

二　认罪认罚从宽制度中辩护人独立辩护之争论

(一) 独立辩护争论之源

根据《刑事诉讼法》的规定，辩护人可独立发表当事人无罪、罪轻或者减轻、免除刑事责任的辩护意见。而认罪认罚从宽制度从建构之初始就只关注被告人、辩护人对量刑建议的辩护权，如 2016 年最高人民法院、最高人民检察院、公安部、国家安全部、司法部《关于在部分地区开展刑事案件认罪认罚从宽制度试点工作的办法》(以下简称《试点办法》) 第 21 条①，而忽视辩护人的无罪辩护权，这引发了辩护人能否独立于被告人自愿认罪认罚之外进行辩护的争论。2016 年《试点办法》引发的争论是因为认罪认罚从宽制度作为仍在探索中的制度还不成熟，需要通过实践探索更完善的构建模式。而在 2018 年《刑事诉讼法》正式规定认罪认罚从宽制度的相关条款后，就此问题的相关讨论本应该尘埃落定。但事与愿违，相关争论在司法实践中从未停歇，这些争论不仅产生于辩护律师与司法机关之间，司法机关内部也持不同的观点。

(二) 独立辩护权之依据

无论是 1979 年《刑事诉讼法》第 28 条②，还是 1996 年《刑事诉讼法》第 35 条③以及 2012 年《刑事诉讼法》第 35 条④均明确规定辩护人辩护的根据是事实和法律，并据此提出当事人无罪、罪轻或者减轻、免除

---

① "人民法院经审理认为，人民检察院的量刑建议明显不当，或者被告人、辩护人对量刑建议提出异议的，人民法院可以对建议人民检察院调整量刑建议，人民检察院不同意调整量刑建议或者调整量刑建议后被告人、辩护人仍有异议的，人民法院应当依法作出判决。"

② "辩护人的责任是根据事实和法律，提出证明被告人无罪、罪轻或者减轻、免除其刑事责任的材料和意见，维护被告人的合法权益。"

③ "辩护人的责任是根据事实和法律，提出证明犯罪嫌疑人、被告人无罪、罪轻或者减轻、免除其刑事责任的材料和意见，维护犯罪嫌疑人、被告人的合法权益。"

④ "辩护人的责任是根据事实和法律，提出犯罪嫌疑人、被告人无罪、罪轻或者减轻、免除其刑事责任的材料和意见，维护犯罪嫌疑人、被告人的诉讼权利和其他合法权益。"

刑事责任的材料和意见，这是我国《刑事诉讼法》对辩护人独立辩护权的基本规定。

2018 年《刑事诉讼法》修正后，增加了第 15 条关于认罪认罚从宽制度的规定，而有关辩护人责任的规定递延至第 39 条，但法条内容相较于 2012 年《刑事诉讼法》并无变化，可见辩护人根据事实和法律进行辩护，提出犯罪嫌疑人、被告人无罪、罪轻或者减轻、免除刑事责任的材料和意见的责任并没有改变。换言之，认罪认罚从宽制度在我国《刑事诉讼法》中的确定，并未导致辩护人行使辩护权时要以除事实和法律之外的当事人自愿认罪认罚之情节为辩护根据。因此，辩护人独立辩护的权利不受当事人是否自愿认罪认罚的影响，两者之间相互独立。

（三）司法机关之分歧

各地对于该问题的规定不同使得在实务中适用认罪认罚从宽制度的当事人无法受到同等的对待，这不利于司法公正的实现。特别是 2018 年以前各地发布的规定，一概将所有犯罪嫌疑人、被告人认罪认罚但辩护人作无罪辩护的情况认定为不适用认罪认罚从宽制度，这可能损害了辩护律师的独立辩护权以及犯罪嫌疑人、被告人的合法权益。

1. 辩护人作无罪辩护的，不适用认罪认罚从宽制度

认罪认罚从宽制度试点工作开展后，2018 年《刑事诉讼法》出台前，北京市高级人民法院、北京市人民检察院、北京市公安局、北京市国家安全局、北京市司法局于 2017 年联合印发的《关于开展刑事案件认罪认罚从宽制度试点工作实施细则（试行）》第 5 条①，江苏省人民检察院于 2018 年 11 月初制定的《江苏省检察机关认罪认罚刑事案件办案指引（试行）》第 4 条②均明确，对于辩护人作无罪辩护的案件，犯罪嫌疑人、被

---

① "具有下列情形之一的，不适用认罪认罚从宽制度：……（三）犯罪嫌疑人、被告人认罪，但经审查认为可能不构成犯罪，或者辩护人作无罪辩护的；……"

② "具有下列情形之一的，不适用认罪认罚从宽制度：（一）犯罪嫌疑人、被告人认罪，但辩护人作无罪辩护的；……"

告人不适用认罪认罚从宽制度。这样的规定将犯罪嫌疑人、被告人是否适用认罪认罚与辩护人是否进行无罪辩护捆绑起来，是为了防止犯罪嫌疑人、被告人两头占好处，浪费司法资源，以及背离认罪认罚从宽制度诉讼便宜的初衷，但实质上剥夺了辩护人在认罪认罚案件中独立进行无罪辩护的权利，一定程度上背离了刑事诉讼所追求的公正与效率相统一的基本原则。实践中，在辩护人作无罪辩护的认罪认罚从宽案件中，被告人通常会被当庭讯问是否认可律师的无罪辩护意见，并以此"威胁"其撤回认罪认罚的量刑情节。被告人此时可能从朴素情感出发认为自己并不构成犯罪，继续认罪认罚于心不安，又担心若不认罪认罚，万一被判有罪就会失去一项"政策优惠"，而陷入两难境地。这种情况下，被告人往往"被"自愿认罪认罚，诉讼效率与司法公正的天平严重失衡。

正如笔者 2018 年代理的"常某过失致人死亡案"①，该案案发于 2017 年 8 月 19 日，被告人常某靠在滦州古城景区内出租自己购买的马载客赚取生活费用，该马经被告人常某简单训练，平日里性格温驯，从未有过伤人的行为。案发当天下午 6 点左右，被告人常某牵着载客的马走在景区的路上，这时，马受到旁边突然发出的音乐声和爆米花"砰"声的惊吓，一路狂奔，冲入了人群。马受惊之后，常某一直尝试紧拽缰绳，但由于马的力气太大，常某被拖着走了十几米后又被电动车绊倒，便撒开了缰绳，对马彻底失去了控制。马受到惊吓后，直接将 79 岁的游客刘某撞倒在地，刘某倒地后血流不止，送医经抢救无效，于 5 天后去世。当地检察机关以过失致人死亡罪向河北省滦县人民法院对常某提起公诉。

案发后，被告人常某经传唤到案后如实供述，自愿认罪认罚，但笔者通过对案情的把控，认为被告人常某的行为不构成犯罪，在庭审中选择为被告人常某作无罪辩护。接受委托之后，笔者第一时间会见被告人常某并且去往滦州古城景区实地考察，根据被告人的陈述以及在案发地的调查，围绕以下三个辩护要点进行无罪辩护：第一，被告人常某主观

① （2018）冀 0223 刑初字 249 号、（2018）冀 02 刑终字 351 号。

上无法预见景区内租马载客会发生致人死亡的结果；第二，被告人常某在事发前后都尽到了自己的义务，不存在不作为的过失；第三，被告人常某租马载客的行为与游客的死亡不具有刑法上的因果关系。

法庭上，公诉人对笔者的无罪辩护意见提出质疑，公诉人认为在被告人常某已经认罪认罚的前提下，辩护律师还坚持为其作无罪辩护，这与被告人认罪认罚的行为相矛盾。笔者在法庭上辩称，辩护律师拥有独立的辩护权，被告人认罪认罚只是对事实的客观陈述的认可，法律上还得通过法官、检察官和辩护律师经过开庭、举证质证，才能正确地适用法律，最后来认定他是否构成犯罪。辩护律师可以基于自己对于案件的把握以及对法律概念的剖析独立发表自己的辩护意见，而不受被告人的影响。虽然经过不懈的努力，笔者为被告人常某争取到了定罪免罚的有效辩护结果，但是最终河北省滦县人民法院与河北省唐山市中级人民法院在一审判决书与终审判决书中均未对被告人常某的认罪认罚事实予以认定。这是认罪认罚从宽制度实施初期有关部门经验不足、不当回应实务问题的结果，也是对辩护律师独立辩护权以及被告人合法权益的损害。

2. 辩护人作无罪辩护的，不影响适用认罪认罚从宽制度

此后，江苏、山东两地司法机关就辩护人进行无罪辩护与认罪认罚从宽制度的适用作出不同于上述地区的规定。

江苏省高级人民法院于 2019 年 8 月制定的《关于办理认罪认罚刑事案件的指导意见》第 42 条①，山东省高级人民法院、山东省人民检察院、山东省公安厅、山东省安全厅、山东省司法厅 2019 年 12 月联合印发的《关于适用认罪认罚从宽制度办理刑事案件的实施细则（试行）》第 4 条②，均明确规定犯罪嫌疑人、被告人自愿认罪认罚，辩护人作无罪辩护

---

① "普通程序适用条件。对于被告人认罪认罚，案件事实清楚，证据确实、充分的案件，符合下列情形之一的，人民法院应当适用普通程序：（1）辩护人进行无罪辩护，被告人不同意无罪意见，坚持认罪认罚的；……对于上述案件适用普通程序进行审理的，不影响对被告人适用认罪认罚从宽制度予以从宽处理。"

② "'认罪'，是指犯罪嫌疑人、被告人自愿如实供述自己的罪行。具有以下情形之一的，不影响'认罪'的认定：……（三）犯罪嫌疑人、被告人表示自愿认罪，但辩护人作无罪辩护的。"

的，不影响认罪认罚从宽制度的适用。两地相关规范的出台，为认罪认罚从宽制度在司法实践中的发展作出了举足轻重的贡献，为辩护人在被告人自愿认罪认罚但辩护人认为确为无罪的案件中进行无罪辩护提供了强有力的保障，有效地保障了诉讼效率与司法公正的平衡。

3. 司法实践之反复

虽然 2018 年《刑事诉讼法》修正后，已经明确了律师无罪辩护与适用认罪认罚从宽制度之间的关系，各地司法机关也遵循上位法的精神作出了新的规定，但因为缺少上位法就该问题的明确规定，仍有个别地区的司法机关在细则中以"折中"的方式对该问题含糊其辞。

以 2020 年 12 月浙江省高级人民法院、浙江省人民检察院、浙江省公安厅、浙江省司法厅联合印发的《浙江省刑事案件适用认罪认罚从宽制度实施细则》为例，该细则第 49 条第 2 款规定："在法庭审理过程中，辩护人坚持作无罪辩护或者对主要犯罪事实提出异议的，人民检察院可以根据案件具体情况撤销具结。"这项规定不仅没有明确辩护人无罪辩护不影响适用认罪认罚从宽制度，相反还授予下级人民检察院以辩护人进行无罪辩护为由撤销认罪认罚具结的权力。陕西省商洛市中级人民法院就"程某、华某、鲁某非法收购、运输、出售珍贵、濒危野生动物和珍贵、濒危野生动物制品罪案"作出的（2020）陕 10 刑终 9 号判决，有力地说明了笔者提出的这一问题。具体如下。

该案一审法院认定程某、华某、鲁某的行为均构成非法收购、运输、出售珍贵、濒危野生动物罪，并且认定被告人鲁某到案后如实供述犯罪事实，认罪悔罪，经调查，对被告人鲁某适用缓刑对于所居住社区无重大不良影响，可适用缓刑；被告人华某主动到案，如实供述犯罪事实，构成自首，经调查，对被告人华某适用缓刑对于所居住社区无重大不良影响，可适用缓刑；对被告人程某未适用缓刑。

程某不服判决，以一审判决量刑畸重为由上诉，要求改判上诉人缓刑。其辩护人辩称一审三被告人所处地位平等，作用不分主次，量刑应当一致。上诉人符合认罪认罚，应依法宣告缓刑，一审法院因上诉人一审辩护人作了无罪辩护，不认定程某认罪认罚，对其余两被告人适用缓刑，而对上诉人未适用缓刑，量刑失衡。

二审法院认定上诉人程某到案后，主动交代犯罪事实，具有坦白情节；在一审、二审审理期间，上诉人程某对公诉机关指控的罪名及犯罪事实均予以承认，自愿认罪认罚，积极缴纳罚金；经评估，对上诉人程某适用缓刑对于所居住社区无重大不良影响，故采纳上诉人程某及其辩护人提出的适用缓刑的意见。

直到 2021 年 12 月 3 日，最高人民检察院发布《人民检察院办理认罪认罚案件开展量刑建议工作的指导意见》，其中第 35 条规定，"被告人认罪认罚而庭审中辩护人作无罪辩护的，人民检察院应当核实被告人认罪认罚的真实性、自愿性。被告人仍然认罪认罚的，可以继续适用认罪认罚从宽制度"。笔者以"无罪辩护""不适用认罪认罚"为关键词在北大法宝数据库进行检索，共检索出 6 份刑事裁判文书，其审结日期为 2019 年、2020 年、2021 年（8 月），没有 2022 年、2023 年案例，或许该指导意见初步统一了对于被告人自愿认罪认罚而庭审中辩护人作无罪辩护这一现象的处理方法。

2021 年，笔者代理的"黄某污染环境案"[①] 就是很好的说明。该案中被告人黄某对于公诉机关指控其系涉案公司直接负责的主管人员，应当以污染环境罪追究刑事责任，表示认罪认罚。笔者从以下辩护要点进行无罪辩护。

第一，现有证据不能证明从涉案公司运出的废水为危险废物。第二，不能得出有毒气体由涉案公司排放的废水发生反应而产生的唯一结论，该案构成刑法上"多因一果"，有刑法上的"介入因素"。认定被告人黄某构成污染环境罪的证据不确实、不充分，黄某的行为与环境污染损害结果之间没有因果关系。第三，被告人黄某不明知被委托处理方没有资质，主观上没有犯罪故意，不构成污染环境罪。第四，黄某的行为是单

---

① （2021）鲁 0782 刑初字 251 号。

位行为，为了单位利益，如果构成污染环境罪也是单位犯罪，建议对黄某酌情从轻处罚。第五，该案对被告人黄某应当适用认罪认罚从宽制度，从轻处罚。第六，如果被告人黄某构成污染环境罪，应当认定其具有自首、积极赔偿、取得被害人谅解、愿意缴纳罚金等从轻、减轻的情节。

其中第五点具体论述了辩护人作无罪辩护不影响被告人自愿认罪认罚的认定。根据《刑事诉讼法》的规定，辩护人有权根据事实和法律提出无罪辩护的意见。被告人自愿认罪认罚，而辩护人作无罪辩护的，适用认罪认罚从宽制度，以犯罪嫌疑人、被告人自愿认罪认罚为前提，不以辩护人作无罪辩护为前提，也不以被告人不同意辩护人的无罪辩护意见为前提。法庭应全面审查被告人的主动到案、坦白交代、认罪悔罪等表现，对其从宽处理。如果辩护人的无罪辩护意见不能成立，实体仍要根据犯罪嫌疑人、被告人认罪认罚的价值和意义来从宽把握。如果辩护人的无罪辩护意见成立，不能因被告人认罪认罚对本应宣告无罪的案件作从轻处罚处理。这一观点不是笔者闭门造车的结果，最高人民法院刑一庭审判长、二级高级法官杨立新在《当事人自愿认罪认罚，辩护人作无罪辩护，如何处理?》[①] 一文中也是如此强调的。该案最终认定被告人黄某自愿认罪认罚，可依法从宽处理。这与笔者代理的本文提到的前一个案件形成鲜明的对比。

三 认罪认罚从宽制度不应成为有效辩护之枷锁

笔者代理的两个案件在类似情况下却得到不同的处理结果是认罪认罚从宽制度在不同探索阶段的表现。而认罪认罚从宽制度实施以来，相关的实施细则不断地完善，办案人员对争议问题的理解也逐渐准确。自从 2021 年最高人民检察院发布《人民检察院办理认罪认罚案件开展量刑建议工作的指导意见》以来，认罪认罚从宽制度的适用更加注重对于辩护律师独立辩护权的保护，相应地，犯罪嫌疑人、被告人的合法权益也

---

① 参见杨立新《当事人自愿认罪认罚，辩护人作无罪辩护，如何处理?》，"南京刑事"微信公众号，2021 年 7 月 20 日。

得到保障。司法实践中出现了一批被告人自愿认罪认罚而辩护人进行无罪辩护、法院最终宣告被告人无罪的案例。表 2 为笔者检索的极具代表性的三个案例，作出生效判决的人民法院分别在一审、二审及再审程序中，被告人自愿认罪认罚、辩护人进行无罪辩护的情形下，判决被告人无罪。

表 2　被告人自愿认罪认罚、辩护人作无罪辩护、判决无罪的典型案例

序号	案件名称	案号	审理法院	审理程序	是否自愿认罪认罚	是否无罪辩护	生效判决结果
1	韩某 1 过失致人死亡案	（2021）青 0225 刑初 11 号	青海省循化撒拉族自治县人民法院	一审	是	是	无罪
2	杨某涉嫌诈骗案	（2020）豫 14 刑终 425 号	商丘市中级人民法院	二审	是	是	无罪
3	任某涉嫌非法采伐、毁坏国家重点保护植物案	（2020）渝 0114 刑再 1 号	重庆市黔江区人民法院	再审	是	是	无罪

资料来源：笔者自行整理。

"韩某 1 过失致人死亡案"中，公诉机关指控被告人构成过失致人死亡，且被告人自愿认罪认罚，但辩护人认为被告人无罪，最终法院采纳辩护人提出的无罪辩护意见，宣告被告人无罪。

"杨某涉嫌诈骗案"中，一审法院不认可辩护人的无罪辩护，但认定被告人适用认罪认罚从宽制度，判处被告人有期徒刑十年，并处罚金人民币五万元。后辩护人以没有非法占有目的为由提出上诉，请求改判无罪。二审法院在被告人一审中自愿认罪认罚的情况下，支持了辩护人的辩护意见，认定原审法院判决事实认定和法律适用错误，应当依法予以纠正，并撤销原审判决，改判杨某无罪。

"任某涉嫌非法采伐、毁坏国家重点保护植物案"中，被告人在原审中自愿认罪认罚。但该种自愿认罪认罚显然是基于被告人专业知识缺乏，对检察机关指控的"非法采伐、毁坏国家重点保护植物罪"没有全面认

知。判决生效后，任某重新提交了原审案件鉴定意见书同一鉴定机构同一鉴定人出具的补充鉴定意见书，其辩护人提出被告人任某采伐的对象不是国家重点保护植物，故其行为不构成犯罪。再审法院经查明，支持上诉人任某及其辩护人的辩护意见，改判任某无罪。

上述案件中，虽然被告人自愿认罪认罚，但因为辩护人以事实为依据、以法律为准绳坚持无罪辩护，最终使被告人出罪，以事实证明了允许辩护人在认罪认罚从宽程序中进行无罪辩护的重要价值。在此背景下，辩护人更应该坚持以事实为依据、以法律为准绳，为犯罪嫌疑人、被告人提供有效辩护，而不应该以犯罪嫌疑人、被告人认罪认罚为由放弃对案件的专业判断，进行无效辩护，使自己成为认罪认罚从宽程序中的"龙套"，最终导致司法公正落空。

以江西省上饶市广信区人民法院作出的（2021）赣 1104 刑初 287 号及（2021）赣 1104 刑初 214 号两份判决为例。该两份判决写明两案被告人均在公诉机关指控其构成非法采矿罪后自愿认罪认罚，其辩护人对指控的事实及罪名没有异议，提出被告人开采过程中对环境破坏较小，有自首、自愿认罪认罚等情节，建议法庭从轻处罚。最终，法院认为被告人不构成犯罪。两案中，尽管被告人自愿认罪认罚，但很明显，这样的"自愿"是建立在其法律知识欠缺以及与国家诉权的武装不平等之上的。而辩护人并未从专业角度出发，并未以事实为依据、以法律为准绳为被告人提供无罪辩护，实为无效辩护。

在刑事辩护全覆盖纵深发展和完善认罪认罚从宽制度的背景下，辩护律师必然成为认罪认罚从宽制度不可或缺的践行者。参与认罪认罚从宽案件的辩护人如何在被告人自愿认罪认罚的情况下进行有效辩护？是尊重被告人的"自由意志"还是坚持以事实为依据、以法律为准绳？经过上文的论证，结论已经不言自明。

图书在版编目（CIP）数据

律师辩护全覆盖与有效辩护 / 胡铭，冀祥德主编；
毛洪涛，陶加培副主编 . -- 北京：社会科学文献出版社，
2024.3

ISBN 978-7-5228-3558-7

Ⅰ.①律⋯ Ⅱ.①胡⋯ ②冀⋯ ③毛⋯ ④陶⋯ Ⅲ.
①刑事诉讼-辩护-中国 Ⅳ.①D925.215

中国国家版本馆 CIP 数据核字（2024）第 080047 号

律师辩护全覆盖与有效辩护

主　　编／胡　铭　冀祥德
副 主 编／毛洪涛　陶加培

出 版 人／冀祥德
责任编辑／李　晨　高　媛
责任印制／王京美

出　　版／社会科学文献出版社
　　　　　地址：北京市北三环中路甲 29 号院华龙大厦　邮编：100029
　　　　　网址：www.ssap.com.cn
发　　行／社会科学文献出版社（010）59367028
印　　装／北京联兴盛业印刷股份有限公司

规　　格／开　本：787mm×1092mm　1/16
　　　　　印　张：20.25　字　数：293 千字
版　　次／2024 年 3 月第 1 版　2024 年 3 月第 1 次印刷
书　　号／ISBN 978-7-5228-3558-7
定　　价／98.00 元

读者服务电话：4008918866